한국 양명학의 쟁점

한국 양명학의 쟁점

금 장 태

서울대학교출판문화원

The Disputes of the Doctrine of Wang Yangming in Korea

Jang-Tae Keum

Seoul National University Press

머리말

한국 유학의 중요한 특성 가운데 하나는 도학-주자학을 정통이념으로 확립하면서 불교 · 도교(노장사상) · 서학(천주교) 등 정통이념에 어긋나는 다른 종교적 전통들을 '이단(異端)'으로 규정하여 철저히 배척하면서 순정성(醇正性)을 지켜왔던 사실이라 할 수 있다. 중국의 경우에는 명(明) · 청(淸) 시대에 북경에 많은 사찰과 도관(道觀)이 있었고 천주당(天主堂)도 네 곳이나 있었다. 그러나 조선 정부는 서울에 사찰도 도관도 천주당도 전혀 허용하지 않았던 사실이 그 실상을 잘 보여주는 것이라 할 것이다.

그뿐만 아니라 주자학이 아닌 유교사상의 유파도 실지로 철저히 비판과 억제를 받아야 했다. 명 · 청시대의 중국도 국가통치원리는 주자학을 표방하였지만, 유교지식인들 사이에서는 양명학이 더 활발하게 전파되었던 것이 사실이지만, 조선 왕조에서는 육상산(陸象山)이나 왕양명(王陽明)이 공자 사당(文廟)에 배향될 수 없었다.

조선 사회는 도학-주자학의 순정한 사상풍토 속에서 이념적 통일성은 확보할 수 있었지만, 동시에 사상적 획일화에 따른 고식적(姑息的) 폐쇄성에서 오는 여러 가지 폐단이 발생할 수밖에 없었던 것도 현실이다. 이념의 명분에 사로잡혀 시대와 사회의 변동에 따라 능동적으로 변화하지 못하고 유연하게 대응하지 못하면서 사회전반의 침체를 유발하였다는 비판을 면하기 어렵게 되었다. 이러한 문제의식을 각성한 소수의 지식인들은 끊임없이 현실의 모순을 성찰하고 새로운 가능성을 모색하였으며, 이에 따라 비록 소수의 미약한 목소리에 머물렀지만 양명학을 수용하기도 하고, 서학을 수용하기도 하며, 실학을 표방하기도 하였다.

양명학은 유교사상의 전통에서 보면 주자학-도학(道學)에 맞서는 양명학-심학(心學)으로서 사상사의 두 갈래 큰 줄기를 이루어왔다고 할 수 있다. 바로 이 점에서 조선 후기 유학자들 사이에서 17세기 말 18세기 초 정제두(霞谷 鄭齊斗)는 주자학의 드높은 고압적 권위에 맞서 양명학의 입지를 확보하기 위해 고군분투하였던 인물로 한국사상사 속에 소중한 위치를 차지하고 있다. 그는 스승 박세채(朴世采) · 윤증(尹拯)과 친우 최석정(崔錫鼎) · 민이승(閔以升) · 박심(朴鐔) 등이 주자학의 입장에서 양명학을 엄중하게 비판하는 집중포화의 한가운데서 양명학을 변호하는 이론적 논변을 벌임으로써, 중국에서도 찾아보기 어려운 격렬한 양명학 논변을 전개하였던 것이다.

조선시대 사상사는 도학-주자학의 이론적 정립과정에서 '사단칠정론(四端七情論)'의 논쟁, '인물성동이론(人物性同異論)'의 논쟁, '심주리주기론(心主理主氣論)'의 논쟁 등 성리설의 중요한 쟁점들을 정밀하게 토론하면서 철학적 인식의 수준을 심화시켜 사상사의 풍성한 수확을 거두었다. 양명학의 기본이론을 검토하면서 벌였던 주자학과 양명학 사이의 논쟁은 성리설의 논쟁과 더불어 또 하나의 중요한 성취로서 주목할 필요가 있다.

'한국양명학의 쟁점과 전개'를 조명하고자 하는 이 책의 목표는 두 가지이다. 하나는 바로 양명학을 둘러싼 논쟁에서 비판과 옹호의 이론적 쟁점과 성격을 확인하고, 그 논변에 내포된 배경이나 의미를 해명하고자 하는 것이다. 이 논쟁의 중심에서 정제두가 양명학을 대변하고 있다면, 정제두를 둘러싼 그의 스승과 친우들은 주자학의 입장에서 비판론을 제시하였다. 또한 바로 뒤이어 18세기 초에는 비록 서로 토론을 벌였던 논쟁은 아니지만 송징은(宋徵殷)과 한원진(韓元震)이 주자학의 입장에서 양명학 비판론을 전개하였던 내용도 그 논쟁의 연장선상에서 검토될 수 있다.

또 하나의 목표는 조선시대 양명학의 전개과정을 확인하는 것이다. 정제두의 학맥은 강화학파(江華學派)로 계승되었지만, 그 후학들의 양명학 인식은 침체되어 사실상 미미한 수준이었다고 할 수 있다. 이에 비해 18세기 후반에 이익(李瀷)의 학맥인 성호학파(星湖學派)에서 권철신(權哲身) 등 일부 진보적 지식인들은 양명학의 수용을 통한 새로운 사유체계의 활로를 모색하였던 사실은 눈여겨 보아야 할 대목이다. 그러나 20세기 초에 들어와서 조선 사회의 붕괴와 도학-주자학의 위기가 심각해졌을 때, 양명학은 새로운 활력으로 다시 분출되어 나왔다. 1910년대 애국계몽운동의 선구자 가운데 한 사람인 박은식(朴殷植)은 유교전통의 위기를 극복하기 위한 유교개혁의 기반을 양명학에서 찾았던 대표적 인물이다. 또한 1930년대 민족사상가인 정인보(鄭寅普)는 강화학파의 양명학 전통을 계승하면서 민족정신의 각성을 추구하였던 경우라 할 수 있다. 비록 양명학은 한국사상사에서 주류로 자리잡았던 일은 없었지만, 인간내면의 진실성을 확보하고 시대 속에서 변혁을 추구하면서 한국사상사의 중심과제에 대한 대답의 한 가닥으로 그 위치를 정립하고 있음을 확인할 수 있다.

필자는 이 책의 집필과정에서 '한국양명학'의 핵심과제와 근본정신을 파악해 보고자 상당히 애를 썼지만, 스스로 돌아보아도 큰 성과를 거두었다고 자신하기에는 너무 못 미친다. 양명학 자체에 대한 이해가 얕아 뿌리를 제대로 인식하지 못하니 그 줄기와 가지를 올바르게 파악하기란 처음부터 어려웠다는 사실을 솔직히 고백하지 않을 수 없다. 다만 필자로서는 이 작업을 통해 양명학과 주자학의 거리를 다시 음미할 수 있었고, 한국사상사 속에서 양명학의 자리를 좀더 분명하게 확인할 수 있었던 것이 나름대로 큰 보람이라 하겠다.

이 책의 간행을 허락해 주신 서울대학교출판부장 최성재 교수님의 배려에 감사하고, 번거로운 교정을 맡아준 서울대 종교학과 대학원 박병훈 군의 노고에 감사를 표한다.

2008년 8월 12일

紫霞洞天에서 雲海散人 琴 章 泰 삼가 적음

차 례

2 _ 정제두와 친우들 사이의 양명학 논변

3 _ 한원진의 양명학 비판론

4 _ 근대적 변혁과 양명학

1 _ 박세채와 정제두의 양명학 논변

1. 조선 후기 양명학의 전개

조선시대 사상사의 기본적 특징은 도학-주자학이 정통이념으로 확고하게 정립되어 불교나 노장(老莊)이 엄격하게 배척되고, 주자학에 어긋난 양명학도 정통에서 벗어난 이학(異學)으로 단호하게 거부되었다는 점이다. 이런 가운데 정통의 도학-주자학은 체제교학으로 권위를 누리면서 정밀한 이론적 분석을 심화시켜 나갔다. 하지만, 다른 한편으로 관념적 형식에 빠져 현실의 변화에 효율적으로 적응하지 못한다는 반성이 일게 되었다. 조선 후기에 들어서자 권위적 억압으로 사유의 자율성이 제약됨을 느낀 소수의 지식인들은 이에 대한 반작용으로 새로운 방향으로 관심을 돌려 이를 넓혀 가기 시작했다.

유교지식인 사이에 도학-주자학을 넘어서 새로운 학문에 대한 관심은 가장 먼저 심학-양명학에 대한 관심으로 촉발되었다. 양명학에 대한 관심은 주자학에 대한 열정이 가장 활발하게 일어나던 16세기 중엽부터 싹트기 시작하여 미약하나마 지속적으로 이어져 갔다. 또한 도학의 정통성에서 벗어나는 새로운 학풍에 대한 관심은 양명학에 뒤이어, 17세기 이후 조선 후기 사회에서 서학(西學)의 수용 및 청조(淸朝)의 문물과 고증학의 수용으로 확장되어 갔다. 조선 말기까지 조선 사회의 사상적 주류는 여전히 도학이 절대적 권위를 확립하고 있었던 것이 사실이지만, 상당수의 지식인들에 의해 '실학'이라는 새로운 학풍이 확장되어 가면서, 조선 후기에는 도학과 실학이라는 두 줄기의 큰 사상조류가 형성되었다.

조선 후기의 양명학은 도학의 정통적 권위에서 벗어나는 하나의 통로를 열어 주었고, 실학사상의 형성에도 일정한 영향력을 끼쳤다는 점에서 이 시대 사상사에 의미 있는 역할을 담당하였다고 볼 수 있다. 이러한 양명학이 조선시대에 전개되는 과정은 크게 4단계로 구분할 수 있다.

첫 번째는 초기의 수입단계이다. 16세기 전반 왕양명의 저술이 수입되기 시작한 이후 극소수의 학자들 사이에 양명학에 대한 지적 호기심과 긍정적 이해태도가 나타났다. 이에 따라 16세기 후반 퇴계(退溪 李滉)는 「전습록논변(傳習錄論辯)」을 저술하여 친민설(親民說) · 심즉리설(心卽理說) · 지행합일설(知行合一說) 등 왕양명의 기본이론을 조목별로 엄격하게 비판하여 양명학 비판의 이론적 틀을 제시함으로써, 도학의 정통론적 입장을 확립하였다. 그러나 이러한 그의 비판에도 불구하고 17세기 전반기에 장유(谿谷 張維) · 최명길(遲川 崔鳴吉) 등에 의해 양명학의 이해가 서서히 확산되어 갔다.

두 번째는 인식의 심화와 논변의 단계이다. 17세기 말-18세기 초에 정제두(霞谷 鄭齊斗, 1649-1736)가 등장하여 확고한 신념으로 양명학을 정밀하게 연구하기 시작하였다. 이러한 정제두의 양명학적 견해에 대해 그가 스승으로 따르던 박세채(南溪 朴世采, 1631-1695) · 윤증(明齋 尹拯, 1629-1714)이나 친우 사이였던 최석정(明谷 崔錫鼎, 1646-1715) · 민이승(誠齋 閔以升, 1649-1698) · 박심(朴鐔, 字 大叔, 165?-1707) 등이 비판의 견해를 제시하였고, 이에 대해 그의 반론이 이어지면서 주자학과 양명학 사이의 이론적 논변이 새로운 차원으로 깊이 있게 전개되었다. 이러한 논변은 당파적으로 소론(少論)에 속하는 인맥 속에서 정제두를 둘러싼 사우간(師友間)의 극히 한정된 범위 안에서 벌어졌던 사건이지만, 조선시대 양명학의 인식이 가장 높은 수준으로 제시된 장면을 보여 주었다. 또한 조선시대 양명학의 명맥은 정제두가 만년에 강화도(江華島)에서 강학하면서 강화(江華)학파를 형성하고, 이광신(恒齋 李匡臣)이 「의주왕문답(擬朱王問答)」을 저술하는 등 강화학파를 통해 미미하게 이어져 갔다.

세 번째는 실학파의 활용단계이다. 18세기 후반에는 실학파의 중심 학맥을 형성한 이익(星湖 李瀷)의 성호(星湖)학파에서 신서파(信西派)에 속하는 진보적 인물들이 양명학을 우호적으로 이해하는 태도를 보이기 시작하였다. 그 중심인물은 이병휴(貞山 李秉休) · 권철신(鹿菴 權哲身) · 이기양(伏菴 李基讓) 등이요, 정약용(茶山 丁若鏞)이 19세기 초까지 이어갔다. 이들은 양명학의 입장을 표방하지는 않았지만, 도학에서 벗어난 독자적 이론을 형성해 가는 과정에서 양명학의 이해를 하나의 디딤돌로 활용하였던 경우라 할 수 있다.

마지막으로 네 번째는 근대적 개혁론으로서 주창된 단계이다. 20세기 초에 애국계몽사상가로서 양명학을 주창하였던 대표적 인물로 박은식(白巖 朴殷植)과 정인보(爲堂 鄭寅普)가 있다. 박은식은 양명학의 간단하고 직접적인 학풍이 시대현실에 적합하다고 인식하여 침체된 학풍에 양명학으로 새로운 활력을 불어넣어야 할 필요성을 제기하면서, 「유교구신론(儒教求新論)」에서 양명학을 유교개혁의 이론적 기반으로 표방하였다. 그는 또한 양명학의 이해를 위한 기초로서 『왕양명실기(王陽明實記)』를 저술하였으며, 일본양명학회와도 서신교류를 하였다. 정인보는 정주(程朱)학자들이 심성(心性)을 강론하지만 실심(實心)을 저버려서 공허한 학문(虛學)과 거짓 행위(假行)에 빠졌던 것이라 비판하며, 양명학을 진정한 성인의 학문을 실현하는 방법으로 확인하고, 양명학의 체계적 이해를 위해 『양명학연론(陽明學演論)』을 저술하였다.

사실상 조선시대 양명학은 위의 네 단계에서 보면 두 번째 단계와 네 번째 단계에서 겨우 제 모습을 드러내고 있을 뿐이며, 그나마 두 번째 단계는 학문적 토론이 중심이라면, 네 번째 단계는 계몽적 선언의 성격을 보여 주는 것이다. 두 번째 단계는 17세기 말-18세기 초에 정제두를 둘러싸고 스승이었던 박세채 · 윤증과 친우였던 최석정 · 민이승 · 박심 등 사우간에 본격적으로 이론적 논변이 전개되었다. 바로 이 시기 논변의 과정을 통해 조선시대 양명학 인식이 도학의 비판 속에서 자리잡아 가는 양상을 확인할 수 있다. 따라서 이 논변을 좀 더 정밀하게 이해하기 위해서는 박세채 · 윤증과 정제두 사이의 사제간에 벌였던 논변과 최석정 · 민이승 · 박심과 정제두 사이의 친우간에 벌였던 논변 두 가지로 나누어서 볼 필요가 있는데, 이 글에서는 정제두를 둘러싼 양명학 논변의 전개 양상을 개관하고 나서 먼저 박세채와 정제두 사이의 사제간에 벌어졌던 양명학 논변을 집중적으로 분석해 보고자 한다. 윤증과 정제두 사이의 경우는 사실상 남아 있는 자료가 너무 부족하여 논의할 내용이 별로 없는 형편이다.

2. 17세기 말 양명학 논변의 전개

1) 정제두를 둘러싼 양명학 논변

정제두는 박세채와 윤증을 스승으로 따르기 시작하던 20대 중반에 이미 양명학에 관심을 갖기 시작하였던 것으로 보인다.[1] 이처럼 정제두가

1) 尹南漢은 정제두가 24세 전후에 양명학에 관심을 갖기 시작한 것으로 보며, 24~33세 사이에 양명학적 전환이 구체화되었던 것으로 지적하고 있다. 尹南漢, 『조선시대의 양명학 연구』(집문당, 1982), 214-219쪽.

청년기에 주자학에서 벗어나 양명학으로 전환하였던 배경에는 당시 배타적 폐쇄성에 빠져 진실성을 상실하고 허위의식에 젖어 있던 도학의 학풍이 자리잡고 있었다. 그는 이러한 학풍에 대해 회의하면서 양명학에 대한 관심을 싹틔우기 시작하였던 것으로 보인다. 윤증도 당시 도학자들이 주자의 경전주석에 어긋나면 사문난적(斯文亂賊)으로 배척하는 독단적 태도를 비판하여, "문장과 언론은 주자에 근본하지 않는 것이 없고, 주자의 말에 없으면 그 학설을 믿지 않았다. 그러나 실상을 살펴보면 혹은 단지 그 명목을 얻었지만 그 의리나 생각은 서로 닮았다고 단정할 수 없는 자가 있고, 혹은 먼저 자기 생각을 세워 놓고서 주자의 말을 끌어다 무게를 두는 자도 있다. 그 심한 자는 거의 천자를 끼고 제후를 호령하는 것에 가까운 자도 있다. 이 때문에 사람들은 모두 겉으로는 반대하지 못하지만 속으로는 복종하지 않는다"[2]고 하였다. '천자를 끼고 제후를 호령한다(挾天子而令諸侯)'는 말은 바로 '주자를 끼고 사람들의 입을 틀어막는다(挾朱子而箝衆口)'는 말과 같은 뜻으로 주자학적 정통주의의 독단적이고 억압적인 폐쇄성을 비판하는 것이다.

정제두가 제기한 양명학의 문제는 그를 둘러싼 스승과 벗들 사이에 극히 한정된 범위에서 토론이 전개되었을 뿐이다. 이들의 토론내용도 상당부분 소멸되어 자료로 보존되어 있지 못한 형편이고, 정제두 자신의 저술도 끝내 목판으로 간행되지 못하여 오랜 세월 빛을 못 본 채 필사본으로만 남아 사장되어야 했다. 그만큼 공개적으로 논의되기도 어려운 형편이었음을 짐작할 수 있다. 그러나 그의 양명학적 인식은 비록 조선시대에는 표면에 등장하지 못하고 말았지만, 양명학의 핵심이론에 대해 정밀한 토론을 전개함으로써, 조선시대 양명학 인식의 가장 높은

2) 『明齋遺稿別集』, 권3, 3, '擬與懷川書(辛酉夏)', "至於文章言論, 無一不本於晦翁, 若無晦翁之言, 則無以信其說, 然夷考其實, 則或只得其名目, 而其義意則未必相似者有之, 或先立己意, 而引晦翁之言以重之者有之, 其甚者, 幾於挾天子以令諸侯者有之, 是以人皆外不能抗, 而內多不服."

수준을 이루었고, 또한 그를 둘러싼 양명학 논변은 주자학과 첨예하게 충돌하는 가운데서 자기 확인을 형성해 가는 한국 양명학의 특성을 가장 잘 드러내고 있다는 사실로 한국 사상사에서 중요한 의미를 지니는 것이다.

그는 주자학을 전면적으로 거부하는 입장이 아니라, 주자학과 양명학이 이론적 차이는 있지만 양쪽 모두 '성인의 학문'이라 인정하고 있다. 곧 "주자의 학문은 그 학설 역시 어찌 일찍이 선하지 않았겠는가? 다만 '치지(致知)'의 학설에서 그 공부가 에돌거나 직접적이며, 완만하거나 긴급한 분별이 있고, 그 본체에 갈라지거나 합하는 차이가 있을 뿐이요, 그 실상은 다 같이 성인의 학문을 하는 것이니, 어찌 일찍이 선하지 않음이 있겠는가? 후세의 학자가 그 근본을 많이 잃어서 오늘에 (주자학을) 말하는 자에 이르러서는 주자를 배우는 것이 아니라 곧 주자에 가탁(假託)하는 것이요, 주자에 가탁하는 것이 아니라 바로 주자를 견강부회함으로써 그 뜻을 이루려는 것이요, 주자를 끼고 위엄을 세워 그 사사로움을 이루는 것이다"[3]라고 하여, 당시의 주자학자들이 주자학을 왜곡시켜 주자학을 끌어다 사사로운 이익을 추구하는 거짓된 태도를 엄격하게 비판하였다.

이와 더불어 그는 윤증에게 양명학에 대한 자신의 확신을 밝히면서, "이른바 왕양명의 학설이란 스스로 본래의 근원이 있습니다. 비록 정·주(程朱)와 다르지만 그 취지는 진실로 정·주와 일치합니다. 그러나 그 일원론과 이원론 사이는 자세히 살피지 않을 수 없습니다. 이것은 곧바로 버리겠다고 말하기 어렵고 또 설명하기도 어려운 까닭입니다. 수백

3) 『霞谷集』〔한국문집총간160, 264쪽(이하 '160-264'로 줄임)〕, 권9, '存言(下)', "朱子之學. 其說亦何嘗不善. 只是與致知之學. 其功有迂直緩急之辨. 其體有分合之間而已耳. 其實同是爲聖人之學. 何嘗不善乎. 後來學之者多失其本. 至於今日之說者則不是學朱子. 直是假朱子. 不是假朱子. 直是傅會朱子. 以就其意.. 挾朱子而作之威. 濟其私."

년 동안에 여러 유학자들이 말이 많았던 것도 실로 이 때문입니다. 진실로 꼭 부득이해서가 아니라면 어찌 감히 공연한 이설(異說)을 펼쳐서 패란(悖亂)에 돌아가기를 달게 여기겠습니까?"[4]라 하여, 양명학과 정주학이 취지는 같지만 학설의 기본내용이 달라지는 사실을 확인하고, 양명학이 확고한 근원을 지니고 있음을 역설하였다.

정제두가 자신의 양명학적 입장을 가까운 주위의 사람들에게 밝히기 시작한 것은 34세 때(1682)부터 시작된다. 이때 그는 병이 위중하였는데, 아들(鄭厚一)에게 남긴 훈계(遺敎)에서, "오직 왕양명의 학문이 주자(周子)·정자(程子) 이후로 거의 성인의 참됨을 얻었기에 일찍이 몸을 맡겨 마음으로 침잠하여 펼쳐 보았으나 아직 강술하지 못한 것이 한스럽다"[5]라고 하여, 주렴계(周濂溪)→정명도(程明道)→왕양명으로 이어지는 학문전통을 제시하였다. 또한 이때 스승 박세채에게 올리려고 썼던 편지에서도 "심성(心性)의 종지는 왕양명의 학설도 바꿀 수 없는 것인가 합니다"[6]라고 하여, 왕양명의 심성설이 정당하다는 확고한 신념을 밝히고 있다.

그는 44세 때(1692) 윤증에게 보낸 편지에서 "왕양명의 학문에 대해 진실로 변변치 못한 작은 견해를 묻어 버릴 수 없어서 간혹 친구들에게 말했지만, 누가 들어줄 수 있겠습니까? … 우리 도(斯道: 儒道)의 실지에 아무 보탬이 없이 다만 위로는 선생께 누를 끼치고 아래로는 시속의 시

---

4) 『霞谷集』(160-9), 권1, '答尹明齋書', "所謂王氏之說, 亦自有本源, 雖云不同於程朱, 其指則固是一程朱也, 然於其一二之間, 容有不得不審察者, 此所以難言直棄, 亦難於爲說, 數百年間, 凡諸儒紛紛, 實以此也, 苟非正有不得已者, 豈敢徒爲異說, 甘自歸於悖亂哉."

5) 『霞谷集』(160-219), 권7, '壬戌遺敎', "惟王氏之學, 於周程之後, 庶得聖人之眞, 竊嘗委質潛心, 略有班見, 而恨未能講."

6) 『霞谷集』(160-11), 권1, '擬上朴南溪書', "心性之旨, 王文成說, 恐不可易也."

7) 『霞谷集』(160-8), 권1, '答尹明齋書(壬申)', "王氏之學, 誠以區區一斑之見, 有不能弊鑠者, 間以誦之朋友, 然誰能聽之, … 無益斯道之實, 徒以上纍門下, 下招時議呶呶者, 將不免於顚頓之歸."

끄러운 의론만 초래하니 장차 낭패하게 됨을 면치 못하게 되었습니다"[7] 라고 하여, 양명학에 대한 자신의 주장으로 비난이 일어나게 됨을 스스로 염려하였다. 그 후 윤증이 정제두에게 보낸 편지에서는 "과연 그대가 끝내 양명에 빠져 스스로 돌아올 수 없다면, 붕우의 말석에 있는 우리들은 비록 한 번도 편지를 주고받지 않았다 하더라도 어찌 후세의 견책을 면할 수 있겠소? 부끄러운 바는 나 자신의 의사가 쇠퇴하고 무너져 남을 위해서나 자기를 위해서나 도무지 착실한 공부가 없어서 이 때문에 끝까지 궁구하여 토론할 수 없다는 것이오"[8]라고 하여, 주자학의 정통성을 견지하는 입장에서 양명학의 그릇됨을 끝까지 토론하고자 하는 의지를 밝히고 있다. 바로 이 점이 당시 정제두를 둘러싸고 양명학에 대한 토론이 어느 정도 심화될 수 있었던 분위기임을 보여 준다.

정제두는 41세 이후 안산(安山)에 살던 시기에 양명학의 연구에 전념하면서 스승인 박세채와 윤증을 비롯하여 친우인 최석정 · 민이승 · 박심 등 소론(少論)계열의 사우(師友) 간에 양명학에 관한 왕복논변을 활발하게 전개하면서 자신의 학문적 인식과 신념을 더욱 확고하게 정립해 갔다. 이때 박세채의 「왕양명학변(王陽明學辨)」, 윤증의 「변설(辨說: 辨學說)」, 민이승의 「변언(辨言)」 · 「정술(正術)」, 최석정의 「변학(辨學)」 등 저술은 정제두와의 토론과정 중 양명학을 비판하는 입장에서 제시되었으나, 현재 온전하게 전해지는 것은 「왕양명학변」뿐이다.[9] 정제두를 둘

---

8) 『明齋遺稿』, 권18, 6, '與鄭士仰(齊斗)', "果使左右, 終陷於陽明, 不能自還, 則吾輩在朋友之後者, 雖一不通書, 安能免後世之責乎. 所愧自家意思已闌珊廢弛, 爲人爲己, 都無着實工夫, 以此不能窮討到底."

9) 박세채의 「王陽明學辨」은 『南溪集』(권59) 속에 전문(全文)이 수록되어 있고, 민이승의 「辨言」·「正術」은 『霞谷集』 속에서 논변과정에 단편적으로 인용되고 있으나 전문을 찾을 수 없다. 윤증의 「辨說」(辨學說)이나 최석정의 「辨學」은 제목만 보일 뿐 내용은 전혀 찾을 길이 없다. 이러한 비판에 대해 정제두의 대응논리로서 『學辯』은 양명학의 도통을 제시하고 정주학을 양명학의 입장에서 비판적으로 변론한 것이며, 「存言」은 양명학의 이론을 다양한 문제에 따라 제시하고 있는 것이라 할 수 있다.

러싸고 사우간의 왕복서신을 통한 양명학 논변은 완벽한 모습을 확인하기는 어렵다. 민이승과 박심의 경우는 문집이 전하지 않아서 정제두가 보낸 편지만 있고, 정제두에게 보낸 편지는 찾을 수 없는 형편이다. 문집이 있는 경우에도 누락된 편지가 많아 서로 주고받은 편지가 온전하게 수록되지 않아서 토론의 과정을 제대로 추적하기가 어려운 실정이다. 그러나 남아 있는 서한들을 중심으로 당시 쟁점이 무엇이며 어떤 방향으로 전개되어 갔는지 그 논변의 성격을 이해하는 것은 한국 양명학의 정립과정을 확인하는 데 중요한 의미를 지니는 것이다.

2) 박세채와 정제두의 양명학 논변

(1) 논변의 시초

박세채와 정제두 사이에 양명학 논변이 전개된 과정을 파악하기 위해서는 두 사람 사이에 주고받은 편지를 살펴볼 필요가 있다. 박세채와 정제두 사이의 왕복서한 가운데 양명학에 관련한 논변을 확인할 수 있는 서한은 1682-1691년 사이에 걸쳐 정제두가 쓴 편지 3건과 박세채가 쓴 편지 6건이다.[10] 더 많은 서한들이 오고갔을 것이라 추측하나, 남아있는

---

10) 박세채의 문집 『南溪集』과 정제두의 문집 『霞谷集』에 수록된 왕복서한 가운데 양명학에 관한 논변의 서한과 양명학에 연관된 박세채의 저술을 연대순으로 보면 다음과 같다.〔햇수 뒤 ( ) 속의 숫자는 정제두의 나이를 표시함〕

편지: 1682(34) 霞谷集01-「擬上朴南溪書」 *병이 위중할 때 써 두고 보내지 않음.
1686(38) 12.27 南溪集32-「答鄭士仰」 *하곡이 먼저 보낸 편지는 전하지 않는다.
1687(39) 5.12 南溪集32-「與鄭士仰」
1687(39) 霞谷集01-「答朴南溪書」
1688(40) 5.15 南溪集32-「答鄭士仰」
1688(40) 霞谷集01-「答朴南溪書」
1690(42) 6. 2 南溪集32-「答鄭士仰」
1691(43) 南溪集32-「答鄭士仰」
?? 南溪集32-「與鄭士仰」 *1691년에 보낸 편지로 유추됨.

것은 위의 9건뿐이다.

가장 일찍 드러나는 양명학 논변의 서한은 정제두가 34세 때(1682) 병이 위중하자 박세채에게 영결을 고하면서 올리려고 써 두었던 편지로, 보내지는 않았던 것이다. 이 편지에서 정제두는 자신의 양명학에 대한 신념을 절실하게 토로하고 있는 모습을 보여 준다. 곧 그는 "후세의 학문(주자학)은 의리(義理)와 심성(心性) 두 가지로 공부하기 때문에 학자들이 도(道)에 대하여 두 갈래로 삼음을 면하지 못하니, 공자 문하에서의 인(仁)을 찾는 학문에 비추어 보면 틀리지 않을 수 없습니다. 제가 몇 년 동안 분발하여 생각하고 말해 보려고 애쓰던 것을 한번 선생님께 털어놓고 양극단을 다 드러내어 바른 도리를 찾고자 하였으나 할 수 없게 되어 한스럽습니다"[11]라고 하여, 주자학을 '의리(義理: 理)'와 '심성(心性: 心)'의 이원론으로 파악하고, 주자학의 이원론적 입장이 공자의 가르침과 어긋나는 것이라 규정함으로써, 자신이 양명학의 일원론적 사유를 받아들이게 된 이유를 밝히고 있다.

여기서 그는 "몇 년 동안 분발하여 생각하고 말해 보려고 애썼다(數年間憤悱積思)"고 말한 것으로 보면 30대 초반에 양명학 연구에 침잠하였던 사실을 짐작할 수 있게 한다. 그가 30대 초반과 후반에 주자학에 의문을 가지고 양명학에 빠져들었던 과정을 39세 때 박세채에게 보낸 답장에서 비교적 자세하게 서술하였다.

저는 지금까지 학문의 근원에 대해 실지로 크게 의심하는 병통이 있었

저술: 1691(43) 6.12 南溪集55:「格物訓義說」
1691(43) 7. 3 南溪集59:「王陽明學辨」＊古本大學/大學問/致良知/朱子晚年定論
1691(43) 7.22 南溪集55:「良知天理說」

11) 『霞全集』(160-11), 권1, '擬上朴南溪書(壬戌)', "後世學問, 惟其義理心性兩用其功, 故學者之於道, 未免二之, 視聖門求仁之學, 不能無貳, 某數年間憤悱積思, 竊欲一暴於函丈, 竭兩端以求正而恨未能也."

습니다. 일찍이 경 · 신(庚辛: 1680-81)년 사이에 이 문제로 선생님에게서 바로잡음을 받으려 하였으나, 오히려 의심만 지니고 왕래하였습니다. 분발하여 탐색하고 말해 보려 애썼지만 의혹에 빠졌으며, 해결의 방도를 찾아보았으나 얻을 수 없어서 저의 질병이 어느덧 죽음의 지경에 이르렀습니다. 항상 스스로 근심하고 불안하여 이 일 때문에 죽을 것이요 끝없이 모호함을 길이 안고 있을 것이라 하였습니다. 3,4년 이래로 비로소 생기가 있어서 대략 정신과 혼백(精魂)을 수습하여 옛 학업을 조금 다스려 약간이나마 강론하고 연구한 공적을 이루고자 하였으나, 정신의 원기(神氣)는 바로 무너지고 질병은 더욱 곤란하게 되었으니, 이에 다시 스스로 탄식하여 명(命)이니 어찌할 수 없다고 여겼습니다. 이렇게 또 몇 년이 있었으나 편안하게 세월만 잃어버리고 말았습니다. … 생각해 보면 만약 이 관문에 투철하지 못하면 학문이라 할 수가 없습니다. 한번 통렬하게 변론하여 끝내 덮개를 벗겨 낸 다음에야 그친다는 것이 실로 한결같은 괴로운 생각인데, 선생님이 아니면 어느 곳에 여쭙고 바로잡아 주기를 구하겠으며, 또한 어찌 한때의 편지로 덮개를 벗겨 내어 분명하게 이해할 수 있겠습니까?[12)]

이 편지에서 보면 정제두가 34세 때 박세채에서 보내려고 썼던 편지보다 앞서 32-33세 때(1680-81) 스승 박세채에게 양명학에 대한 견해를 제시하였던 사실을 알 수 있으며, 따라서 박세채와 정제두 사이의 양명학 논변은 1680년부터 시작되었던 것임을 확인할 수 있다. 또한 박세채

12) 『霞全集』(160-13), 권1, '答朴南溪書(丁卯)', "惟是齊斗向來於學問源頭, 實有大段疑病, 嘗在庚辛歲間, 以此擧正於先生, 而猶且持疑往來, 憤悱惶惑, 求解未得, 而賤疾遽垂死域矣, 常自耿耿, 謂將從此澌盡, 永抱儱侗於無限也, 自三數年來, 始有生意, 略欲收召精魂, 稍理舊業而小致講究之功, 則神氣輒北, 疾執增困, 於是復自歎以爲命也無如何, 如是且有年所, 而居然失多少光陰矣, … 竊以爲若於此關未透, 無以學問爲也, 一遭痛辨, 終須徹蔀而後已者, 實爲一念苦情, 而非門下何所仰質而求正, 亦豈一時書尺可得發蔀而了解者哉."

와 논변을 시작한 이후로도 주자학과 양명학 사이의 학문적 근원에 대한 의문이 더욱 깊어져 병을 얻게 되었고, 이 병이 바로 그가 34세 때(1682) 죽음의 위기를 맞으면서 박세채에게 영결을 고하는 편지로 양명학에 대한 신념을 밝혔을 때 앓았던 위중한 병이었음을 알 수 있다. 정제두는 30대 초반에 주자학에 회의를 품고 양명학에 몰입하면서 엄청난 정신적 방황과 혼란을 겪게 되었고, 이 때문에 병을 얻어 죽음의 위기를 만나 아우와 자식에게 유언을 남기기까지 하였던 것이다. 그가 앓았던 병의 명칭을 알 길은 없으나, 이치를 궁구하면서 지나치게 번민하고 정신을 소모하여 얻어진 병임을 엿볼 수 있다. 이어서 그는 35-36세 무렵 병에서 회복되기 시작하였고, 30대 후반에 다시 주자학과 양명학이 갈라지는 학문의 근원을 연구하기 시작하였으나 여전히 병을 이겨내지 못하여 뜻대로 할 수 없었던 한계를 경험하고 있음을 토로하였다. 그러나 그는 이러한 학문의 근본문제를 해결하는 것이 자신의 가장 절실한 과제임을 강조하고, 스승 박세채에게 질정하며 토론하기를 요청하였다.

이에 앞서 정제두는 36세 때(1684) 박세채에게 다음과 같은 답장을 보내고 있다.

> 공론(公論)이 결정되는 것은 옳은지 그른지에 달린 것이요, 세력이 강한지 약한지로 결정하는 것은 아닙니다. 그렇다면 군자가 두려워할 것은 백세의 뒤에라도 그 의리가 혹시 어긋날까 하는 것이요, 어찌 명성과 위세로써 당시 사람들의 숭상을 받는 것으로 만족하겠습니까? 오늘날 주장하는 자는 그렇지 아니하여 의리의 옳고 그름이 어디에 있는지는 다시 돌아보지 않고 힘써 성내는 모습을 지어 오직 힘으로써 이기는 것을 유쾌하게 여깁니다. 이른바 힘으로 이기는 자가 어찌 천하 의리의 공정함을 지니고 있을 것이며, 백세 뒤 시비의 정당함을 상관하겠습니까?[13)]

정제두는 양명학에 대한 논변에서 무엇보다 먼저 학문적 토론자세의 정당성을 강조하고 있다. 곧 올바른 학문적 토론은 의리의 보편적 공정성과 시비의 항구적 정당성을 기준으로 확보하여야 하는 것임을 역설하여, 당시의 학문적 풍조가 권위나 정통성의 세력을 내세워 고압적으로 억눌러 힘으로 이기려는 태도가 성행하고 있는 것에 대해 철저히 성찰하여 극복하기를 요구하였다. 이처럼 그는 주자학의 정통에서 벗어나는 양명학에 대한 토론이 의리의 공정함과 시비의 정당함을 미리 확보하지 못한다면 그 정당한 이해나 평가 자체가 불가능하다는 사실을 분명하게 인식하고 있었던 것이다.

(2) 논변의 입장과 태도

박세채와 정제두 사이에서 왕복편지로 양명학에 관한 논변이 가장 활발하게 일어나고 있는 경우는 정제두가 39세 때(1687)였다. 먼저 박세채는 정제두에게 보낸 답장에서 정제두가 기품이 단아하고 학업이 정밀함을 높이 평가하면서도 양명학에 깊이 빠져든 점을 안타깝게 여기고 이를 바로잡아 주기 위해 변론한다는 입장을 보여 주고 있다.

> 뜻하지 않게 중간에 왕양명에 끌리게 되어 점점 깊이 고질이 되어 가니 더욱 절실히 애석하였소. 다만 그대의 학문함이 들떠있지 않아 근원의 간단하고 쉬운 법을 찾는 데 힘쓰다가 이 계략에 걸려 넘어진 것이니, 마땅히 조만간에 그 사악한 대략을 깨뜨리고 정학(正學)으로 돌아올 것이라 하였소. 그런데 어찌 전날 가르쳐 주는 말씀에 '성학(聖學)은 회암(晦菴)의 논한 바가 한 가지요, 양명의 논한 바가 한 가지이며, 양쪽은 모두 통달한 것이지만, 회암은 둘로 보고 양명은 하나로 보니, 이쪽(양명)이 우세한

13) 『霞全集』(160-12), 권1, '答朴世采書(甲子)', "公論之定, 在於是非, 非以强弱也, 然則君子之所可懼者, 懼義理之或乖於百世而已, 豈足以聲勢與時人相尙哉, 今之持論者不然, 不復顧義理是非之所在, 務作忿懥之狀, 惟以氣力取勝爲快, 夫所謂氣力取勝者, 何有於天下義理之公, 何關於百世是非之正也."

> 것 같다. 또한 그(양명의) 말한 바는 모두 인륜과 경전의 뜻을 주장으로 삼으며 한 가지도 선불교의 맛은 없다' 고 말할 줄을 생각했겠소. 나는 듣고서 놀라고 실망스러움을 견딜 수 없었소.[14)]

박세채는 정제두가 양명학에 뜻을 두고 있는 사실을 1680-81년 이후로 알고 있었지만, 그동안 8년의 세월이 흐르는 동안 정제두의 학문적 성실성에 대한 신뢰로 그가 정학(正學) 곧 주자학으로 돌아올 것을 기대하며 기다려 왔음을 밝히고 있다. 그러나 정제두가 양명학이 주자학보다 우월하다고 적극적으로 주장하는 것을 듣고 나서 더 이상 참고 있을 수 없어 양명학에 대한 선현의 비판적 견해를 제시하여 정제두에게 정학(주자학)과 이단(양명학) 가운데 어떤 것을 선택할지 요구하였던 것이다. 그것은 사실상 이때에 본격적인 비판과 반론의 양명학 논변이 시작되고 있음을 말해 준다.

박세채는 양명학의 성격을 주자와 육상산 사이에 이미 결판이 난 논쟁에서 왕양명이 육상산을 계승하는 것이라는 사상사적 배경을 전제로 하고 있음을 확인하고, 양명학의 기본주장을 '치양지(致良知)' · '친민(親民)' · '지행합일(合知行)'의 세 가지로 집약하여 제시하였다.

> 주자 · 육상산의 논변은 오래되어, 그 주장과 행실은 양쪽의 문헌과 행적에 골고루 있고 사사로움이나 사특하고 정대함의 변론이 갖추어 있어 속일 수 없는 것이니 천 년의 뒤에도 누가 밝게 알지 못하겠소? 홀로 왕양명이 뒤에 출현하여 감히 (육상산을) 계승하고 서술하여 확장시켰으며, 육

14) 『南溪集』, 권32, 18-19, '與鄭士仰(丁卯)', "不意中間被王陽明所掣, 展轉深痼, 益切痛惜, 第謂左右爲學不泛, 務求本源簡易之法, 而偶爾蹉跌於此計, 當早晩覰破其淫邪之大致, 以返正學也, 豈意前日奉誨, 乃曰聖學, 晦菴所論爲一件, 陽明所論爲一件, 兩家俱通, 而晦菴二陽明一, 恐此爲勝, 且其所言皆主倫常經訓, 無一禪佛之味, 愚竊聞之, 不勝愕然失望."

> 상산이 정명도를 전수하였다 하고, 주자를 홍수나 맹수의 재난에 견주었으니, 제멋대로 날뛰어 거리낌이 없음이 극진하다 할 수 있소. 그 배운 바의 근원은 '치양지(致良知)' · '친민(親民)' · '합지행(合知行)'의 세 가지를 주장으로 삼으니, '친민'과 '합지행'의 학설은 퇴계선생이 「전습록(傳習錄)」을 가지고 상세하게 논변하였소. … 왕양명의 여러 학설은 퇴계와 주자가 모두 밝게 변론하고 통렬하게 배척하여 발본색원함으로써 후세에 그 해독을 입지 않게 하였는데, 홀로 그대가 깊이 부합하고 독실히 지켜서 저것(양명학)으로 주자의 큰 가르침을 바꾸려고 하니, 참으로 그렇게 된다면 돌피가 가을걷이를 바꾸어 놓는 것이요, 문란한 정나라 노래(鄭聲)가 아악을 어지럽히는 것이요, 그 전파되는 해독이 자신을 그르치고 남을 그르치기에 넉넉할 것이니, 평일에 독서하여 학문한다는 것이 무엇이 귀중하겠소.[15]

여기서 박세채는 왕양명이 주자학을 홍수나 맹수처럼 재앙이라 비판하였던 점을 들어 양자가 정면으로 적대적인 것임을 확인하고, 이미 주자가 육상산을 비판하였고 퇴계가 「전습록논변(傳習錄論辯)」을 저술하여 양명학의 이론을 상세하게 비판하였던 사실을 들어, 더 이상 논변할 필요도 없이 육상산과 왕양명의 학설은 잘못된 것임을 확인하고 배척하는 입장을 밝혔다. 그만큼 박세채와 정제두 사이의 양명학 논변에서 박세채의 입장은 양명학에 대해 이단배척의 입장을 확고하게 정립한 기반 위에 있는 것임을 보여 준다. 따라서 박세채는 당시 세상의 풍조가 쇠퇴

15) 『南溪集』, 권32, 19, '與鄭士仰(丁卯)', "夫朱陸之卞久矣, 其立言制行, 兩家文蹟, 具在公私邪正之卞, 非可相誣, 千載在下, 孰不明知, 獨陽明後出, 乃敢嗣述而張大之, 至以象山爲得明道之傳, 而比朱子於洪水猛獸之禍, 狂肆無忌憚, 可謂極矣, 原其所學, 以致良知 · 親民 · 合知行三者爲主, 親民合知行之說, 退溪先生於傳習錄卞論之頗詳, … 陽明諸說, 退溪 · 朱子俱爲之明卞痛斥, 拔本塞源, 使天下後世不受其毒, 而獨士仰深契篤守, 欲以彼易我朱子之大教, 苟爲然者, 稊稗易秋, 鄭聲亂雅, 其流之害, 適足以自誤而誤人, 何貴乎平日讀書而爲學也."

하여 각각 자기주장을 펼치는 괴벽한 무리들이 출현하고 있음을 지적하고, 그 사례로서 새로운 병법제도를 제안하였던 안명로(安命老, 1620-?)나, 『노자』·『장자』를 주석하며 주자의 『대학장구』·『논어집주』에 오류가 많다고 의심하였던 박세당(西溪 朴世堂, 1629-1703)과 도가에 심취해 있고 선학도 함께 능통한 인물로, 추종하는 무리가 많았던 김자익(金子益, 未詳)을 들었다. 여기서 박세채는 이러한 평상함에서 벗어나 기이한 무리들이 이단에 빠져 들고 있는 당시의 현실에서 정제두가 '양지학(良知學: 양명학)'을 주장하는 것은 그 폐단이 더욱 심각할 것임을 매우 우려하면서, "통렬하게 스스로 뉘우치고, 이쪽(주자학)과 저쪽(양명학)의 근본과 말단을 궁구하여 단번에 정학(주자학)으로 돌아와 왕양명의 사특한 학설이 우리나라에 다시는 일어나지 않게 하며, 지금까지 온 천하를 오랑캐에게 돌려주고 말았던 중국의 재앙에 이르지 않게 한다면 크게 다행이겠소"[16]라고 하여, 이단인 양명학을 버리고 정학인 주자학으로 돌아오기를 간곡하게 당부하고 있다.

박세채는 주자학 정통의 입장에서 양명학을 배척하는 견해를 강경하게 제시하고 있지만, 이에 대해 정제두는 답장에서 박세채가 세상 풍조의 어지러워짐을 통탄하고 우매한 자의 미혹에 빠져드는 것을 안타까워하여 근심하고 있는 것에 감복하였음을 밝히고 있으나, 또한 자신이 명나라의 나흠순(整菴 羅欽順)과 우리나라의 퇴계가 양명학을 비판한 변론에 대해서도 일찍부터 깊이 연구해 보았지만, 그럼에도 불구하고 그 자신이 양명학에 깊은 관심을 지니고 있는 이유를 절실하게 제시하고 있다.

---

16) 『南溪集』, 권32, 20-21, '與鄭士仰(丁卯)', "當今世衰道喪, 人各爲說, 乖僻之徒 如安命老之類 固不足道, 西溪族兄始註莊老, 又疑大學論語集註之多誤, … 金生子益又耽道家之旨, 專心精治, 人或以爲兼通禪學, 近聞其徒頗衆, … 乃以士仰之賢, 又主良知之學, 其弊必益倍蓰, 此又何事耶, 悼心切骨不知所裁, 惟乞左右悚然感動, 痛自悔責, 究極彼此本末, 一反正學, 毋使陽明淫邪之說更熾於海邦, 不至如向來中朝之禍, 率天下以歸夷狄則其幸大矣."

제가 감히 스스로 그릇된 일에 미혹되려는 것도 아니요, 또 감히 어느 쪽에 아첨하거나 고집하려는 생각을 가진 것도 아닙니다. 그 가운데 크게 의심되는 점이 있어서 풀리지 않고 남아 있는데 여러 사람들의 변론한 말들은 모두 새끼줄로 물을 끊으려는 것 같아서 통렬하게 속에 감추어진 것을 쪼개어 보지 못하였으니, 마음으로는 비록 가르침을 받아 바로잡고 덮어쓴 것을 열어젖히고 싶지만 누구를 따라야 하겠습니까? 이 때문에 마치 몸에 병이 든 듯하여 분발하고 말해 보려 애쓰지만 의혹에 빠져 스스로 그칠 줄을 모른 지 이미 몇 해가 되었습니다. 참으로 눈이 어두워 미혹됨을 풀어서 열어 줄 수 있다면 속마음의 깨달음이 이미 절실할 것이니 어찌 (선생님께서) 번거롭게 경계하고 가르치시는 데 이르게 하겠습니까? … 이것은 진실로 죽고 사는 길목이니 버려둘 수 없습니다. 한번 통렬하게 강론하고 그 학설을 끝까지 궁구하여 그 깊은 속을 분석해 보면 반드시 한번 결판이 있을 것입니다.[17]

정제두는 자신이 양명학에 몰두하고 있는 것은 현혹되어 빠진 것이나 아부하여 추종하려는 것이 아니라, 진리의 근원에 관한 근본적 의문점을 해결하기 위한 학문적 관심임을 밝히고 있다. 그는 나흠순이나 퇴계가 양명학을 비판한 저술도 자세하게 검토해 보았지만 자신의 의문점을 해결해 줄 만큼 철저한 분석이 못 되는 피상적인 비판임을 지적하였다. 따라서 그는 주자학과 양명학 사이에서 진실이 어디에 있는지를 찾아가는 것이 바로 자신의 삶과 죽음이 갈라지는 대목으로 가장 중요한 문제임을 역설하고, 양명학을 끝까지 추궁하여 분석함으로써, 진실과 거짓됨을 판

17) 『霞全集』(160-13 · 14), 권1, '答朴南溪書(丁卯)', "齊斗非敢固自爲迷誤者, 亦不敢謀阿護膠刻之計, 其中必有大疑難者, 存而未釋, 而諸家卞語, 率皆如繩斷水, 旣未見其痛劈底蘊, 則心雖欲就正而發蔀, 其孰從之, 由是若癏在躬, 憤悱惶惑, 不自知止者, 于今已有年矣, 苟能使眯昧之惑, 渙然開釋, 則中心之警悟已切, 顧奚至於上煩戒誨也, … 此眞死生路頭, 不得其可措那, 庶幾一與痛講, 殫竭其說, 剖析其蘊, 則將必有一決矣."

결할 수 있기 위해 여러 해 동안 분발하여 고심을 거듭해 왔던 자신의 진지한 학문적 자세를 밝히고 있다.

나아가 정제두는 '학문'의 본래 의미를 근원적으로 성찰하고, 자신이 양명학에 몰두하는 의미를 재확인하면서, 박세채에게 자신의 학문적 자세가 진리를 밝히려는 순수한 것임을 설득시키기 위해 다음과 같이 애를 쓰고 있음을 보여 준다.

> 제가 왕양명의 학설에 집착하는 것이 만약 특이한 것을 추구하거나 사사로움을 이루려는 데서 나온 것이라면 버리고 끊어 내기도 어려운 것이 아닙니다. 감히 우리가 학문하는 것이 장차 무엇을 하려는 것인지 모르겠습니다만, 생각건대 성인의 뜻을 찾아서 실지로 얻고자 할 뿐입니다. 이제 성학(聖學)의 바른 길이 어디에 있는지를 분별하지 않고 만다면 한평생을 그르쳤다는 두려움이 마음속에 절실할 것이니, 뒤엉킨 의문을 풀기 전에야 어떻게 버려둘 수 있겠습니까?[18)]

여기서 그는 학문을 "성인의 뜻을 찾아서 실지로 얻고자 할 뿐이다(欲求聖人之意, 而實得之而已)"라고 정의하여, 진정한 성인의 뜻을 확인하는 것을 학문의 기준으로 확인하고 있다. 따라서 그는 자신의 학문적 관심이 주자학이냐 양명학이냐의 선택문제가 아니라, 성인의 뜻이 무엇인가를 찾고자 하는 것이요, 성인의 학문 곧 '성학'의 바른 길을 찾고자 하는 것임을 역설하였다. 그만큼 그는 박세채에게 주자학 정통의 기준을 전제하지 말고 성인의 가르침인 진리를 향한 열린 마음, 곧 천하의 지극히 어진 마음(天下至仁)으로 자신의 입장을 살펴주기를 간곡히 호소하고 있

18) 『霞全集』(160-14), 권1, '答朴南溪書(丁卯)', "蓋齊斗所以眷眷王氏之說, 倘出於求異而濟私, 則決去斷置, 非所難焉, 但未敢知吾人爲學將以何爲邪, 思欲求聖人之意, 而實得之而已, 今旣莫辨於聖學之的路, 果是何在, 而枉了一生之懼, 方切于中, 則蓬茅未開之前, 夫孰能決以舍諸."

다. 당시 박세채와 정제두 사이의 양명학 논변은 기본적으로 정통론의 권위적 비판 입장과 진리탐구의 개방적 성찰 요구로 맞서고 있는 것임을 보여 준다.

(3) 논변의 심화와 종결

박세채는 정제두가 민이승과 활발한 토론을 벌이면서 그 절충점을 찾기 위해 『근사록(近思錄)』을 정밀히 읽고 있다는 말을 듣고 1688년 답장을 보내어 그 양명학 논변의 귀추에 관심을 보이고 있다. 또한 박세채는 이 편지에서 유성룡(西厓 柳成龍)이 평소에 육상산의 글을 좋아하여 초록해서 지니고 다니다가 뒷날 불교서적을 읽고서 그 중심축의 운용이 모두 불교 속에 있음을 알고서 버리게 되었다는 언급(『西厓集』 권15, 「象山學與佛一樣」)을 음미하도록 권하며, 정제두가 왕양명의 학설에서 긴요한 말을 초록하여 하나의 책으로 만든 것을 자신에게 보여 주기를 요청한다. 나아가 박세채는 "피차(주자학과 양명학)간에 의리에서는 참으로 가리고 덮어 두거나 서로 외면해야 할 도(道)가 없으며, 또한 나의 견해가 그대에게 채택되기에 부족한 줄을 알고 있지만, 양명학에서 취하는 바가 과연 어디에 있는지를 알아서 혹시 그 의문에 조금이나마 공헌할 인연을 얻고자 할 뿐이요"[19]라고 하여, 자신이 양명학의 이론을 좀 더 깊이 인식함으로써, 정제두의 양명학 이해가 지닌 문제점을 해결하는 데 기여해 보겠다는 적극적 관심을 밝히고 있다. 이처럼 박세채는 정통론의 권위를 내세워서 비판하는 것이 정제두의 진지한 학문자세를 설득하는 데 한계가 있음을 인식하고, 그 자신 양명학에 대한 이해를 심화하여 이론적 비판의 기반을 확보하고자 하는 방향으로 태도를 전환하고 있다.

이에 대해 정제두는 박세채에 올린 답장에서도, 자신과 민이승이 고양

---

19) 『南溪集』, 권32, 21, '答鄭士仰(戊辰)', "蓋彼此義理固無掩遮相外之道, 亦知鄙見不足以仰備垂採, 竊欲知其所取於王學者果在何處, 而或得因緣少獻其疑耳."

(高陽)에서 만나 며칠간 벌였던 토론에 박세채가 관심을 지니고 문의한 데 대해, 민이승과의 토론내용과 더불어 자신의 입장을 설명하고 있다.

> 민이승이 '양지의 학설은 심(心)과 성(性)과 천(天)을 알지 못한다' 라고 말하였는데, 바로 그 설명을 듣고 의혹을 풀어 보려 하였지만, 막상 토론을 하고 보니 끝내는 한 마디도 요긴한 것을 얻을 수 없어서 토론하지 않은 것과 다름이 없었습니다. 아마도 민이승은 양지의 학설을 아직 못 보았기 때문에 그런 것 같습니다. 다만 그의 말에 '양지 바깥에 따로 한 층으로 성명의 근원(性命源頭)이 있다' 고 하며, 특히 제가 인식하는 '우리 마음의 본연한 실체(吾心本然之體)' 가 아닐 따름이라고 하니, 그러한지 그렇지 않은지 마땅히 세밀하게 추구해 보아야겠습니다. 또 제가 주자의 글에 혹시 정밀하지 못하여 이치에 어긋나게 의심을 일으킨 것인지도 모르겠습니다. 이 때문에 오늘에 하고자 하는 바는 깊이 생각하고 자신에 돌이켜 성찰하여 세월을 두고 한결같이 정밀하게 추구하는 것이니, 바로 감히 자신하지 않고 다른 날 극진한 자리를 이루고자 합니다.[20]

그는 당시 민이승과 양명의 '양지' 개념의 문제를 중심으로 토론하면서, 민이승이 왕양명에 대한 이해가 부족한 사실을 지적할 뿐만 아니라, 자신이 주자학에 대한 이해에 부족함이 있을지 모른다는 사실을 성찰하면서, 주자학과 양명학의 양면에서 정밀하게 이해하고 깊이 사색하여 '극진한 경지(究竟之地)' 에 이르기를 기약하는 학문자세를 보여 준다. 이처럼 그는 자신이 양명학에 대한 확신을 밝히기에 앞서 열린 자세로

---

20) 『霞全集』(160-14), 권1, '答朴南溪書(戊辰)', "彥暉之言, 嘗謂良知之學, 不知心也性也天也, 正欲聞其說而破惑, 及夫講難, 竟無一言之直得肯綮, 與不講不異, 蓋彥暉未嘗見良知之說而然也, 獨其言曰良知之外, 別有一層性命源頭, 非特某所認吾心本然之體而已, 其然其不然乎, 此宜細推, 且某於朱子之書, 或有未精而謬妄生疑, 亦不可知, 由是今日之所欲熟思反求專精歲月者, 正以不敢自信而爲佗日究竟之地也."

정밀하게 탐구하는 도중에 있음을 밝히고 있다.

1690년 이후에는 양명학에 관한 논변은 박세채가 정제두에게 보낸 편지에서만 찾아볼 수 있다. 박세채는 1690년에 보낸 편지에서도 정제두가 양명학에 빠졌던 과오를 깨닫고 마음을 돌려(回頭轉胸) 주자학(吾家事業)으로 돌아오기를 다음과 같이 요구하고 있다.

> 번번이 이르기를 그대는 단정하고 순수하여 한 가지도 세속의 잡박하고 허황한 습관이 없으며, 이미 바른 길을 나섰으니 마땅히 일취월장하여 곧바로 성현의 뜰에 나아가기도 어려울 것이 없었을 터인데, 뜻하지 않게 한번 왕양명을 찾아드니 일없이 시비를 일으키고 반복하여 미혹되어 정자·주자의 바른 학맥을 모두 버린 지가 참으로 10년이 지났소. 나는 진실로 혼자 가슴이 막혀 자나 깨나 근심하지만 비록 바른 도리로 구출하고 싶어도 말미암을 길이 없으니, 다만 조만간에 깨우쳐서 홍수의 흐름에서 벗어나 참된 근원으로 돌아오기를 바라는데, 지금 어떠한지 모르겠소.[21]

그는 정제두가 이미 양명학에 깊이 빠져든 것을 근심하며 주자학으로 돌아오기를 호소하고 있는 것이다.

정제두가 43세 때(1691)는 박세채와 정제두 사이의 양명학 논변이 절정에 이르렀으나 더 이상의 기록을 찾아볼 수 없는 점에서 사실상 논변도 끝나고 말았다고 할 수 있다. 박세채는 앞서 1688년에 보낸 편지에서 정제두가 양명학의 요점을 한 권의 책으로 편집했다는 말을 듣고 보여주기를 요청했었는데, 아마 그 사이에 박세채는 이 책을 얻어 보고 또한 그 자신이 왕양명의 저술인 『전습록』과 「대학문(大學問)」을 세밀하게 분

21) 『南溪集』, 권32, 22, '答鄭士仰(庚午)', "每謂左右端明溫粹, 一無世俗夾雜浮誕之習, 以爲旣已發軔正路矣, 是當日將月就, 直造聖賢之門庭, 殆無所難, 而不意於何討得一王陽明, 無事生事, 反復迷惑, 盡棄程朱正脈, 而信之已過十年, 鄙誠獨滯寤寐憂歎, 雖欲救正而其路靡由, 但冀早晩開悟, 庶幾脫洪流而返眞源者, 未知今將何如耳."

석하여 비판하는 글로서 「왕양명학변(王陽明學辨)」을 비롯하여 「양지천리설(良知天理說)」과 「격물훈의설(格物訓義說)」을 저술했던 것으로 보인다. 이때 박세채는 「왕양명학변」을 정제두에게 보내어 자신의 양명학 비판 이론을 제시하였던 것이다.

> 왕양명을 초록한 말을 돌아보면서 이 일이 그대에게 관계됨이 작은 일이 아니라, 바로 우리 학문에서 향기와 악취나 얼음과 숯을 분변하는 것임을 생각하게 되었소. 비록 친구된 자라도 일찍이 스스로 충고하여 잘 깨우쳐 줄 수 없다면 부득이 '도'가 다름에 처하여 서로 도모할 수 없는 경우가 될 것이요. 마땅히 뒤따르며 서로 알려 주어야 하는데 오랫동안 병고로 말미암아 연구할 겨를이 없었다가, 지난달에 이르러 비로소 대략 근거를 고증하여 논술할 수 있었소. 이제 '변설' 한 편을 올리니 그대가 어떻게 생각할지 모르겠소. 그대가 기록한 두 글에서 초록한 것은 실로 주렴계와 정자의 『근사록』과 같은 종류이니, 양명학을 위해 헛되이 소비할 것이 아니오. 초록한 글을 연구하니, 비록 그 의론의 대략을 볼 수 있지만 또한 관통시키기가 어려워서, 드디어 『전습록』의 본문에 나아가 직접 핵심을 검토하니, 생각이 나온 바를 모두 말할 수 있을 듯한데, 대략 아래의 설명과 같소.[22)]

정제두가 양명학의 핵심내용을 초록한 글이 무엇인지 알 수 없으나 박세채가 "주렴계와 정자의 『근사록』과 같은 종류이니, 양명학을 위해 헛되이 소비할 것이 아니다"라고 평가한 언급에 비추어 보면, 현재 『하곡

---

22) 『南溪集』, 권32, 24, '答鄭士仰(辛未)', "顧以陽明抄錄爲言, 因念此事於左右所關不細, 正是吾學薰蕕氷炭之辨, 雖爲知舊者, 莫如早自忠告而善喻之否, 則又不得不處以道不同, 不相爲謀之科也, 所宜趁相報示, 而久困病憂, 未遑究心, 及到前月間, 始克略有考據論述, 今以辨說一篇仰呈, 不識士仰以爲何如也, 蓋高錄二書中抄錄則實周程近思錄之類, 非爲王學者不宜枉費, 硏窮書抄, 則雖可見其議論大致, 而亦難通貫, 遂就傳習本文, 直討頭腦, 意思出來, 似皆可得而言者, 略如下說矣."

집』에 남아 있는 글 가운데서는 「존언(存言)」이 가장 가까운 것이 아닐까 추측해 본다. 여기서 박세채가 정제두에게 보낸 '변설' 은 「왕양명학변」으로 보이며, 정제두의 이에 대한 대응논변이 남아 있는지 확인할 수 없지만, 「학변(學辯)」이 가장 가까운 글이라 짐작된다. 그 후에도 박세채는 정제두에게 보낸 편지에서 양명학에 대해 철저히 파헤쳐 토론하지 못함을 아쉬워하며 찾아와서 토론하기를 희망하기도 하였고, 정제두가 양명학에서 벗어나 주자학으로 돌아오기를 끝까지 호소하고 있음을 엿볼 수 있다.[23] 정제두는 박세채를 스승으로 따랐으며 박세채는 정제두를 뛰어난 후학으로 각별하게 아꼈다. 비록 양명학에 대한 논변의 과정에서 서로의 확고한 입장차를 조금도 좁힐 수 없었으나 끝까지 사제간의 우의를 잃지 않았다.

1695년 박세채가 65세로 세상을 떠난 뒤, 정제두는 49세 때(1697) 스승인 그를 위한 제문에서도 "돌이켜 보니 불민한 저는 알아주시고 아껴주심을 가장 깊이 입었습니다. 덕을 우러르고 가르침을 받듦은 어려서부터였는데, 어떻게 감당할 수 있으리오. 장려해 주심을 받들지 못해 부끄러울 뿐입니다. 제자는 소략하여 자신을 규제할 줄 몰랐으며, 속마음으로 분발하고 애썼으나 의혹을 아직도 풀지 못하였습니다"[24]라고 하여, 스승 박세채에 대한 인간적 애정을 토로하고, 아울러 양명학에 대한 학문적 토론이 귀결되지 못하고 끝난 데 대해 아쉬움을 밝히고 있다.

23) 『南溪集』, 권32, 25, '與鄭士仰', "今行謂得相討, 竭盡底蘊而去矣, 竟不能成, 此亦天也, 賢須自量, 勇撤前套, 還共此學, 則幸於此月內訪我於廣灘, 留講數日, 庶成平生同志之義也, … 願士仰一奮大勇, 出幽遷喬, 回頭轉腦, 以爲吾道之光, 若失今日則悔之無及, 蓋吾家於異學, 無幷容交修之理也."

24) 『霞全集』(160-177), 권6, '祭南溪朴先生文(丁丑)', "顧惟不敏, 最蒙知愛, 仰德承教, 粤自早歲, 何以堪勝, 偏愧奬勵, 小子在簡, 惟不知裁, 中懷憤悱, 惶惑未開."

3. '고본대학' 과 「대학문」의 쟁점

1) '고본대학' 의 쟁점

박세채와 정제두 사이에서 전개된 양명학 논변의 핵심적 쟁점은 박세채의 「왕양명학변」(1691)에서 집약적으로 제시되고 있다. 곧 「왕양명학변」에서 '고본대학(古本大學)' · '대학문(大學問)' · '치양지' · '주자만년정론(朱子晩年定論)' 의 네 가지 주제를 양명학의 중심문제로 다루면서, '고본대학' 의 문제를 양명학 논변의 출발점으로 삼았다. 개괄하여 보면 왕양명의 여러 쟁점들은 『대학』의 해석에 따른 문제로 포괄시켜 볼 수 있다. 이에 따른 쟁점의 핵심문제를 좀 더 세분해 보면 ① '고본대학(古本大學)' 의 문제와 ② '격물(格物)' 의 문제, ③ '치양지' 의 문제 등 세 가지로 집약된다. 그 밖에 비교적 가볍게 논의되고 있는 주제로서 '친민(親民)' 의 문제는 '고본대학' 의 논변 속에 포함시켜 볼 수 있고, '심즉리(心卽理)' 의 해석은 '치양지' 의 문제를 이해하기 위한 전제로서 논의될 수 있을 것이다.

박세채는 양명학의 전반적 구조를 『대학』의 해석과 관련 지으면서 다음과 같이 규정하고 있다.

> 『대학』의 3강령 · 8조목은 조리 정연하여 어지럽지 않은데, 왕양명은 '고본(古本)' 을 주장하여서는 '성의(誠意)' 를 위주로 삼고, 공부를 논하여서는 '정물(正物; 사물을 바로잡음. 곧 왕양명의 '格物' 해석)' 을 주장으로 삼고, 종지(宗旨)를 세우면서는 '치양지(致良知)' 를 주장으로 삼았으니, 무엇을 말하는지 모르겠다. 대개 '고본' 을 주장하지 않으면 정자 · 주자의 길을 막을 수 없다 여기고, '정물' 을 주장하지 않으면 궁리 · 격물하는 공로를 대치시킬 수 없다 여기며, '치양지' 를 주장하지 않으면 이 마음을 찾을 수 없다 여겼으니, '실행(修爲)' 의 학문이라 꾸밀 것도 없이 의도는 참

으로 있는 것이다.[25]

여기서 박세채는 왕양명이 '고본대학'을 표출시킴으로써 '성의'를 중심으로 삼는 사실과, 공부의 방법으로 '격물'을 '정물'로 해석하는 사실과, 근본주제로서 '치양지'를 내세우는 사실이 양명학의 핵심구조를 이루고 있다고 하면서 이 세 가지 주제 사이에 일관성이 결여되었다는 문제점을 지적하고, 동시에 이 세 가지 주제를 표출시키고 있는 것은 결국 주자학을 벗어난 별도의 이론체계를 구축하려는 데 의도가 있는 것으로 진단하고 있다. 박세채가 양명학을 비판하며 문제를 제기하는 입장이라면, 정제두는 양명학을 변호하여 해명하는 입장이라 볼 수 있으니, 박세채가 제시하는 ① '고본대학', ② '격물', ③ '치양지'의 세 가지 주제를 중심으로 두 사람 사이의 양명학 인식의 차이점을 확인할 수 있을 것이다.

'고본대학'의 체제와 관련하여 박세채는 먼저 '고본대학'이 정명도·정이천·주자에 의해 개정되는 과정을 제시한다. '고본대학'을 기준으로 개정과정을 도표화하면 다음과 같다. (8) '정심장' 이후는 모두 순서가 같아서 생략한다.〔'＊＊'표는 고본대학과 순서가 달라진 부분〕

25)『南溪集』, 권59, 40, '王陽明學辨·致良知', "大學三綱八條, 井井不紊, 而陽明主古本, 則以誠意爲主, 論功夫, 則以正物爲主, 立宗旨, 則以致良知爲主, 未知何謂, 蓋不主古本則無以塞程朱之路, 不主正物 則無以代窮格之功, 不主致良知則無以爲求之此心, 不假修爲之學, 意固有在也."

『대학』 분장(分章)의 비교

古本大學(王陽明)	程明道	程伊川	朱子 章句
(1) 經文A(大學之道 … 則近道矣)	(1) 經文A	(1) 經文A	(1) 經文A(經1章)
(2) 經文B(古之欲明 … 未之有也)	(6) * *	(2) 經文B	(2) 經文B(經1章)
(3) 此謂知本, 此謂知之至也	(2) 經文B	(7) * *	(6) * * (傳首章 · 傳2章 · 傳3章A)
(4) 誠意章(所謂誠 … 必誠其意)	(3) …	(3)	(5) * * (傳3章B)
(5) 瞻彼淇燠 · 於戲前王 2條	(4)	(4)	(7) * * (傳4章)
(6) 康誥 等 3章(康誥 …止於信)	(5)	(5)	(3) (傳5章)
(7) 聽訟章	(7)	(6)	(4) (傳6章)
(8) 正心章	(8)	(8)	(8) (傳7章)

박세채는 정명도의 개정에 대해, "3강령 · 8조목으로 분류하여 서로 따르게 하고자 한 것으로, 비록 '경(經)'과 '전(傳)'이 달라짐은 없지만 의리는 역시 통할 수 있다" 하고, 정이천의 개정에 대해, "비록 역시 '경'과 '전'의 구분은 없지만 그 구분하는 의리는 이미 드러났다"고 언급하였다. 나아가 주자의 『대학장구』에 대해서는 "'성의' 장을 '정심' 장의 위에서 떨어뜨려 두는 것은 실지로 두 분 정자의 취지에 근원하는 것이요 주자가 처음 세운 것은 아니다. 특히 3강령 · 8조목이 찬란하게 갖추어 있음을 환하게 내다보았기 때문에 부득이 '경'과 '전'을 나누어 놓았으며, 또 '격치(格致)'의 '전'이 빠져 있는 것을 부득이 두 분 정자의 뜻으로 보완하였을 따름이다"라고 하였다.[26] 여기서 그는 정명도 · 정이

26) 『南溪集』, 권59, 29-30, '王陽明學辨 · 古本大學', "明道 … 是欲以三綱領八條目, 分類相從, 雖無經傳之殊, 而義亦可通也, 伊川 … 雖亦無經傳之分, 而其分之之義已著矣, 然則章句所以以誠意章退置於正心章之上者, 實原於二程之旨, 非朱子所創立者, 特以洞見其三綱八條燦然具備, 故不得不以經傳分之, 而且以其闕格致之傳, 不得不以二程之意補之而已."

천의 개정을 이어받아 주자에 의해 '장구' 체제로 『대학』의 개정이 마무리되는 과정에서 개정을 하지 않을 수 없었던 이유는 바로 3강령 · 8조목의 체계를 『대학』의 기본구조로 인식하고 이를 확립하기 위한 것임을 밝히고 있다. 또한 이 3강령 · 8조목의 체계에서 보면 '격치' 장은 '전' 에 해당하는 설명이 없으므로 '격물치지보망장(格物致知補亡章)' 으로 보완하지 않을 수 없었던 당위성을 해명하고 있다.

왕양명은 나흠순(整菴 羅欽順)에게 보낸 답장에서 자신이 '고본대학' 을 내세우는 이유를 밝혀, "대학고본은 공자 문하에서 전해 오던 옛 책일 뿐이다. 주자가 빠지고 잘못된 것이 있다고 의심하여 개정하고 보완하였지만, 나는 그 책은 빠지고 잘못된 것이 없다고 하여 옛 것을 모두 따르니, 과실은 공자를 지나치게 믿는 데 있다면 있지만, 고의로 주자가 장을 나눈 것을 버리고 그 전(傳)을 깎아 내려는 것이 아니다"[27]라고 언급하였는데, 박세채는 이 구절을 인용하면서, '빠지고 잘못된 것(脫誤)' 이 없다는 주장을 반박하여, 첫째 (4) '성의장' 이 (1) · (2) '경문' 아래에 있고, 첫 번째 강령인 '명명덕(明明德)' 을 설명한 '전수장(傳首章: (6) 康誥曰, 克明德 … 皆自明也)' 이 세 번째 강령인 '지어지선(止於至善)' 을 설명한 '전3장(傳3章: (5) 於戲前王 … 利其利, 此以沒世不忘也)' 의 아래에 있다는 사실을 이해할 수 없다는 것이다. 그 이유는 바로 『대학』의 '경문' 에서 3강령과 8조목을 순서로 제시하였다면 그 순서에 따른 주자의 『대학장구』 체제가 옳다고 역설하는 것이다. 이에 따라 박세채는 "이제 '고본' 을 주장하여 주자와 대치하고자 하지만, 정현(鄭玄)이 천하에 그 덕을 밝힌다는 것을 실지로 활용한다는 것이 도리어 '명덕' 이 말미암는 바는 먼저 '성의' 를 따라 비롯한다는 뜻에 근본하게 된다"[28]고 하여,

27) 『傳習錄』(中), '答羅整庵少宰書', "大學古本, 乃孔門相傳舊本耳, 朱子疑其有所脫誤, 而改正補緝之, 在某則謂其本無脫誤, 而悉從其舊而已矣, 失在於過信孔子則非有之, 非故去朱子之分章而削其傳也."

'명명덕' 을 '성의' 에 예속시키는 전도(顚倒)를 일으키고 있는 것이라 비판한다. 그만큼 박세채 자신은 『대학』을 3강령 · 8조목의 체제로 인식한 주자의 견해를 확고하게 지켜가고 있음을 보여 준다.

또한 박세채는 왕양명이 "과실은 공자를 지나치게 믿는 데 있다" 고 말한 언급에 대해 다음과 같이 비판하고 있다.

> 진실로 공자를 지나치게 믿는다면 어찌 여러 조목이 명백한 '경문' 은 믿지 않고 홀로 한 조목의 도착된 '전문(傳文)' 만을 믿어서, 드디어 한 편 안에서도 의리와 문자가 흩어지고 어긋나지 않음이 없게 하며, '격물' · '치지' · '성의' 의 취지가 또 모두 중복되고 번잡하여 조리를 이루지 못하게 하는가? 그렇다면 이른바 '공자를 지나치게 믿는다' 는 것은 반드시 명목은 마땅히 옛 것으로 돌이켜야 하는데, 실지는 그 '도' 를 해치는 것이다. 이 말처럼 된 다음에 그 학문이 이루어진다면 정자 · 주자 등 여러 선현은 끝내 공자를 깊이 믿은 사람이 될 수 없다는 것인가?[29]

여기서 박세채는 '경문' 에서 제시된 3강령 · 8조목의 순서를 따라 '전문' 의 도착된 것을 바로잡는 것이 공자를 믿는 길이요, 옛 것을 살려 내는 길임을 강조한다. 이처럼 박세채는 왕양명이 『대학』의 '경문' 을 기준으로 삼지 않고 '전문' 의 옛 상태를 그대로 고수하는 것은 '경문' 에서 제시된 공자의 정신에 어긋나는 것임을 역설하였다.

또한 박세채는 정제두에게 보낸 편지에서도 "그대가 『예기』의 여러

---

28) 『南溪集』, 권59, 30, '王陽明學辨 · 古本大學', "今欲主張古本, 以角立於朱子, 而實用鄭氏明其德於天下, 却本明德所由先從誠意始之意."

29) 『南溪集』, 권59, 30–31, '王陽明學辨 · 古本大學', "苟爲過信孔子者, 何爲不信諸條明白之經文, 而獨信一條倒錯之傳文, 遂使一篇之內義理文字, 無不散亂乖舛, 而格物致知誠意之旨, 又皆重復煩猥不成倫緒乎, 然則所謂過信孔子者, 必當名爲反古而實害其道, 如此說然後方成其學, 而程朱諸賢終亦不得爲深信孔子者耶."

편이 모두 완전한데, 어찌 「대학」편만이 결함이 있겠는가' 라고 하였다는데, 그러나 내가 보기에 이 책은 한(漢)나라 유학자들이 주워 모은 것들로 만들어져서, 「곡례(曲禮)」·「내칙(內則)」·「잡기(雜記)」 등의 편들도 차례를 잃은 것이 많았소. 특히 선유들은 언제나 「대학」에 무게를 두었으니, 그래서 이렇게 거듭 고쳐서 바로잡았지만 다른 편들에 두루 미칠 겨를이 없었을 뿐이니, 어찌 이를 다르게 여긴 것이겠소"[30]라고 하였다. 곧 『예기』의 여러 편에 착오가 많이 있지만, 정자 · 주자는 「대학」편을 중시하여 「대학」편을 개정한 것이지, 다른 편이 모두 착오가 없이 완전한데 「대학」편만 착오가 있다는 것이 아님을 강조하였다.

「대학」편의 체제에 대한 정제두의 입장은 그가 왕양명을 따라 '고본대학' 에 바탕하고 있는 사실을 「대학」에 관련한 몇 편의 저술을 수록한 「대학설(大學說)」 가운데서 확인할 수 있다. 먼저 정제두는 "'고본' 의 글은 그 경(經)의 한 장이 절마다 완비하여 한 마디도 그릇되거나 혼잡한 것이 없고, 전(傳)의 여러 해석하는 말도 다 관통되어 한 군데도 흠결이 없다. 그 대체가 이러하므로 그것을 착란(錯亂)한 글이라고 단정할 수 없다"[31]고 하여, '고본대학' 에 아무런 착오가 없음을 전반적으로 확인하고 있다. 이와 더불어 그는 '고본대학' 의 체제가 결함이 없는데, 주자가 3강령 · 8조목의 순서에 어긋난다 하여, '고본대학' 의 '성의' 장 뒷부분에서 몇 구절을 앞으로 옮겨 『대학장구』의 '전1-4장' 으로 삼고 있는 개정안을 거부하고 있다.

'명덕' · '친민' · '지선' 의 단락이 서로 이어져 구슬을 꿴 듯하며, '성

30) 『南溪集』, 권32, 25-26, '與鄭士仰', "聞左右以爲禮記諸篇皆完, 何獨大學有缺, 然吾觀此書之成, 出於漢儒掇拾, 如曲禮 · 內則 · 雜記等篇, 其失倫次者多矣, 特先儒每歸重於大學, 故如是再三改正, 而不暇旁及於彼耳, 烏得以此爲異哉."

31) 『霞谷集』(160-372), 卷13, '大學說 · 大學古本', "古本之文, 其經之一章, 節節完備, 無一語之錯雜, 傳之諸釋, 語皆貫通, 無一處之虧欠, 其大體如此, 未可斷其爲錯亂之書也."

> 의'·'정심'·'수신'·'가'·'국'·'천하'의 순서가 차례대로 질서정연하여 뒤섞이고 어지러운 것이 없는데 어찌 '경문'에 맞지 않는다고 할 수 있겠는가? 다만 '명덕'·('친민')·'지선'의 세 말이 '성의'장 안에 들어 있다고 어긋났다 하는데, 옛사람이 글을 짓는 데는 교착시켜 말하여 서로 격양시키는 법이 있으며, 단지 단락마다 판박이처럼 제목을 메워 가기를 일삼았던 것은 아니다. 이제 삼강령의 취지를 경전의 설에서 모두 끌어다 '성의'장 속에 총괄해 놓았으니 문장이 더욱 힘차고 뜻이 막힘이 없는데, 경전에 무엇이 위배되어서 '경문'을 따르지 않았다고 바로잡아야만 하는 것인지 모르겠다.[32]

여기서 정제두는 경전의 문장법이 순서대로 판을 짜는 도식적 서술이 아니라, 적절히 뒤섞어서 서술함으로써 오히려 문장에 박력이 있는 것인데, 주자는 그 문장의 작법을 무시하고 주제별로 재분류하는 어리석음을 저지르고 있는 것으로 보고 있는 것이다.

정제두는 주자가 '고본대학'을 재편집하여 '경1장'과 '전10장'의 11장 체제로 『대학장구』를 구성하고 있는 것과 달리, '고본대학'의 체제를 7장(上3章·下4章) 체제와 8장(經1章·傳7節) 체제의 두 가지로 제시하고 있다.

정제두는 『대학』을 7장으로 나누면서, "위의 3장(제1-3장)은 공부가 있는 곳을 바로 설명한 것이라 하고, 아래 4장(제4-7장)은 근원을 미루어 밝힌 것이니, 전체로 7장이다"[33]라고 하여, 공부해야 할 주제로서 근원

---

32) 같은 곳, "其明德親民至善之段, 相連如貫珠, 誠意正心修身家國天下之序, 秩然亦循次而無雜亂, 則何可謂不合經文耶, 獨明德至善三語入在誠意章內者, 抑所謂有差者, 而但古人作文, 固有參錯爲說, 互相發越, 乃爲有力有味, 不但段段依樣, 只得塡次其題目爲事而已者, 今此三綱之旨, 擧引經傳之說, 總括之於誠意之內, 儘更文有力而意無窒, 不知於經有何所背, 而必以不遵經文格之耶."

33) 『霞谷集』(160-354), 권13, '大學說 · 大學(3)', "上三章, 正說工夫所在, 下四章, 皆推明本源之說, 通七章."

정제두와 주자의 『대학』 분장 비교 ①

古本大學 7장(鄭齊斗)	8장(鄭齊斗)	大學章句 11장(朱子)
① a:1章-言綱領條目 · 至善致知 (大學之道 … 未之有也)	① a:經1章	① a:經 1章
① b: 〃 〃 (此謂知本 … 知之至也)	① b: 〃	③ a:傳首章-釋明明德
② a:2章-釋致知 · 誠意 (所謂誠其意者 … 必誠其意)	② a:傳1節	③ b:傳 2章-釋新民
② b: 〃 〃 (詩云瞻彼淇澳 … 沒世不忘也)	② b: 〃	③ c:傳 3章-釋止於至善
③ a:3章-釋明德 · 至善 (康誥曰 克明德 … 皆自明也)	③ a:傳2節	② b: 〃
③ b: 〃 〃 (湯之盤銘 … 無所不用其極)	③ b: 〃	③ d:傳 4章-釋本末
③ c: 〃 〃 (詩云邦畿千里 … 止於信)	③ c:傳3節	① b:傳 5章-釋格物致知 (補亡)
③ d: 〃 〃 (子曰聽訟吾猶人 … 此謂知本)	③ d: 〃	② a:傳 6章-釋誠意
④ :4章-釋正心 · 修身 (所謂修身 … 修身在正其心)	④ :傳4節	④ :傳 7章-釋正心修身
⑤ :5章-釋修身 · 齊家 (所謂齊其家 … 不可而齊其家)	⑤ :傳5節	⑤ :傳 8章-釋修身齊家
⑥ :6章-釋齊家 · 治國 (所謂治國 … 治國在齊其家)	⑥ :傳6節	⑥ :傳 9章-釋齊家治國
⑦ :7章-釋治國 · 平天下 (所謂平天下 … 以義爲利也)	⑦ :傳7節	⑦ :傳10章-釋治國平天下

을 밝힌 부분과 그 근원을 실제에 미루어 밝혀 간 부분으로 체용구조를 이루는 두 부분으로 나누고 있다. 1-3장을 '3강령'의 근원을 밝힌 것으로 보고, 4-7장을 '8조목'의 실천과제를 밝힌 것으로 보는 입장을 제시하는 것이다. 전체 7장 가운데 후반부의 4-7장은 『대학장구』의 편장체제와 동일하지만, 1-3장에서는 다르다. 곧 그는 『대학』에서 공부할 주제인

근원의 문제에서 주자의 견해와 입장을 달리하고 있는 것이다. 이와 더불어 정제두는 『대학』을 다시 8장으로 나누면서, 7장 체제의 제1장을 '경1장' 으로 삼고 제2장을 '전1장' 으로 삼으며, 제3장을 다시 두 부분으로 나누어 '전2장' 과 '전3장' 으로 삼아서, '경1장' 과 '전7장' 의 '경-전(經-傳)' 구조로 파악하고 있다. 그는 '경1장' 에 대해, "이 한 장은 공자 문하에서 전해 오는 것으로 사람을 가르치는 방법이다. 상고시대의 성인은 도덕을 학문의 중심적 의미로 삼았는데, 공자가 이를 말씀하여 배우는 이들을 가르치면서 자세히 말씀하여 그 문장을 되풀이하였다"라 하고, '전(傳)' 에 대해서는 "증자(曾子)가 (공자의 말씀을) 받아 전하면서 드러내어 엮었으며 따라가며 밝혔다"[34]고 하였다. 그는 '경-전' 의 구조로 인식하는 입장에서는 주자의 견해를 대체로 받아들이고 있지만, 분절의 체제에서는 주자와 뚜렷한 차이를 보여 주며, 그 자신이 7장의 체제에서 제시한 각 장의 주제에 대한 규정을 보다 더욱 상세하게 서술하고 있음을 엿볼 수 있다. 가장 뚜렷한 차이를 보여 주는 부분으로 7장 체제에서 2 · 3장에 해당되는 부분만 비교해 보면 다음과 같다.

정제두는 '전1절' 에서 "'성의' 는 '명명덕' 의 첫머리가 되며, 또 '격물 · 치지' 로써 그 뜻을 진실되게 함을 밝혔으니, '지선' 에 그치는 공부도 병렬하였다. 무릇 아래 문장의 제4절 이하 여러 절의 공부는 그 뜻이 모두 이로써 관통된다"[35]고 하여, 『대학』 전체를 관통하는 핵심개념으로 '성의' 를 표출시키고 있음을 보여 준다. 이는 주자의 『대학장구』를 전면으로 거부하고 왕양명이 주장한 '고본대학' 의 체제에 따라 『대학』의 재

34) 『霞谷集』(160-358), 권13, '大學說 · 大學(4)', "此一章孔門教人之遺法也, 蓋上古聖人, 道德爲學之主指, 孔子言之以教學者, 以其詳而言之也, 反覆其文, 曾子受而傳之, 著而爲編, 從以明之."

35) 같은 곳, "傳第1節, 釋誠意爲明明德之首, 而又明格物致知, 以誠其意, 則止於至善之工, 又并列焉, 凡下文第四節以下諸節工夫, 其義皆以是通貫焉." 傳第2節에서 "釋明德親民而止於至善兼擧矣, 因誠意而統言之"라 하여, '誠意'를 강조하고 있다.

정제두와 주자의 『대학』 분장 비교 ②

7장(鄭齊斗)	8장(鄭齊斗)	11장(朱子)
① b : 1章(2)	經1章(2)	傳 5章 釋格物致知
② a : 2章 釋致知 · 誠意	傳1節 釋誠意爲明明德之首,而又明格物致知,	傳 6章-釋誠意
② b : 〃 〃	以誠其意. 則止於至善之工. 又幷列焉	傳 3章-釋止於至善(2)
③ a : 3章-釋明德·至善	傳2節 釋明德親民而止於至善兼擧矣,	傳首章-釋明明德
③ b : 〃 〃	因誠意而統言之	傳 2章-釋新民
③ c : 〃 〃	傳3節 釋止於至善而明德之爲本又在焉,	傳 3章-釋止於至善(1)
③ d : 〃 〃	故其言五止一段,則通下文諸節皆是物也	傳 4章-釋本末

해석을 철저히 추구하고 있는 입장이라 할 수 있다.

2) 「대학문」의 쟁점

왕양명은 57세 때(1528) 광서성 사 · 전(思 · 田: 思平 · 田州) 지역의 반란을 평정하러 나가기에 앞서 제자들에게 『대학』에 관한 6조목의 문답을 담은 「대학문(大學問)」(錢德洪 受錄)을 제시했는데, 그는 같은 해 이 반란을 평정하고 돌아오는 길에 죽었으니, 「대학문」은 왕양명이 가장 만년에 지은 저술로 비중을 지닌 것이다. 박세채는 바로 이 점을 주목하여, 「대학문」에서 제시된 왕양명의 기본주제를 '대인(大人)'의 의미, '친민(親民)'의 확인, '지선(至善)'의 해석 등 세 가지 문제로 집약하고 이를 비판하였다.

첫 번째로, 주자는 『대학』 첫머리의 '대학지도(大學之道)'에서 '대학'을 '대인의 학문(大人之學)'이라 해석하고 '대인'을 소인에 상대되는 '장성한 어른(長成之大人)'으로 이해하였지만, 왕양명은 '대인'을 '천지

만물과 더불어 일체가 되는 대인(與天地萬物爲一體之大人)'으로 해석하였다는 사실이다. 이에 대해 박세채는 "선왕의 제도에서는 반드시 8세에 소학에 입학하고 15세에 대학에 입학하게 하였으며, 이른바 천지 만물과 더불어 일체가 된다는 것은 장성한 어른으로 아동(小子)에 상대시키는 것이 친절함만 못하다. 또한 하물며 '현자(賢者)는 천지 만물과 더불어 일체가 된다'고 하는 말은 정자의 말씀에 처음 보이는 것이요, 성인이 『대학』을 지을 때는 아마도 이런 뜻이 반드시 있지는 않았을 것이 아니겠는가"[36]라고 비판하였다. 곧 여기서 '대학'은 학교(太學)를 가리키는 것이요, '대학'에 입학하는 '대인'이란 '소학'에 입학하는 아동에 상대되는 성인(成人)의 연령층을 가리키는 것이지, 성인(聖人)과 같은 존재를 의미하는 인격 개념으로서 '대인'을 가리키는 것이 아님을 강조한 것이다.

그러나 정제두는 "'대학'이라 하는 것은 '대인'의 학문이다. '대학의 도'는 곧 '성인(聖人)의 도'요, '진실한 자(誠者)의 도'가 이것이니, 도의 본체이다. '명덕'과 '친민'은 명목과 대상으로 그 날줄(經)을 말하고, '지어지선(止於至善)'은 이치로 그 씨줄(緯)을 말하였으니, 세 가지 말은 도의 조목의 실지로서 성인의 일을 말하는 것이요, 날줄과 씨줄을 갖추어 말한 것이다"[37]라고 하여, 왕양명의 '대인' 개념을 따르고 있다. 여기서 정제두는 '대학'을 학교로서가 아니라, 성인의 도로서 해석하며, '대학의 도'인 '명명덕'·'친민'·'지어지선'을 도의 조목으로 '날줄-씨줄(經·緯)'의 구조로 제시된 성인의 일을 말하는 것이라 해석한다. 이는

---

36) 『南溪集』, 권59, 31, '王陽明學辨·大學問', "先王之制, 必使八歲入小學, 十五入大學, 則所謂與天地萬物爲一體者, 恐不如長成之大人與小子相對者之親切, 又況仁者與天地萬物爲一體云者, 始見於程子之言, 聖人作大學時, 恐亦未必有此意也耶."

37) 『霞谷集』(160-358), 권13, '大學說·大學(4)', "大學云者, 大人之學也, 大學之道, 卽聖人之道也, 誠者之道是也, 道之體也, 明德親民, 以名物言其經也, 止於至善, 以理言其緯也, 三言者, 以道之條目之實, 言聖人之事也, 備經緯而言."

'대학' 을 '학교' 라는 외재적 제도로 이해하는 입장과 '성인' 이라는 내면적 인격으로 이해하는 관점이 갈라지는 차이를 가장 뚜렷하게 보여 주는 대목이라 할 수 있다.

두 번째로, 3강령의 '친민(親民)' 을 주자가 정자의 견해를 따라 '신민(新民)' 으로 고쳤는데, 왕양명이 다시 '친민' 이 옳다고 되돌려 놓은 데 따른 '친민' 의 개념문제이다. 박세채는 " '친민' 의 '친' 은 구본(舊本)을 따라 되돌려 놓은 것이니, 왕양명이 해석한 것으로 해석해도 불가할 것이 없다. 다만 '명명덕' 의 '명' 과 '신민' 의 '신' 및 '격 · 치 · 성 · 정 · 수 · 제 · 치 · 평(格致誠正修齊治平)' 은 모두 공자 문하에서 학문을 하는 데 있어서 자기를 닦고 남을 다스리는(修己 · 治人) 큰 의리로서, '천하에 명덕을 밝힌다' 라는 한 마디 말에 이미 드러나 있으며, (왕양명이) 인용하고 있는 여러 글에 있는 '친민' 의 뜻이 같지 않은 듯하니, 모두 살피지 않을 수 없다. 다만 '명명덕이란 천지 만물의 본체를 수립하고, 친민이란 천지 만물의 작용을 통달한다' 고 말한 것은 과연 무엇을 말하는지 모르겠다"[38]고 하였다. 여기서 박세채는 왕양명의 '친민' 에 대한 해석을 정면으로 거부하는 것이 아니라, 주자에 의해 확립된 '명명덕' · '신민' 이 합당한 근거로서 수기-치인(修己-治人)의 구조로 해석하는 데 보다 더 적합하다는 사실을 들고 있다. 또한 그는 왕양명이 '명명덕' 과 '친민' 을 천지 만물과 더불어 일체를 이루는 본체와 작용으로 해석하고 있는 사실에 대해 이해할 수 없다는 말로서 현격한 견해차이를 드러내고

38) 『南溪集』, 권59, 31-32, '王陽明學辨 · 大學問', "親民之親, 還從舊本, 而以陽明所釋釋之, 亦未爲不可, 但明明德之明, 新民之新及所謂格致誠正修齊治平者, 皆是聖門爲學修己治人之大義, 已著於明明德於天下之一言, 似與所引諸書有親民之意者不同, 而皆不加察, 但曰明明德者, 立其天地萬物之體, 親民者, 達其天地萬物之用, 未知此果何說也." 〔박세채는 「大學問」(『王陽明全集』, 권26)의 원문 "明明德者, 立其天地萬物 '一體' 之體也, 親民者, 達其天地萬物 '一體' 之用也."에서 '一體' 라는 두 글자를 생략하고 인용하였다.〕

있다. 그것은 박세채가 주자를 따라 '명명덕-친민'을 '수기-치인'의 수양론과 경세론적 과제로서 안과 밖이 상응하는 체·용 구조를 이루는 것으로 보는 입장이라면, 왕양명의 견해는 마음과 세계가 일체를 이루는 하나의 주체적 심법에서 체·용 구조를 확인하는 입장으로서 관점의 차이를 드러내고 있는 것이다.

정제두는 양명학의 입장을 좀 더 구체적으로 부연하여 설명하면서, "『대학』에서 말하는 '친민'의 도는 … '새롭게 하는(新之)' 일과 두 가지 뜻이 있는 것이 아니다. 다만 그 공부에는 차이가 있으니, '친'은 자기를 위주로 하고 '신'은 백성을 위주로 하며, '친'은 나로부터 하니 그 공부함은 자기에게 있고, '신'은 백성을 위주로 하니 그 일삼는 바가 백성에 있다"[39]라고 하여, 공부의 방법에서 '친'은 주체인 자기를 중심으로 하고, '신'은 대상인 백성을 중심으로 한다고 명확하게 구별하였다. 따라서 정제두는 8조목에서 '제(齊)'·'치(治)'·'평(平)'의 경우도 모두 '친'의 뜻이요, '작신민(作新民)'의 '작'도 '친'의 뜻으로 모두가 주체인 자기를 위주로 말한 것이지 대상을 위주로 말한 것이 아님을 강조하고 있다. 그는 또한 '친민'을 해석하여, "'친'은 친하게 하는 것이요, '민'은 자기에 상대되는 명칭이니 '가(家)'·'국(國)'·'천하(天下)'가 모두 이것이다. 명덕을 밝힘은 백성과 친해짐에 있으며, 백성과 친해짐으로써 그 덕을 밝히니, 본체와 작용이 하나이다. 그 본체가 이루어짐은 가까운 데서부터 먼 데에 이르니, 사물과 내가 극진하게 되면 천지 만물과 더불어 일체가 된다"[40]고 하여, 박세채가 '무엇을 말하는지 모르겠다'고 의문을 제기한 데 대해 해명하였다. 그것은 '명명덕'과 '친민'이 안과 밖

---

39) 『霞谷集』(160-373), 권13, '大學說', "大學所謂親民之道, … 與新之之事, 非有二義, 但其功則有別, 蓋親主己新主民, 親之自我, 其用功在己, 新之主民, 其所事在民."

40) 『霞谷集』(160-379), 권13, '大學說', "親親之也, 民者對己之稱, 家國天下皆是也, 明明德在親民, 而親民以明其德, 體用一焉, 其體之致, 由近而遠, 物我以盡則天地萬物爲一體矣."

(內外)이나 근본과 지말(本末)로 구분되더라도 두 가지로 갈라 보는 이원적 체-용 구조가 아니라, 둘로 갈라 볼 수 없는 일체라는 일원적 체-용 구조임을 강조하는 것이요, 동시에 본체와 그 본체를 실현하는 작용이 일체를 이루는 것이요, '친' 으로서의 주체와 '민' 으로서의 대상이 '친' 의 주체를 중심으로 일체를 이루는 일원적 구조로 관철하는 것이 바로 양명학의 입장임을 밝혀 주고 있는 것이다.

세 번째로, 왕양명이 '지선(至善)' 을 명덕의 본체이자 '양지(良知)' 라 하는 '지선' 개념의 문제이다. 박세채는 "'지선' 이란 본래 (주자가) '사리의 당연한 극치' 라 하였으니, '명명덕' 과 '신민' 을 아우르면서 그 표준이 극진하게 이른 자리를 가리켜 말한 것이다. 비록 명덕 · 신민을 벗어나는 것은 아니지만 각각 주장하는 바가 있을 따름이다"라고 하여, 주자학의 입장에서 '지선' 의 개념이 '명명덕' · '친민' 과 연관되어 있으면서 극진하게 성취한 자리를 가리키는 또 하나의 영역으로 확인하고 있다. 여기서 그는 왕양명의 '지선' 개념에 대해, "이제 '천명의 성품은 순수하여 지선하며 그 영명하여 어둡지 않은 것은 명덕의 본체요 이른바 양지이다' 라고 하니, 그렇다면 경문의 첫머리 3구절 안에서 어찌하여 먼저 '명덕' 을 말하고 다음에 '신민' 을 말하고 뒤에 '지선' 을 말하여 한 가지 뜻을 겹쳐서 말하기를 꺼리지 않아 이에 이르렀는가?"[41]라고 의문을 제기하였다. 곧 『대학』의 경문에서는 '명덕 · 친민 · 지선' 이 차례를 이루어 단계적으로 제시된 것으로 각각의 중심주제가 다른 것이라 보는 주자의 견해가 합당한데 왕양명의 경우처럼 지선을 명덕의 본체로서 명덕과 지선이 일체를 이루는 것이라 본다면 『대학』에서 차례를 따라 설명할 이유가 없다고 비판하는 것이다.

---

41) 『南溪集』, 권59, 32, '王陽明學辨 · 大學問', "至善, 本謂事理當然之極, 是蓋兼明明德新民而指其標的極至處而言, 雖亦不外於明德新民, 而各有所主焉耳, 今曰天命之性, 粹然至善, 其靈昭不昧者, 此其至善之發見, 是乃明德之本體, 而則所謂良知者, 然則經文首三句之內, 何以先言明德, 次言新民, 後言至善, 不憚其一義而疊說乃至於是耶."

정제두는 왕양명의 주장을 받아들여 '지선'의 개념을 다양하게 구체적으로 설명하고 있는데, 먼저 그는 "'명덕'·'친민'은 대학의 체용이니 날줄이 되는 것이요, '지지선'은 대학의 본체이니 씨줄이 되는 것이다"[42] 라고 하여, '명덕'·'친민'과 '지지선'이 대학의 체용과 본체로서 '날줄-씨줄(經緯)'의 구조를 이루는 것이라 하여, 분리될 수 없는 일체임을 강조하고 있다. 다음으로 그는 "'명덕'은 '친민'의 근본이요, '친민'은 '명덕'의 조리이며, '지선'은 그 본체가 일관하는 것이요 살아 있는 이치이다. 『중용』의 의리로 말하면 '대본(大本)'과 '달도(達道)'가 '지성(至誠)'이 되는 것이니, '명덕'·'친민'은 다만 한 가지 '지선'의 조목이다"[43]라고 하여, 『중용』에서 '중(中: 大本)'과 '화(和: 達道)'가 '지성(至誠)'과 일체를 이루는 구조임을 통해 『대학』에서 '명덕'·'친민'과 '지선' 사이에 주자가 '명덕'·'신민'을 체·용으로 보고 '지선'을 그 실현목표로 보는 것과는 달리, '지선'에 내포된 조목으로서 '명덕'·'친민'이 '지선'의 체·용을 이루는 것으로서 일체를 이루는 것임을 확인하였다. 나아가 그는 "'지선'은 '성(性)'의 본체로서, '명덕'·'친민'의 극진한 법칙이 되는 것이다. 그 발현인 양천(良天: 곧 良知)은 환하게 밝아 반드시 여기에 그치게 되니, '명덕'·'친민'은 모두 여기에 하나가 되어 그 지극함을 얻는다. 대개 '지선'이란 본연의 선이 하늘에서 나온 것이요 사람에 얽매인 것이 아니니, 그 발현된 것은 '양지'요 발현에 감응한 것이 사물이다"[44]라고 하여, '지선'을 성품의 본체요, 본연의 선이요,

42) 『霞谷集』(160-377), 권13, '大學說', "明德親民, 大學之體用, 爲經者也, 止至善, 大學之本體, 爲緯者也." 『霞谷集』(160-358), 권13, '大學說·大學(4)'에서는 "明德親民, 以名物言其經也, 止於至善, 以理言其緯也"라고 하여, 明德·親民과 止於至善을 經-緯로 보면서도 名物로 말한 것과 理로 말한 것으로 대비시키기도 한다.

43) 『霞谷集』(160-359), 권13, '大學說·大學(5)', "明德者親民之本根, 親民者明德之條貫, 至善者其本體一貫之生理也, 以中庸之義言之, 其大本達道之爲至誠卽是也, 則明德親民, 只是一至善之條目."

'양지'가 발현한 것이라 하였다. 이처럼 정제두는 '지선'을 '명덕'·'친민'을 극진하게 실현하는 객관적 표준으로 보는 주자학의 입장과 달리, 양명학의 입장에 따라 '지선'을 성품과 양지의 근원적 주체로서 '명덕'·'친민'을 실현하는 주체적 근거로 제시하고 있다. 곧 '명덕'·'친민'이 그 실현의 극치로서 '지선'을 지향하는 것이 아니라, '지선'의 주체적 근원에 근거하여 '명덕'·'친민'이 실현되는 것임을 밝혀 주는 것이다.

그 밖에 '심즉리(心卽理)'의 문제는 「대학문」에서 논의되고 있는 주제가 아니고, 박세채도 핵심적 쟁점으로 삼아 별도로 정밀하게 논변하였던 주제는 아니다. 그러나 정제두는 34세 때 박세채에게 올리려고 썼던 편지에서, "심성(心性)의 취지는 왕양명의 학설이 바꿀 수 없는 듯합니다. 『맹자』 한 책의 글이 밝게 증명해 주고, 『중용』·『대학』의 여러 논지나 『논어』의 '구인(求仁)'과 요(堯)·순(舜)·우(禹)가 주고받음도 그 취지가 실로 다름이 없습니다. 만약 저들이 과연 한쪽을 주장하고 한쪽을 버리게 한다면 할 말이 없지만, 이제 갈라놓고 합치는 즈음이나 하나로 합하고 둘로 나누는 사이에 털끝까지 다투는 바는 마땅히 극력 밝게 변론해야 할 곳입니다. 선생님께서는 어찌 심상하게 여겨 방치하고 계십니까? 이것을 천지간 큰 도리가 걸려 있는 곳이라 생각하여 저는 바른 것을 찾을 수 없다면 가만히 침묵하고 있을 수 없습니다"[45]라고 하여, 처음부터 왕양명의 심성개념인 '심즉리설'에 대한 확고한 신념을 밝히고 있으며, 스승 박세채에게 이 문제에 대해 본격적 토론을 제안하려는 마음

---

44) 『霞谷集』(160-379), 권13, '大學說', "至善者是性之本體, 爲明德親民之極則者也, 其發見之良天則昭昭, 必於是而止焉, 則明德親民, 皆一於是而得其至矣, 蓋至善者, 是本然之善出於天而不繫於人, 其發見者良知也, 發見之感應者事物也."

45) 『霞谷集』(160-11), 권1, '擬上朴南溪書', "心性之旨, 王文成說恐不可易也, 一部孟子書, 明是可證, 而如庸學諸旨論語求仁唐虞授受, 其旨實無不同者, 若使彼果主一而廢一, 則固無可言, 今分與合之際, 一而二之之間, 所爭毫釐, 則正當極力明辨處爾, 伏惟門下豈非以狃常而廢之而已哉, 竊以此爲天地間大道理所係, 而某未克求正, 則不忍泯默."

이 있었음을 보여 준다. 정제두는 왕양명의 '심즉리'의 인식은 『맹자』를 비롯하여 『사서』의 중심논지와 일치하는 것이라 하여 경전적 근거에서 입증될 수 있는 정당한 견해임을 주장하였으며, 일원론과 이원론의 근본적 관점이 갈라지는 이 문제는 바로 '도'의 큰 관문을 여는 문제임을 인식하고 자신의 양명학적 인식의 출발점으로 확인하고 있음을 보여 준다.

이에 비해 박세채는 왕양명의 심(心) 개념에 대한 근본주제인 '심즉리'에 대해, '치양지(致良知)'의 문제를 논의하는 과정에서 가볍게 짚고 넘어가고 있는 사실이 눈에 띈다. 그는 주자의 '성즉리(性卽理)'와 육상산의 '심즉리(心卽理)'가 상충된 입장으로 제시되고 있는데 왕양명이 육상산의 '심즉리'에 호응하고 있는 사실을 지적하고 있다. 여기서 그는 왕양명이 『전습록』에서 '심즉리'를 언급한 구절을 7조목 열거하고서, "반드시 그 사사로운 견해를 수행하려 하는 것으로 이단에 같이 귀결되는 것을 꺼리지 않는다. 이는 정자가 말하는 '성인은 하늘에 근본하고 석가는 마음에 근본한다'고 말한 것에 가까우니, 그 형세가 그렇지 않을 수 없다"[46]고 전반적으로 거부입장을 제시하면서, 왕양명의 '심즉리' 개념을 불교의 유심론적 입장에 가까운 것으로 규정하여 이단에 빠져 든 것이라는 정통주의적 비판입장을 밝히고 있는 것이다.

4. '격물'의 해석과 쟁점

1) '격(格)'의 개념적 인식

'격물(格物)'에 대한 해석에서 박세채의 양명학 비판 견해에 대해 정

46) 『南溪集』, 권59, 41, '王陽明學辨 · 致良知', "必欲遂其私見, 不憚同歸於異端, 此殆程子所謂聖人本天, 釋氏本心者, 其勢不得不然也."

제두가 직접 박세채와 서한을 통해 토론한 내용은 보이지 않는다. 그러나 정제두는 왕양명의 '격물'에 대한 해석을 확고하게 지지하는 입장을 밝히고 있는 것이 사실이다. 따라서 '격물'에서 '격(格)'자의 뜻을 해석하는 문제나 '격물'의 개념을 해석하면서 8조목의 다른 항목과는 어떠한 관계에 있는가 하는 이해의 문제에서 뚜렷한 차이가 있음을 확인할 수 있다.

박세채는 "왕양명이 『전습록』에서 발명한 '격물'과 '양지'의 이론은 종횡으로 변화가 헤아릴 수 없으며 잇달아 거듭 나와서 사람을 현혹하게 한다"[47]고 하여, 『전습록』의 중심주제를 '격물'과 '양지'에 대한 인식으로 파악하고 있다. '격물'과 더불어 '양지'의 문제를 주목하고 있다면, '치양지'는 『대학』의 '치지'와 『맹자』의 '양지' 개념을 결합시킨 것으로, 크게 보아 『대학』의 '격물'과 '치지' 개념에 관심을 집중하고 있는 것이라 하겠다. 그는 「왕양명학변」에서 '대학고본'과 '치양지'의 항목을 설정하여 변론하였으며, 이 외에도 「격물훈의설(格物訓義說)」과 「양지천리설(良知天理說)」을 저술하여, 왕양명의 '격물'과 '치양지' 개념을 비판적으로 검토하고 있는 사실만 보더라도 이 두 주제를 자신의 양명학 논변의 핵심주제로 삼고 있음을 알 수 있다.

박세채는 정제두에게 보낸 편지에서 "지난해 나도 자못 정자의 '풀 한 포기 나무 한 그루'라는 말이 너무 번거롭다고 여겼고, 그(격물) 위에 '궁(窮)'자를 첨가하고 아래에 '이(理)'자를 첨가하는 것에 의문을 가져 왕양명의 견해와 거의 같았소. 근래에 이세필(李世弼) 형제가 '격물'의 해석에 관해 거듭 질문해 왔기 때문에 다시 여러 사람의 견해를 연구하였고 밤낮으로 생각해 보니 정자·주자의 학설만큼 순조롭고 갖추어 있는 것이 없었소. 그래서 옛 견해를 모두 제거하고 한 점의 의혹도 없소"[48]라고 하여, 그 자신이 처음부터 정자·주자의 '격물'에 대한 해석

47) 『南溪集』, 권59, 31, '王陽明學辨', "陽明傳習錄所爲發明格物良知之說, 縱橫變幻, 疊見層出, 使人眩惑."

을 따랐던 것이 아니라, 왕양명과 유사한 의문을 가져 왔지만, 이세필의 질문에 대답하면서 깊이 재검토하고 연구한 끝에 확고한 인식을 얻어 다시금 정자 · 주자의 견해로 돌아온 것임을 밝히고 있다.

박세채는 이세필과 '격물'의 개념에 대해 토론하면서 「격물훈의설」을 짓고, 이 글을 여러 사람들에게 제시하였던 것으로 보인다. 여기서 그는 '격물'의 '격'자에 대한 해석에서 주자의 입장을 지지하면서, "『대학장구』에서 '사물의 이치를 궁구하여 극진한 데 이른다'고 '격'자를 해석하였으니, 격 · 치 · 성 · 정 · 수가 저절로 지(知)와 행(行)의 두 가지 길을 이루는 것이 만세토록 성학의 규모가 된다. 이것은 번거로움을 싫어하고 간략함을 추구하는 이단인 자가 크게 꺼리는 것이요, 왕양명이 깊이 미워하는 바이다. 그러므로 드디어 한결같이 '고본대학'으로 근거를 삼았다. 대개 고본은 '격치'의 전(傳)에 대한 해석이 없기 때문에 멋대로 이론을 세울 수 있었던 것이다"[49]라고 하여, 왕양명이 주자의 '격물'의 '격'에 대한 해석을 따르지 않는 것은 번거로운 것을 싫어하고 간략한 것을 따르려는 이단의 태도를 드러내는 것이라 비판하였다.

먼저 '격'자의 의미에 대해, 박세채는 "『이아석고(爾雅釋詁)』에는 '격(格)'은 (이른다는 뜻인) '려(戾)'요, 오직 '최(摧)'요, '첨(詹)'이요, '지(至)'이다. … '격'을 지(至)로 해석하는 것은 단지 『이아』의 고훈(古訓)일 뿐만 아니라, 정자도 이미 거듭 '격'을 '지(至)'라 하였으니, 감히 다른 의견이 있을 수 없다"[50]라고 하여, 정자 · 주자가 '격'자를 이른다는

48) 『南溪集』, 권32, 25, '與鄭士仰', "往年鄙亦頗以程子一草一木之語, 爲涉太煩, 其於上添窮字下添理字之疑, 幾如陽明之見矣, 近因李君輔兄弟屢質格物訓義, 更加硏究於諸家, 晝思夜度, 莫如程朱之說順而且備, 故今盡去舊見, 無一點疑悔矣."

49) 『南溪集』, 권59, 30, '王陽明學辨 · 古本大學', "章句以窮至事物之理釋格字, 則格 · 致 · 誠 · 正 · 修, 自成知行兩途, 爲萬世聖學之規模, 此乃異端厭煩趨簡者之大忌, 而陽明之所深惡, 故遂乃一以古本大學爲據, 蓋以古本無格致之傳訓, 可以隨意立說也."

50) 『南溪集』, 권55, 37-38, '格物訓義說', "爾雅釋詁, 格, 戾, 惟摧詹至也, … 訓格以至, 非但爲爾雅古訓, 程子亦旣屢以爲格至也, 則不敢有異議然也."

뜻의 '지(至)' 로 해석한 사실을 강조하며, '격' 자의 이러한 뜻이 『이아석고』에서 제시되고 있음을 들어, 고훈(古訓)에 확고한 근거가 있음을 강조하였다.

이에 대해 정제두는 '격(格)' 의 옛 글자로서 '격(佫)' · '격(路)' · '격(假)' 은 '와서 이른다(來至)' 는 뜻이 많다 하고, '격(徦)' 은 '나아가 이른다(進至)' 는 뜻이 많다고 확인하며, 모두 '이른다(至)' 는 뜻이 있음을 밝혔으며, '격우(格于)' · '격지(假之)' · '격유묘(假有廟)' · '왕격(王假)' · '귀격(歸格)' · '주격(奏假)' · '소격(昭格)' 의 경우는 '멀리서 통하는 것(遙而通之)' 을 뜻하며, 내격(來格) · 신격(神格) · 격여(格汝)의 경우는 '오게 해서 오는 것(致而來之)' 을 뜻하는 것으로서 그 실지의 공부를 말하는 것이 아니라고 하여, '격' 을 '이른다' 고 해석할 수 있는 경우가 많이 있지만, 이러한 뜻은 공부를 말하는 것이 아님을 지적하였다. 이에 비해 '격물(格物)' · '격왕(格王)' · '격기심비(格其心非)' · '격군심(格君心)' 의 경우는 '자기를 바르게 하여 사물을 바르게 하는 것(正己而格物)' 이라 구별하여, '격물' 의 '격' 은 '바르게 한다' 는 뜻임을 확인하고 있다.[51]

박세채는 정자 · 주자의 '격' 자에 대한 해석을 정밀하게 분석하면서, 곧 정자는 '격' 을 '지(至)' 의 뜻으로 해석하고, '격물' 에 대해서는 '이치를 궁구하여서 사물의 법칙에 이르는 것이다(窮理而至於物則)' 라 하거나 '사물의 이치에 궁구하여 이르는 것이다(窮至物理)' 라고 해석한 사실을 지적한다. 또한 주자는 정자와 같이 '격' 을 "궁구하고서 그 극진함에 이른다(窮之而至其極)"는 뜻으로 '극지(極至)' 라 해석하였음을 지적하고,

51) 『霞谷集』(160-378), 권13, '大學說', "佫音格, 至也, 通作格, 本作路, 經作假是也,〔來至意多〕又假音賈, 亦至也, 亦與格通, 今經作假是也,〔進至意多通格〕二字同義, 皆爲至義, … 如格于 · 假之 · 假有廟 · 王假 · 歸格 · 奏假 · 昭假者是也, 致而來之, 亦謂假, 如凡言來格 · 言神格 · 如格汝者是也, 未嘗正言其實功, 如格物 · 格王 · 格其心非 · 格君心, 正己而格物也."

'격물'에 대해서는 『대학장구』에서 "사물의 이치에 궁구하여 이르는 것이니 그 극진한 자리에 이르지 않음이 없고자 한다(窮至事物之理, 欲其極處無不到)"라 하고, 『대학혹문』에서는 "궁구하고서 이르는 것이다(窮而至之)"라고 언급한 사실을 주목하였다. 여기서 그는 "이른바 '격'을 '지(至)'라고 하는 것은 '격'자의 올바른 해석(正訓)이요, 이른바 '사물의 이치에 궁구하여 이르니, 그 지극한 자리에 이르지 않음이 없고자 한다'는 것은 '격물'의 온전한 해석(全訓)이다. 이것은 모두 주자가 정자의 뜻을 준용한 것으로 '궁(窮)'을 '지(至)'와 아울러서 소통시켜 일체가 됨을 이룬다"[52]라고 하여, '격'자를 이른다는 뜻인 '지(至)'로 설명하는 것이 고훈(古訓)에 따르는 것으로 변경시킬 수 없는 '올바른 해석(正訓)'이요, '궁(窮)'의 뜻을 끌어들여 '지(至)'의 뜻과 연결시켜 해석하는 것이 '격물'의 '온전한 해석(全訓)'이라 구분하여 설명하고 있다.

나아가 박세채는 주자가 『대학장구』에서는 "궁구하여 이른다(窮至)"라고 하였는데, 『대학혹문』에서는 "궁구하고서 이르는 것이다(窮而至之)"라고 하여, '궁'자와 '지'자 사이에 '이(而)'자를 넣고 있는 사실을 주목하여, 주자가 "궁구하고서 그 극진함에 이르는 것이다(窮之而至其極)"라 하거나, "궁구하고서 이르는 것이다(窮而至之)"라 언급한 것에 대해, "주자가 정자의 설명을 반복하여 미루어 밝힌 것으로 하나의 '이(而)'를 갖추어서 저절로 ('격물'의 공부에) 시작과 끝이 있음을 밝힌 것이다. 『대학장구』에서처럼 '궁구하여 이른다(窮至)'고 말하지 않으면, '격물'은 공부하는 실지가 없어서 이른바 '지(至)'는 스스로 이루어질 수 없게 될 것이요, 『대학혹문』에서처럼 '궁구하고서 이른다(窮而至之)'고 말하지 않으면 '격물'은 모두 궁구하는 일이 되어서 이른바 스스로

52) 『南溪集』, 권55, 37, '格物訓義說', "所謂格至者, 乃格字之正訓, 而所謂窮至事物之理, 欲其極處無不到者, 乃格物之全訓, 此皆朱子遵用程子之意, 而以窮並至, 成其通爲一體也."

주장함이 없게 될 것이다. 그래서 먼저 '궁구하여 이른다(窮至)' 고 말함으로써 소통하여 일체가 됨을 드러내며, 다음으로 '궁구하고서 이른다(窮而至之)' 고 말함으로써 스스로 시작과 끝이 있음을 드러낸다"[53]고 해석한다. 이처럼 그는 '궁구하여 이른다(窮至)' 는 언급과 '궁구하고서 이른다(窮而至之)' 는 언급 사이의 미묘한 의미 차이를 분석하면서, '격' 의 의미에서 궁구한다는 뜻인 '궁(窮)' 과 극진함에 이른다는 뜻인 '지(至)' 는 공부의 방법으로서 일체를 이루는 것이면서 동시에 '이(而)' 를 넣어 궁구하는 단계와 이르는 단계 사이에 시작과 끝의 순서가 있음을 밝히고 있음을 강조하고 있다.

또한 그는 '궁(窮)' 과 '지(至)' 의 관계와 차이를 면밀하게 분석하면서 시작과 끝의 순서가 있지만 동시에 일체를 이루는 것임을 지적하고, "'궁' 은 공부하는 방법에 집중한 것이요, '지' 는 공효를 거두는 자리에 가깝다. 요컨대 '지' 하면서 '궁' 하지 않으면 반드시 이루는 바가 없을 것이다. … 의론하는 자가 '온전한 해석(全訓)' 인 '궁' · '지' 의 두 글자는 비록 공부를 나누는 것 같다고 말하지만, 그 실지는 '올바른 해석(正訓)' 인 하나의 '지' 자가 되는 데 불과하다"[54]고 하여, '궁' 과 '지' 의 뜻이 다르다고 하여, '궁' 이 '지' 바깥에 별도로 있는 것이 아니라, '지' 를 실현하는 방법으로 '지' 와 일체를 이루는 것임을 역설하였다. 그는 당시 이세필 등 의론하는 사람들이 '궁' 과 '지' 를 구별하면서 '지' 의 뜻만 취하고 '궁' 의 뜻을 버리려는 입장에 대해, 비유하자면 마치 한 사람에서

53) 『南溪集』, 권55, 38-39, '格物訓義說', "朱子反覆推明程子之說, 而俱下一而字明其自有始終也, 蓋章句不言窮至, 則格物無下功之實, 而所謂至者將不得自成矣, 或問不言窮而至之, 則格物皆爲窮之事, 而所謂至者將無以自主矣, 故先言窮至, 以見其通爲一體, 次言窮而至之, 以見其自有始終."

54) 『南溪集』, 권55, 39-40, '格物訓義說', "窮則專於用功之方, 至則近於收功之地, 要之至而非窮, 必無所成, … 論者謂之全訓之窮至二字, 雖似分功, 其實不過爲正訓之一至字."

머리와 발이 전체를 이루고 있는데, 머리와 발이 서로 다른 것이라 하여, 발은 사람의 전체에서 바깥에 있는 것이라 말하는 것과 같다고 비판함으로써 정자·주자의 '격물'에 대한 해석을 옹호하고 있다.

이에 비해 정제두는 '격물'의 '격'은 '바르게 한다(正)'는 뜻으로 해석되는 경우임을 확인하고, 왕양명이 "'격(格)'은 바르게 함이니, 그 바르지 않은 것을 바로잡아 바른 데로 돌아가게 하는 것이다(格者, 正也. 正其不正, 以歸於正也.〈『傳習錄』, 卷上, 徐愛錄〉)"라고 규정한 해석을 받아들여, "'격(格)'이란 바르게 함이요, 그 '의(意)'가 있는 사물을 바로잡는 것이다"라 하고, 또한 "대개 '격'이란 반듯하고 바르게 한(方正) 사물이다. … 그러므로 '격'이란 바르게 하여 바른 데로 돌아가게 하는 것을 말한다. … 그 바로잡은 바의 지극함도 또한 '격'이라고 한다"[55]라고 하여, 왕양명의 입장을 확고하게 옹호하고 있다.

2) '격물' 개념의 해석에 대한 논변

다음으로 '격물'의 개념에 대한 해석과 연관하여, 8조목에서 '격물'과 다른 조목들과의 관계에 대한 논변이 제시되고 있다. 박세채는 '격물' 개념에 대한 주자의 해석에 근거하여 왕양명의 입장을 단호하게 거부하고 있음을 보여준다. 곧 왕양명이 주자의 격물설을 그릇된 것으로 제시하면서 "반드시 '사물의 이치를 궁구하여 이른다(窮至事物之理)'고 말한 다음에라야 그 설명이 비로소 소통되니, 이것은 공부하는 요령이 오로지 하나의 '궁(窮)'자에 있으며, 공부하는 자리가 오로지 하나의 '이(理)'자에 있는 것이다. 만약 위에서 하나의 '궁(窮)'자를 제거하고 아래에서 하

55) 『霞谷集』(160-364), 권13, '大學說·(大學)', "格者正之也, 正其意所在之物, 是也."
『霞谷集』(160-378), 권13, '大學說', "蓋格者, 方正之物, … 是故格者謂正之而使歸於正也, … 其所正之至, 亦謂之格."

나의 '이(理)' 자를 제거하고서 곧바로 '앎을 이루는 것은 사물에 이르는 것이다(致知在至物)' 라고 말한다면 뜻이 통할 수 있겠는가"[56]라고 언급한 구절을 인용하고서, 이에 대해 "이것은 비록 이치는 형체가 없고 사물은 자취가 있으니 반드시 사물에 근거하여 구해야 한다는 뜻에 통달하지 못한 것이니, 마치 의론하는 자가 '올바른 해석' 에 근거하면서 '온전한 해석' 을 폐지하고자 하는 것만 못하다"[57]라고 비판하였다. 여기서 그는 '격물' 은 형체가 있는 사물에 근거하여 형체가 없는 이치를 찾아가는 것인데, 왕양명이 이치(理)를 제거하고 궁구(窮)하는 공부를 제거하려고 한 것은 당시 이세필 등이 '궁' 자의 뜻을 제거하여 '지' 자의 의미로만 해석하려는 입장보다 더 잘못된 것임을 밝히고 있다.

박세채는 왕양명이 「대학문(大學問)」에서 제시한 '격물' 의 해석에 대해 비판을 집중하고 있다. 곧 왕양명은 주자가 '격물' 을 '사물의 이치에 궁구하여 이르는 것이다' 라고 해석한 것을 거부하고서, 반드시 이 마음의 안에서 이른바 사물(物)이란 것을 구하여 '격' 하고자 생각하는 입장임을 확인하며, 이에 따라 왕양명은 「대학문」에서 "'의(意)' 가 발현함에는 반드시 그 일삼음(事)이 있으니 '의(意)' 가 있는 바의 일삼음이 사물(物)이다"라 하고, 또 "'격(格)' 이란 바르게 하는 것이다. 그 바르지 않은 것을 바르게 함으로써 바른 데로 돌아가게 하는 것이다"라고 말하였던 것임을 지적하면서, 이에 대해 그는 "그렇다면 '격물' 이란 '치지(致知)' 와 서로 짝이 되지 않을 뿐만 아니라, 또한 반드시 '성의(誠意)' 와 서로 연속되지 않으니, 장차 3조목(격물 · 치지 · 성의)으로 하여금 한때에 갖추어 공부한 다음에 물(物)은 '격' 할 수 있고, 지(知)는 '치(致)' 할 수 있고,

---

56) 『傳習錄』, 卷中, '答顧東橋書', "必曰窮至事物之理而後其說始通, 是其用功之要, 全在一窮字, 用力之地, 全在一理字, 若上去一窮字, 下去一理字, 而直曰致知在至物, 其可通乎."

57) 『南溪集』, 권55, 40, '格物訓義說', "此雖未達理無形物有迹, 必因是物求之之義, 猶不如論者因其正訓而欲廢其全訓者也."

의(意)는 '성(誠)' 할 수 있을 것이니, 만약 이러하다면 경문(經文)에서는 다만 '격물이 성의에 있다' 고 말하여도 넉넉할 것인데, 이에 '치지는 격물에 있다' 는 것은 또 무엇인가?"[58]라고 반박하였다. 그것은 왕양명이 사물을 바깥의 대상이 아니라 마음속의 의식으로 인식하고 있는 사실을 문제점으로 지적하고 이러한 왕양명의 견해에서는 '격물' · '치지' · '성의' 가 단계적인 공부가 아니라 동시에 실현되는 공부로 보게 되어 기본적으로 경문의 뜻과 어긋나는 것이라는 비판이다.

또한 왕양명이 '격' 을 '바르게 한다(正)' 고 해석하면서, 「대학문」에서 "바르지 않은 것을 바르게 하는 것은 악을 제거함을 말하고, 바른 데로 돌아간다는 것은 선을 함을 말한다" 고 말한 데 대해, 박세채는 나흠순(羅欽順)의 『곤지기(困知記)』와 진건(陳建)의 『학부통변(學蔀通辨)』에서 왕양명을 비판한 언급들을 끌어들여, "이것은 이른바 '의(意)' 가 여기에 도달할 따름이라는 것이다. 그렇다면 어찌 '양지' 가 아는 바를 기다릴 것이며, 또 어찌 '의(意)' 가 발현하는 바를 기다릴 것인가?" 라 하고, 나아가 "이것은 모두 왕양명의 학문이 결합하는 것을 좋아하고 분리하는 것을 미워하여 다만 한결같이 주자가 한 바에 상반하고자 하는 것이다. 이 때문에 '격물' 을 사물의 이치(事理) 속에서 구하지 않고 다만 내 마음 속에서 구하니, 한 방향으로 속에다 끌고 들어가는 병통을 이룸이 환하게 드러나는 것뿐이 아니다"[59]라고 비판하였다. 곧 왕양명의 '격물' 에

---

58) 『南溪集』, 권59, 33, '王陽明學辨 · 大學問', "蓋其意不欲以格物爲窮至事物之理, 故思必欲於此心之內, 求得其所謂物者而格之, 遂曰意之所發, 必有其事, 意所在之事謂之物, 格者正也, 正其不正以歸於正, 然則是其格物也, 不唯與致知相配, 又必與誠意相連, 將使三條而一時俱用其功, 然後物可以格, 知可以致, 意可以誠矣, 審如是則經文但曰格物在誠意足矣, 而乃曰致知在格物者, 又何耶."

59) 같은 곳, '王陽明學辨 · 大學問', "曰正其不正者, 去惡之謂, 歸於正者, 爲善之謂, 則是所謂意者, 至此而已誠矣, 然則何待於良知之所知, 而又何待於意之所發, 始無自欺也耶,〔此段, 困知記 · 學蔀通編卞說各見本書〕此皆陽明之學, 喜合惡離, 只欲一反朱子之所爲, 是以不求格物於事理之中, 而只求於吾心之內, 致此一向牽拽向裡之病, 不翅彰明

대한 해석은 주자의 입장과 상반하여 일치를 좋아하고 분별을 싫어하는 일원론적 성격과 객관의 대상세계를 거부하고 내면의 심성을 근본으로 삼는 유심론적 성격을 지닌 것이라고 박세채는 비판한 것이며, 이를 한마디로 모든 것을 '내면으로 끌어들이는 병통(牽拽向裡之病)'으로 규정하고 있는 것이다.

나아가 박세채는 주자가 『대학장구』에서 '격물'의 의미를 해석한 것이 대의에 명확한 증거가 있고 자체로 본말이 갖추어 있음을 사리(事理)·공부(工夫)·문자(文字)·훈의(訓義)·비류(比類)의 다섯 가지로 논증하면서, "후세의 학자들이 정자·주자의 명확한 해석을 따르지 않고 어찌하여 수고롭게 왕양명의 이설(異說)로 바꾸어 따르는가? 이른바 옛 것을 버리고 새로운 것을 따르는 사람들은 그 새로운 것을 옳다고 여기며 옛 것을 그르다고 여긴다"[60]라고 하여, 정자·주자의 견해를 버리고 양명학을 따르는 당시의 학자들이 옛 것을 버리고 새로운 것을 따르는 병통을 지닌 무리라고 비판하였다.

따라서 그는 정자·주자와 왕양명의 '격물'에 대한 이론이 지닌 특성을 대비시켜 제시하는 데 주의를 기울이고 있다. 먼저 정자·주자의 격물설에 대해서는, "비록 '사물에 나아가 그 이치를 궁구한다'고 말하지만, 그 '격물'하는 공부는 반드시 내 마음이 이미 아는 이치로부터 더욱 궁구하며, '치지'한 공효는 또한 내 마음에 전체(全體)와 대용(大用)에 이르러서 밝지 않은 바가 없다. 안과 밖이 서로 의존하니, 바로 '치지는 격물에 있다'는 뜻에 합하며, 만세에 전하여도 폐단이 없다"라 하여, 내면의 마음과 대상의 사물이 구별되면서도 상호 의존하는 것으로 주체와 대상 사이에 결합구조가 성립하는 것임을 밝혔다. 다음으로 왕양명의 격물설에 대해서는 "비록 내 마음에서 구한다고 하지만, 그 '격치'하는 바

較著."

60)『南溪集』, 권59, 34-35, '王陽明學辨·大學問', "後之學者, 何苦不從程朱之明訓, 而改從陽明之異說乎, 夫所謂舍舊從新者, 爲其新是而舊非也."

는 반드시 '의(意)'의 사물을 구하여 바로잡기를 요구한다. 힘을 쓰는 단초를 논하면 3조목(격물 · 치지 · 성의)이 서로 연이어졌으며, 이미 바르게 된 다음에 미쳐서는 '치(致)'와 '성(誠)' 아래로는 거의 쓰이는 바가 없다. 스스로 착오를 이루니, '치지는 격물에 있다'는 뜻에 크게 어긋나며 눈앞에서 행하는데도 소통되기가 어렵다"라고 하여, 내면의 마음에서 추구하여 결합시키고 있기 때문에, '격물' · '치지' · '성의'로 전개되어 나가는 순서가 무시되며, '격물'로 바르게 되었다면 '정심' · '수신' · '제가' · '치국' · '평천하'의 할 일이 필요 없게 되는 착오에 빠지게 되는 것임을 지적하였다. 이에 따라 그는 "그 버리고 취할 바가 밝아서 의심할 것이 없는데, 그런데도 저(왕양명의) 무리들은 그 그릇됨을 알지 못하고, 끝내는 이로써 천하를 뒤바꾸니, 어찌 근본하는 바가 없는 자가 아니겠는가?"[61]라고 하여, 양명학을 추종하는 학자들을 잘못된 견해로 천하를 뒤바꾸려는 무리라 하며 엄중하게 경계하였다.

이에 비해 정제두는 왕양명의 입장을 따라 '격물'과 다른 조목의 일체적 연관성을 강조한다. 곧 그는 "'천하(天下)' · '국(國)' · '가(家)' · '신(身)' · '심(心)'이 통틀어 하나의 '수신(修身)'이며, '성(誠)' · '정(正)' · '수(修)' · '제(齊)' · '치(治)' · '평(平)'이 '격물'이 아닌 것이 없다. 요컨대 그 '명덕(明德)'을 밝히는 공부가 또 다만 하나의 '격물'일 따름이다"[62]라고 하여, 사실상 8조목을 '격물' 속에 포괄시킬 수 있음을 제시하며, 3강령의 '명덕'도 '격물'과 일치시키는 견해를 제시함으로써, 8조

---

61) 『南溪集』, 권59, 35, '王陽明學辨 · 大學問', "今以程朱之說而推之, 雖曰卽物而窮其理, 其格物之功, 必自吾心已知之理而益窮之, 致知之效, 又至於吾心之全體大用, 無所不明, 內外相資, 則正合於致知在格物之義, 傳之萬世而無弊, 以陽明之說 推之, 雖曰求之於吾心, 其所以格物者, 要必求意之物而正之, 論其用力之端, 三條相連, 及其旣正之後, 致誠以下, 殆無所用, 自成乖舛, 則大悖於致知在格物之義, 行之目前而難通, 其所去就, 曉然無疑, 然而爲彼徒者, 莫知其非, 終至以此而易天下, 夫豈無所本之者耶."

62) 『霞谷集』(160–350), 권13, '大學說 · 大學(2)', "天下 · 國 · 家 · 身 · 心, 總是一修身也, 誠 · 正 · 修 · 齊 · 治 · 平, 無非所謂格物者也, 要之明其明德之功, 又只是一格物者耳."

목 사이에 각 단계의 전개 순서를 중시하는 것이 아니라 전체를 하나로 포괄시키는 일체성을 강조하는 데 중점을 두고 있다.

또한 정제두는 '치지가 격물에 있다(致知在格物)' 고 언급한 『대학』의 구절을 해석하면서, "'격물' 이란 '치지(致知)' 의 명목이요 다른 별개의 일이 없는 것이다. '격물' 은 곧 '치지' 의 형상이다. '격물' 이 먹고 마시는 일이라면, '치지' 는 곧 '성의' 의 공부이며, '치지' 는 먹고 마시는 마음이요, 〔그 맛을 알아서 알맞게 맞추는 것은 오로지 치지에 있다〕 '성의' 는 먹고 마심이 배부른 것이며, '정심(正心)' 은 배부름이 절도에 알맞은 것이다"[63]라고 하여, '격물' 을 '치지' 의 명목(名) 내지 형상(形)이라 하여 '치지' 속에 내포시키고 있으며, '격물' - '치지' - '성의' - '정심' 을 먹고 마시는 일에 비유하여 한 가지 실제가 드러나는 다양한 양상으로 제시하고 있다. 또한 그는 "'치(致)' 는 '이른다(至)' 는 뜻이요, '지(知)' 는 '심(心)' 의 본체니 곧 '지선(至善)' 의 발현이다. … 그 본체의 '지(知)' 를 '치(致)' 하는 것은 실지로 그 일삼는 바가 바름에 있는 것이다. 그 '이른다' 함도 그 '물(物)' 의 실지를 다함에 불과하다. 그러므로 반드시 그 '의(意)' 가 있는 '물' 에서 바르게 하는 것이다. 대개 '신(身)' 의 주인은 '심' 이요, '심' 의 발현이 '의(意)' 이며, '지(知)' 는 '의' 의 본체요, '물(物)' 은 '의' 의 작용이다"[64]라고 하여, '의(意)' 가 있는 곳이 '물(物)' 이요, '심' 의 발현이 '의' 요, '심' 의 본체가 '지' 요, '신' 의 주인이 '심' 이라 하여, 8조목에서 '물' - '지' - '의' - '심' - '신' 이 일체로 연관된 것임을 강조하였다.

---

63) 『霞谷集』(160-373 · 4), 권13, '大學說', "格物者致知之名, 無他別事耳, 格物卽致知之形, 格物者飮食之事, 致知卽誠意之功, 致知者飮食之心,〔知其味適其中, 專在致知〕, 誠意則飮食之飽者, 正心者飽之得其中也."

64) 『霞谷集』(160-350), 권13, '大學說 · 大學(2)', "致至也, 知者心之本體, 卽至善之發也, … 致其本體之知者, 其實在於其所事之正焉, 而其至也不過盡其物之實爾, 故必卽其意之所在之物而正之, 蓋身之主爲心, 心之發爲意, 知者意之體, 物者意之用也."

이와 더불어 정제두는 주자의 『대학장구』 '보망장(補亡章)' 에서, "이른바 치지가 격물에 있다 함은 사물에 나아가 이치를 궁구하는 것이다(所謂致知在格物者, 在卽物而窮其理也)"라는 언급에 대해서도 다음과 같이 논하고 있다.

> 이른바 '치지가 격물에 있다' 함은 '지(知)' 의 지극한 바는 그 '물(物)' 을 바르게 함에 있는 것이다. 대개 '인심(人心)' 의 이치는 그 발현이 '물' 에 있고 사물의 작용은 그 '지(知)' 가 마음에 간직되어 있다. 그 '물' 에서 바르게 하여 그 '지' 를 지극히 하면 '격물' 이 '치지' 하는 까닭이다. 그러므로 '격물' 하여 그 '지' 를 '치' 하는 것이니, '치지' 는 그 '물' 을 '격' 함에 있다. 그렇다면 이른바 '치지' 는 다른 것이 아니라 무릇 내 마음이 발현한 바 '물' 에서 바르게 하지 않음이 없는 것이요, 그 '지' 의 실지를 지극히 하면 사물의 이치가 바르게 되지 않음이 없으며, 내 마음의 '지' 가 이르지 않음이 없는 것이다. 이것이 이른바 '격물' 이요, 이것이 이른바 '지' 가 이른다는 것이다.[65]

이처럼 그는 '치지' 가 마음의 발현인 사물을 바르게 하는 '격물' 임을 강조하며, 마음을 매개로 양자가 일치되고 있음을 제시함으로써, 사실상 주자가 "사물에 나아가 그 이치를 궁구한다(卽物而窮其理)"는 것도 마음의 발현으로써 사물의 이치를 바르게 하는 것일 뿐임을 밝히고 있다.

나아가 정제두는 주자가 "사물의 이치에 궁구하여 이른다(窮至事物之理)"고 언급한 구절에 대해서도, "지식의 공부를 극치에까지 미루어 간다는 설명은 여러 경전 속에서 하나도 볼 수 없는데, 어찌하여 『대학』에

65) 『霞谷集』(160-378), 권13, '大學說', "所謂致知在格物者, 知之所盡, 在正其物也, 蓋人心之理, 其發在於物, 而事物之用, 其知存於心, 正之于其物, 以盡其知, 則格物所以致知也, 故格物以致其知, 致知在格其物, 然則所謂致知者無他, 凡於吾心所發之物, 莫不以正, 以盡其知之實, 則事物之理, 無不得正, 而吾心之知無不至矣者, 此謂格物, 此謂知之至也."

이르러 유독 이런 어렵고 애매한 말이 있어서 이런 뜻을 포함하여 뒷사람의 해설을 기다리고자 하였겠는가? 이제 '그 전한 것이 마침 잃어버려 없어졌다' 고 하니, 이것은 천고(千古)에 의심되는 바이다"[66]라고 하여, 주자가 '격물' 을 지식의 공부로 해석한 것은 경전에 근거가 없는 것이라 비판하며, '격물치지장' 의 전(傳)이 없어졌다는 말이 성립되지 않는 것이라 거부하였다.

또한 정제두는 주자가 '격물치지장' 이 없어졌다고 하여 '보망장(補亡章)'을 지은 사실에 대해서도, "비록 '격치(格致)' 로 말하더라도 앞의 첫머리 단락에서 시작한 증거가 없고, 뒤의 '성의장' 에서 이어받은 말이 보이지 않는다. 착간(錯簡)인가 찾아보아도 틀린 곳이 보이지 않고, 공부를 고찰해 보면 이미 '성의장' 속에 저절로 갖추어 있어서 전혀 결함이 없다. 이제 그 문장이 이와 같은데 없어졌다고 말할 수 있겠는가? 3강령과 8조목 속에 빠진 것이 없는데 오직 이 '격치' 가 지니고 있던 '궁지(窮至)'의 한 단락만이 빠졌다는 말인가? 비록 '이것은 앎의 지극함을 말한다(此謂知之至也)'는 구절로 말하여도 그 위에 곧 '이것은 근본을 아는 것을 말한다(此謂知本)'라고 하였지, '사물에 나아가 이치를 궁구한다(卽物窮理)'는 뜻은 없으니, 그러면 그 문장을 모두 고친 다음에서 그 설명이 통할 수 있게 된다"[67]고 하여, 전면적인 거부의 입장에서 구체적으로 반박하고 있다.

---

66) 『霞谷集』(160-372), 권13, '大學說 · 大學古本', "其窮至事物之理, 推極知識之功之說, 一不槪見於諸經之中, 而何至大學中獨有此艱晦一語, 含包此意, 將以待夫後之人解說耶, 今云其傳之適也遺亡, 此千古所疑也."

67) 『霞谷集』(160-372), 권13, '大學說 · 大學古本', "雖以格致言之, 亦於前之首段, 未有起頭之證, 後之誠意一章, 未見承接之語, 求以錯簡, 未見其有誤在者, 而考之工夫則已自備於誠意之內, 儘足無欠, 今其文如此, 可乃謂之闕亡, 三綱八條中未嘗有闕, 惟此格致之帶得窮至一段, 乃獨爲闕亡耶, 雖以此謂知之至之句言之, 其上卽曰此謂知本, 未嘗爲卽物窮理之意焉, 則此必須盡改其文而後其說可通也."

5. '치양지'의 해석과 쟁점

1) 불교적 유심론으로 비판

왕양명이 만년에 가까운 50세 때 제시하기 시작하였던 '치양지(致良知)'의 이론을 박세채는 양명학의 핵심개념으로 주목하여 깊은 관심을 보이고 있으며, 정제두에게 보낸 편지 가운데서도 1687년과 1691년에 보낸 2통의 편지에서 자신의 입장을 밝히고 있다. 그는 정제두에게 보낸 편지에서 "왕양명의 '치양지설'로 주자 문하 후학의 습속을 변화시킬 수 있는 것은 마치 주렴계의 「태극도(太極圖)」와 「통서(通書)」가 비로소 진 · 한(秦漢) 이래의 통속학문이 그릇됨을 변화시키는 것과 같다고 말하니, 진실로 불만하여 한번 비웃는 것이다. 다만 생각건대 그대가 그 학문을 높이고 사모하여 모으고 편찬한 것이 책을 이루었으니, 하루아침에 이를 보고서 크게 놀라지 않을 수 없었다. 그러나 유학을 할 것인지 선학을 할 것인지 결판이 다만 오늘에 달려 있으니 비상하게 힘써야 할 것이다"[68]라고 하여, 정제두의 '치양지설'에 대한 견해를 지적하여 이에 대해 심각하게 경계하고 있는 사실로 보아 두 사람 사이에 '치양지'의 문제에 대한 토론이 어느 정도 이루어졌을 것으로 보이지만, 정제두가 박세채에게 보낸 편지 가운데는 40세 때(1688)의 편지에서 자신이 친우 민이승과 '치양지' 문제로 토론하였던 사실을 소략하게 서술한 것 이외에는 남아 있는 것이 없는 형편이다.

먼저 박세채는 왕양명의 '치양지설'을 불교의 유심론적 관점으로 인식하여 이단으로 규정하고 엄격한 비판입장을 제시하고 있다. 그는 왕양

68) 『南溪集』, 권32, 25, '答鄭士仰(辛未)', "蓋以陽明致良知之說, 能變朱門後學之習, 如周子「太極圖」·「通書」, 始變秦漢以來俗學之非云爾, 誠不滿一哂, 但念士仰尊慕其學, 爲之纂集成書, 一朝見此, 得無大加駭然耶, 然爲儒爲禪之決, 亶在今日, 千萬勉之."

명의 문인 전덕홍(錢德洪)이 "선생의 학문은 무릇 세 번 변하였고, 그 가르침도 세 번 변하였으며, 강우(江右)시절 이래로 비로소 단지 '치양지' 3글자를 제시하여 본체를 곧바로 가리켰다"는 언급을 인용하면서, "왕양명의 학문은 '치양지'에 지나지 않는다"[69]라고 하여, '치양지설'을 양명학의 중심문제 가운데서도 가장 핵심적인 개념으로 확인하고 있다. 그는 왕양명이 '심즉리설'에서만이 아니라 '치양지설'에서도 육상산과 근원적으로 일치한다고 보면서, "육상산이 말한 '양지(良知)'·'양능(良能)'과 비교해볼 때 비록 왕양명의 '치양지설'은 반드시 '치지'와 '양지'의 두 가지 뜻을 결합시켜 하나로 삼는 것을 그 학문의 종지로 삼는다는 점에서 조금 다른 것 같기는 하나, 궁구하여 이르는(窮格) 공부를 몹시 싫어하며, 마음을 간직하고 성품을 배양하는 실지를 빌리지 않고서 단번에 갑자기 깨달음으로서 뛰어넘는 방법에로 돌아가고자 하는 점에서는 꼭 들어맞지 않음이 없다. 단연코 선도(仙道)나 불가의 맥락과 작용임이 진실로 명백하니, 어찌 인륜과 경전의 훈계를 모두 없애 버리지 않고 너그럽게 풀어 줄 수 있겠는가?"[70]라고 하여, '치양지설'이 주자학의 공부방법을 거부하고 불교에서 말하는 돈오(頓悟)를 추구하는 것임을 지적하고, 따라서 '치양지설'을 통해 양명학이 선도(仙道)나 불교와 통하는 것이라 확인하고 인륜을 파괴하고 경전의 가르침을 무너뜨릴 것임을 경계하고 있다.

나아가 박세채는 양명학의 발생동기와 기본성격을 규정하여, "그 학

69) 『南溪集』, 권59, 35, '王陽明學辨 · 致良知', "按陽明高弟錢德洪之言曰, 先生之學凡三變, 其爲教亦三變, 江右以來始單提致良知三字, 直指本體, 是陽明之學, 莫過於致良知."

70) 『南溪集』, 권32, 20, '與鄭士仰(丁卯)', "蓋象山所言良知良能, 雖與陽明致良知之說, 必合致知良知二義而一之, 以爲其學宗旨者似少異, 然其深厭窮格之功, 不假存養之實, 要歸於一超頓悟之法則無不脗合, 決是仙佛家脈絡作用眞實明白, 其何得以不爲盡滅人倫經訓有所寬貸耶."

문은 『대학』의 궁리(窮理)공부와 주자 문하의 훈고(訓詁) · 기송(記誦)하는 습속이 사도(斯道: 儒敎)에 매우 해롭다고 여겨 '고본대학'과 '치양지'로 구제하고자 하였으나, 그 스스로 하는 바를 관찰하면 한낱 심체(心體)의 광경이 흐릿하고 비슷한 사이에서 얻은 데 불과하며 사람을 가르치는 바도 모두 공허한 말로 실지가 없으며 사람에 따라 변화가 헤아릴 수 없으니, 바로 선가(禪家)의 '화두(話頭)'와 같은 종류요, 다만 세상을 미혹시키고 백성을 속이는 것이다"[71]라고 하여, 주자학의 이치를 궁구하고 지식을 추구하는 공부에 반대하여 마음의 본체를 밝히려고 하지만 결국 선학(禪學)과 같은 것으로서 '혹세무민(惑世誣民)'하는 이단이라 비판하고 있다. 이에 따라 그는 왕양명의 행적을 규정하고 인물을 평가하여, "위로 성현의 '정밀하고 한결같이 함(精一)'과 '욕심을 이겨내고 예법을 회복함(克復)'과 '마음을 붙잡아 간직하는(操存)' 체험과 '덕을 닦고(脩德)' '도를 이루는(凝道)' 기상이 전혀 없다. … 이제 논정하여 '이단의 통달한 재사(異學通才)'라고 말하면 옳겠지만 '순정한 유학자요 단정한 선비(醇儒莊士)'라고 말하면 옳지 않으니, 대현(大賢)에 올려놓을 수 있겠는가"[72]라고 하여, 왕양명을 이단의 인물로 배척하여 순수하고 정대한 유학자의 대열에 둘 수 없다고 주장하고 있다.

양명학을 불교로 몰아 이단으로 배척하는 박세채의 비판에 대응하여 정제두는 이러한 비판에 대한 반박논리를 제시하고 있다. 곧 정제두는 "일찍이 들으니, 성인의 학문은 그 공부가 먼저 사물에 나아가서 그 이

71) 『南溪集』, 권32, 24, '答鄭士仰(辛未)', "蓋其學以大學窮理之功及朱門以後訓詁記誦之習, 深爲斯道之害, 而欲以古本大學致良知救之, 然觀其所自爲者, 不過得之於一箇心體光景依俙髣髴之間, 而所以敎人者, 又皆空言無實, 隨人變幻, 正類禪家話頭, 徒以惑世而誣民矣."

72) 『南溪集』, 권32, 24-25, '答鄭士仰(辛未)', "又嘗考其行迹, 絶無從上聖賢精一克復 · 操存體驗 · 脩德凝道底氣象, … 今若論定而曰異學通才則可, 而曰醇儒莊士則不可, 而況躋之於大賢之域耶."

치를 궁구하는 데 있으며, (이치를) 심 · 성에서 찾는 것은 '선(禪)'이라고 하는데, 그러한가?"라고 질문을 던져 '사물에 나아가 이치를 궁구하는(卽物窮理)' 주자학의 공부에서 심성을 이치로 보는 양명학의 입장을 선학으로 보는 것이 정당한 견해인지 문제를 제기하고 있다. 여기서 그는 사단(四端)의 마음이 천지 · 만물에 이르러서 일체를 이루거나 조리를 극진히 실현하는 사실을 강조하면서 다음과 같이 반박하고 있다.

> 사람에게는 마음이 있는데 이것을 그 본체로 삼으니, 곧 이른바 천리(天理)이다. … 나의 성품을 다하면 사람의 성품과 사물의 성품을 다하지 않음이 없으며, 천지가 자리 잡고 만물이 길러진다. 이것(심성)으로 학문하는데 무엇이 부족하여 도리어 사물의 이치에서 구하겠는가? 무슨 비슷하다는 의심이 있기에 굳이 선(禪)에 연루시키는가? 이것은 경전(經傳)이 생긴 이래 위로 성현(聖賢)의 말씀이 모두 이와 같음을 따랐으니 분명하게 상고할 데가 있는데, 어찌 일찍이 한마디의 말씀이라도 사물에 나아가서 그 이치를 궁구함으로써 나의 '지(知)'를 밝힌다고 말한 것을 보았던가?[73)]

곧 마음이 본체요 '천리'라는 '심즉리(心卽理)'의 '심' 개념을 확인하고, 경전에서 제시된 모든 성인의 말씀이 바로 주자학에서 말하는 것처럼 이치를 사물에서 구하는 것이 아니라 오히려 양명학의 견해와 같이 마음에서 구하는 데 있음을 지적함으로써, 양명학이 확고하게 경전적 근거가 있음을 강조하고 있는 것이다. 이를 통해 정제두는 양명학을 '선

73) 『霞谷集』(160-237), 권8, '存言(上) · 聖學說', "問, 嘗聞聖人之學, 其功在先卽物而窮其理也, 其以求之心性者禪也, 然乎, 曰, … 人之有心, 此其爲本體, 卽所謂天理也, … 己之性盡, 而人之性 · 物之性無不盡, 天地位焉, 萬物育焉, 此其爲學有何不足, 而反以求於物理乎, 有何疑似而必諉之於禪乎哉, 此自經傳以來從上聖賢之說, 皆謂如此, 明有可考, 曷嘗見有一言及於卽物而窮其理, 以明吾知之謂者乎."

(禪)'으로 몰아가는 비판태도가 근거 없는 비난임을 논증하는 것이다.

또한 정제두는 양명학이 불교나 노자와는 차이가 있다고 말하고 있다. 먼저 불교에 대해서는 "불교에서도 마음을 밝히는 법이 있지만, 한갓 그 밝고 밝은 영각(靈覺)의 어둡지 않은 것만을 지킬 뿐이고, 그 '천리(天理)'의 전체는 막아서 끊어 버리고 있으니 이는 비록 그 심체(心體)의 공적(空寂)한 것이 있다 하더라도 성품(性)과 도(道)의 통합된 전체를 상실한 것이다"라고 하여, 불교에서 '마음'은 '천리'와 단절되어 내면에 매몰되고 말았으며, 마음의 본체도 공허하고 고요한 본질만 가리킬 뿐이지 성품과 도리를 통합하는 전체로서의 '마음'이 아니요, 따라서 마음이 본체로서 전체를 통괄하는 중심이라는 의미를 잃어버린 것으로 규정하여 불교와 양명학의 근본적 차이점을 강조하였다. 다음으로 노자(老子)에 대해서도 "정신(神)을 배양하는 공부는 있지만, 한갓 아득하고 묵묵하여 맑고 고요하며 담박하여 허무한 것을 일삼으니, '천리(天理)'의 크게 온전함을 폐지해 내버렸으며, 이것은 비록 기(氣)의 맑고 빈 것이 있다 하더라도 의리의 통솔(主帥)에서는 떠나 버린 것이다"[74]라고 하여, 노자의 양신(養神) 공부는 맑고 고요하기만 할 뿐 천리를 버리고 의리를 주장하는 주체에서는 벗어난 것이라 규정하여 양명학과 노자를 단절시키고 있다.

따라서 정제두는 불교와 노자에 대해, "털끝만 한 차이지만 그 오류는 천리(千里)나 멀어지는 것이다. 대개 그 근원은 한낱 자기의 사사로운 생각에 집착하는 데서 일어나지만 큰 공변됨의 전체를 가리고, 지극한 중심의 본체를 무너뜨리는 것은 이 이치의 본원(本源)을 잃었기 때문이다. … 성인의 도는 다른 것이 아니라 오직 인륜과 명분의 가르침과 예

74) 『霞谷集』(160-261), 권9, '存言(下)', "佛氏亦有明心之法, 然徒守其明明昭昭之靈覺不昧者, 而遏絶其天理之全體, 則是雖有其心體之空寂, 而亡於性道之統體, 老氏亦有養神之功, 然徒事玄玄默默之恬澹虛無, 而遺廢其天理之大全, 則是雖有其氣之淸虛, 而離乎義理之主師."

법의 일이다. 그러므로 학문의 일이란 다른 것이 아니라 오직 일상의 인정(人情)과 사물 사이에 있을 뿐이다"[75]라고 하여, 불교와 노자를 이단으로 비판하는 점에서 주자학의 경우와 동일한 입장을 취하고 있음을 밝히고 있다. 이처럼 그는 불교와 노자를 이단으로 비판하면서 양명학과 달라지는 갈림길이 바로 전체를 포괄하는 중심을 확보하여 공공의 정대함을 확립하지 못하고 사사로운 집착에 빠지는 것이라 규정하였던 것이다.

이와 더불어 정제두는 불교와 노자의 견해에 대해 전체를 못 보는 한쪽으로 치우친 견해라 규정하면서, "다만 그 공적(空寂)한 묘(妙)만 보았을 뿐이고 그 체용(體用)의 온전함과 일관(一貫)하는 자리를 못 보았으니 성인(聖人)의 온전하고 큰 것을 얻지 못하고서 한쪽으로 치우쳐 사특하게 되는 데 떨어졌다. '선의 본체(禪體)'는 비록 서로 가까운 것 같으나, 맹자(孟子)가 말하는 측은(惻隱)·수오(羞惡)와 인·의·예·지(仁義禮智)의 체(體)라는 것이 어찌 '선(禪)'이 간직하는 것이겠는가? 만약 그 본체가 서로 가까운 것이라면 어찌 이를 싫어하며 그 참된 본체를 아울러 없애고서 도리어 성인의 도(道)를 배반하겠는가?"[76]라고 하여, 불교와 노자는 체·용의 전체를 못 볼 뿐만 아니라 인륜의 도덕성을 외면하고 한쪽에 치우치는 문제점이 있음을 지적하여, 양명학을 불교나 노자와 함께 논할 수 없음을 명확하게 밝히고 있다. 나아가 그는 이치를 사물에서 찾으려는 주자학의 견해에 대해서도, "고자(告子)가 '의(義)'를 밖

75) 같은 곳, "是毫釐之差而其謬至於千里, 蓋其源起於着了一自私之念, 以蔽其大公之全體, 虧其至中之本體, 以失此理之本源故也, … 聖人之道無他, 惟是彝倫名教禮法之事也, 故學問之事無他, 亦惟在於日用人情事物之間而已."

76) 『霞谷集』(160-267), 권9, '存言(下)', "釋老之見 … 但不見全體, 皆從一邊見了.〔但見其空寂之妙, 不見其軆用之全一貫之處, 不能得聖人之全而大者, 落於一偏而爲邪, 禪體雖亦相近, 然孟子所言惻隱羞惡仁義禮知之體者, 豈禪之所有邪, 若其本體之相近處則豈可嫌此而並廢其眞體, 反背於聖人之道哉.〕"

이라고 한 것은 곧 순자(荀子)가 '성(性)'을 악하다고 하는 것과 같으니, … 이것은 모두 의(義)를 배우는 것이요 선(善)에 힘쓰는 것이지만 강제하고 조작하는 데 힘쓰려는 것이다"[77]라고 하여, 도리어 주자학이 이치를 마음의 바깥에서 찾는 것은 고자나 순자의 견해와 같은 것이라 비판하는 입장을 제시하였다.

2) '치지'와 '양지'의 개념적 인식

박세채는 왕양명이 『대학』의 '치지'와 『맹자』의 '양지'를 결합시켜 '치양지'를 말한 것에 대해, 두 출전의 '지(知)' 개념이 다른 점을 지적하여 비판의 근거를 삼고 있다. 곧 '치지'의 '지'는 주자의 해석처럼 '식(識)'이나 '각(覺)'의 뜻이 있고, '양지'의 '지'는 이와 달리 어린아이가 부모를 사랑할 줄 알고 형을 공경할 줄 아는 것으로서, 정자가 "'양지'는 하늘에서 나온 것이요 사람에 걸려 있는 것이 아니다(良知者, 乃出於天, 不繫於人)"라고 해석한 것처럼 타고난 천성의 뜻이라 구별하였다. 그러나 '치지'와 '양지' 사이에 연관된 부분이 있음을 인정하여, "다만 『대학』에 이미 '치지'의 조목이 있는데, '양지'의 '지'도 처음에는 역시 그 속에 있지 않음이 없다. 전체로 논하여, 만약 이('치지'의) '지'자는 『대학장구』에서 이른바 이미 아는 이치에 그칠 뿐이 아니지만, 실지로 『맹자』에서 이른바 '양지'와 서로 참여하니, 『대학』을 공부하는 학자는 더욱 마땅히 이 뜻을 깊이 알아서 따라 내려가고 근원으로 거슬러 올라가 궁구하여 그 극진한 데 이르기를 기약해야 한다고 말한다면 주자의 설명과 합치하여 도움이 있을 것이다"[78]라고 하였다. 곧 '치지'의 '지'가 '이미 아는 것(已

77) 같은 곳, "告子外義, 卽與荀子性惡同之, … 是皆學爲義勉爲善者也, 而乃欲用力於强制造作者也."

78) 『南溪集』, 권59, 37, '王陽明學辨 · 致良知', "但大學旣有致知之目, 而良知之知, 初亦未嘗不在於其中, 則總而論之, 若曰此知字非止爲章句所謂已知之理耳, 實與孟子所謂良知

知)'으로부터 '아직 모르는 것(未知)'으로 이치를 궁구해 가는 것이라면, '양지'는 '이미 아는 것'으로서 이를 바탕삼아 '아직 모르는 것'을 새롭게 알아 가는 것이 '치지'임을 제시하였다. 그만큼 '양지'의 뜻을 '치지' 속에 포함시켜 논의할 수 있는 여지가 있음을 인정한 것이다.

이에 비해 정제두는 '치지'의 '지'와 '양지'의 '지'가 처음부터 나누어질 수 없는 동일한 '지'를 가리키는 것이라 보는 입장을 밝혀 왕양명의 '치양지설'을 옹호하고 있다. 그는 '치지'의 '지'를 "마음의 본체요, 곧 '지선(至善)'의 발현이다"[79]라고 하여, '치지'의 '지'를 마음의 본체로서 '지선'이 발현된 것이라 하며, 또한 '지선'에 대해서는 "본연(本然)의 선으로 하늘에서 나온 것이요 사람에 매인 것이 아니니, 그 발현된 것은 곧 '양지'이다. … '지'는 마음의 본체이며 양지가 뚜렷이 밝은 것이다"[80]라고 하여, '치지'의 '지'가 바로 '지선'의 발현이요 맹자가 말한 '양지'의 실현임을 확인하고 있다. 따라서 그는 '치지'의 '지'를 인·의·예·지(仁義禮智)라는 인간 성품으로서의 '지'요, 맹자가 말하는 '옳고 그름을 분별하는 마음(是非之心)'으로서의 '지'이며, 사물에 있는 것이 아니라 사람에게 고유하게 있는 것이요, '양지'와 '양능'의 고유한 '지'임을 역설하였다.[81] 그는 처음부터 '치지'의 '지'가 대상을 향해 지식을 추구하는 것이 아니라, 마음의 본체로서 온전하고 고유하게 선천적으로 내재되어 있는 것이라 하여 '양지'와 다를 수 없는 것임을 역설하고, 따라서 『대학』의 '치지'와 『맹자』의 '양지'를 결합시켜 '치양지'로

相參, 其爲大學之學者, 尤當深知此義, 沿流而溯源, 期以窮至於其極云, 則亦將於朱子之說, 合而有助矣."

79) 『霞谷集』(160-350), 권13, '大學說·大學(2)', "知者心之本體, 卽至善之發也."

80) 『霞谷集』(160-379), 권13, '大學說', "蓋至善者, 是本然之善出於天而不繫於人, 其發見者良知也, … 知者心之本體也, 是良知之昭明者也."

81) 『霞谷集』(160-238), 권8, '存言(上)·致知說', "大學致知知至之知字, … 是固仁義禮智之知也, … 然則孟子云是非之心知也, … 是固人之所固有者也, … 是固良知良能所固有之知也."

제시하는 것이 아무런 문제가 될 수 없이 논리적으로 자연스러운 것임을 보여 주고 있다.

다음으로 박세채는 왕양명의 '양지'에 대한 언급에서 다양한 개념적 차이를 정밀하게 검토하여, 왕양명이 '양지'를 '성(性)'으로 말한 경우, '성'과 '심'으로 말한 경우, '성명(性命)'의 바름에 근원함으로 말한 경우, '사단(四端)'의 선한 감정으로 말한 경우, 오로지 주장함도 없고(無適) 그렇게 하지 않음도 없다(無莫)는 뜻으로 말한 경우, 지극한 성실함은 미리 안다는 뜻으로 말한 경우, 일상에서 마땅히 가야 하는 길로 말한 경우, 변화에 따라 움직여 머물지 않으며 우주를 두루 유행함으로 말한 경우, '천도(天道)'로 말한 경우, '이(理)'와 '기(氣)'를 합하여 말한 경우, 음양(陰陽)의 '기(氣)'로 말한 경우, 초목이나 와석(瓦石)의 사물로 말한 경우 등 12가지의 여러 의미로 쓰이고 있음을 일일이 사례를 들어 지적하였다.[82] 그만큼 그는 왕양명의 '양지' 개념이 너무 포괄적이고 다양한 의미로 쓰이고 있어서 사실상 개념적 이해가 애매하여 엄밀성이 없음을 드러내고 있는 것이다.

---

82) 『南溪集』, 권59, 38-39, '王陽明學辨 · 致良知'.

〔性〕"天命之性, 粹然至善, 其靈昭不昧者乃良知."(大學問); "知是心之本體."(徐愛錄); "心之虛靈明覺, 卽所謂本然之良知."(顧東橋書); "良知卽是未發之中."(陸原靜書)

〔性與心〕"能戒愼恐懼者良知."(顧東橋書)

〔原於性命之正〕"道心者, 良知之謂."(顧東橋書)

〔四端善情〕"良知卽孟子所謂是非之心."(大學問)

〔無適無莫之義〕"義卽是良知."(黃修易錄)

〔至誠前知〕"誠是實理, 只是一箇良知."(黃修易錄)

〔日用當行之路〕"率性之道是良知."(黃修易錄)

〔變動不居周流六虛〕"良知卽是易."(黃以方錄)

〔天道〕"先天而天不違, 天卽良知, 後天而奉天時, 良知卽天."(黃修易錄)

〔合理與氣〕"良知一也, 以其妙用而謂之神, 以其流行而謂之氣, 以其凝聚而謂之精."(陸原靜書)

〔陰陽之氣〕"良知是造化底精靈, 生天生地成鬼成帝, 皆從此出."(黃修易錄)

〔草木瓦石〕"人的良知, 就是草木瓦石的良知."(黃修易錄)

이에 대해 정제두는 '양지' 개념에 대해 마음의 본체로서 '성' 개념을 중심으로 집중적으로 해명함으로써, 개념적 이해의 일관성을 뚜렷하게 보여 주고 있다. 곧 그는 "'천(天)'과 '성(性)'과 '심(心)'이 있는 곳을 '성'이라 한다. '심'은 '명덕'이니, '심'과 '성'과 '천'이 가지고 있는 바로서 '덕'이 있는 것이 '성'이요, '성'은 '양지'이다"[83]라고 하여, 성은 '심'·'성'·'천'이 있는 자리요 덕을 지닌 것이라 보고, 이 '성'을 '양지'라 함으로써, '양지'를 '성'과 일치시키면서 '심'·'천'·'덕'의 다양한 개념으로 연결되고 있음을 보여 주고 있다. 또한 그는 "'성'이란 하늘이 내린 속마음(衷)이니 '명덕'이요, 스스로 가지고 있는 선량함(良)이어서 '생(生)'하는 덕이 있고 사물의 법칙이 되는 것이다. 그래서 '명덕'이라 하고, '강충(降衷)'이라 하고, '양지'·'양능'이라 하며, '병이(秉彜: 항상한 도를 붙잡음)'라 한다"[84]라고 하여, '양지'를 '성' 개념으로 해석하면서, '성'과 연관된 다양한 개념으로 확장될 수 있음을 보여 주고 있다.

나아가 정제두는 '양지' 개념의 다양한 연관성을 적극적으로 드러내어, 마음의 본체로서 '양지'를 '이(理)'·'예(禮)'·'의(義)'와 연결시키고, '물(物)'과 '사(事)'에까지 확장시키고 있다. "'이(理)'란 것은 곧 '예'이다. '예'는 곧 이 '심(心)'의 본체에 조리가 있지 않음이 없는 것이며, '의'는 곧 이 마음의 본체(本體)의 조리이니, 일(事)에 있어서는 마땅한 것을 얻지 않는 데가 없는 것이다. '물(物)'이란 것은 '심'의 감응이요, '사(事)'란 '양지'의 작용이다"[85]라고 하였다. 그렇다면 정제두

83) 『霞谷集』(160-258), 권9, '存言(中)', "以天也性也心也, 其所在處爲性, 心也明德, 以心也性也天也, 其所有而乃有是德者是性, 性也良知."

84) 『霞谷集』(160-259), 권9, '存言(下)', "性者天降之衷, 明德也, 自有之良也, 有是生之德, 爲物之則者也, 故曰明德, 故曰降衷, 故曰良知良能, 故曰秉彝."

85) 『霞谷集』(160-260), 권9, '存言(下)', "理者卽禮也, 禮卽此心之本體莫不有條理者也, 義卽又此心本體之條理, 於事無不得其宜者也, 物者心之感應也, 事者良知之用也."

에서는 박세채가 분류한 것처럼 왕양명이 '양지' 라는 용어를 12가지의 다양한 의미로 쓰고 있다고 하지만, 그 다양한 의미가 이해의 혼란에서 오는 것이 아님을 해명하고, '양지' 를 '성' 으로 해석하면서 다양한 의미로 활용될 수 있는 논리적 근거를 입증해 주고 있는 것이라 할 수 있다.

그 다음 단계로 박세채는 주자와 왕양명의 '양지' 개념에 대한 기본적 이해에 차이가 있음을 주목하고 있다.

> 주자는 비록 '양지' 를 근본으로 삼지만 굶주리면 먹고 목마르면 마시는 따위와 같은 것을 아울러 논하지 않음이 없으니 '치지' 의 공부는 또한 반드시 이치를 궁구하는 데 있으며, 왕양명은 오로지 '양지' 를 위주로 삼아 '치지' 의 공부는 또한 '의(意)' 를 얻은 사물에서 바로잡는 데 있으니 그 분별이 단절된다. … 그렇다면 왕양명의 '양지' 는 『대학』의 '치지' 에 간여하지 않으며 육상산을 이어서 서술한 것임이 밝게 드러난다. 이른바 수행(修爲)과 존양(存養)을 빌리지 않고 단지 한 번에 갑자기 깨닫고자 하는 것이 실로 그(왕양명의) 학문의 핵심이다.[86)]

'양지' 를 근본으로 하면서 이치를 궁구하는 공부를 하는 것이 주자학의 '치지' 이지만, 왕양명은 '양지' 를 위주로 이치를 궁구하는 공부를 거부하면서 '치지' 와는 달리 선불교의 갑자기 깨닫는 '돈오(頓悟)' 에로 빠져 든다는 것이다.

또한 박세채는 왕양명이 "내 마음의 '양지' 는 곧 이른바 '천리' 이다(吾心之良知, 卽所謂天理也.〈『傳習錄』, 卷中, '答顧東橋書' 〉)"라 하고, 정이

86) 『南溪集』, 권59, 37-38, '王陽明學辨 · 致良知', "朱子則雖以良知爲本, 如飢食渴飮之屬, 無不幷論, 而致知之功, 又必在於窮理, 陽明則專以良知爲主, 而致知之功, 又在於得意之物而正之, 其分絶矣, … 然則陽明良知, 不干於大學致知, 而所以嗣述於象山者, 昭然可見, 所謂不假修爲存養, 只欲一頓理會者, 實其學之肯綮也."

천이 "'양지'·'양능'으로 인의(仁義)의 양심(良心)을 삼는다(蓋以良知良能爲仁義之良心也)"라 하고, 주자는 "어린아이가 그 부모를 사랑할 줄 모르는 일이 없으니, … 이것은 '양심'이요, '양심'은 곧 '명덕'이다(孩提之童, 無不知愛其親, … 此良心也, 良心便是明德)"라고 언급한 사실을 열거하면서, '양지'에 대해 왕양명은 '천리'라 하고, 정자와 주자는 '양심' 혹은 '명덕'이라 하여 '양지' 개념의 인식에서 차이가 있음을 지적하였다. 나아가 그는 주자가 "'지(知)'와 '의(意)'는 모두 마음에서 나오지만, '지'는 지각하는 자리요, '의'는 생각이 발현되는 자리이다(知與意皆出於心, 知是知覺處, 意是發慮處)"라 하고, '심'·'지'·'명덕'의 개념을 해석하면서, '심'을 "사람의 '신명(神明)'이 모든 이치를 갖추고서 온갖 일에 대응하는 것이다(人之神明, 所以具衆理而應萬事者也)"라 하고, '지'를 "마음의 '신명'이 모든 이치에 정묘하여 만물을 주재하는 것이다(心之神明, 妙衆理而宰萬物者也.〈『大學或問』〉)"라 하고, '명덕'을 "사람이 하늘에서 얻은 바로서 비었고 영명하여 어둡지 않으니, 모든 이치를 갖추고서 만사에 대응하는 것이다(人之所得乎天而虛靈不昧, 以具衆理而應萬事者也.〈『大學章句』〉)"라고 언급한 사실을 들었다. 여기서 박세채는 "'양지'·'양능'으로 '양심' 또는 '명덕'이라 한다면, 이것은 '천리'로 말할 수 있다"고 하여, 왕양명과 정자·주자의 '양지' 개념이 '천리'를 가리키는 것으로 일치할 수 있음을 인정하였지만, 다만 『대학』에서 말한 '치지'는 '심'·'지'·'명덕'의 세 해석과 '지(知)'·'의(意)'의 설명이 이에 해당할 뿐이요, '천리'의 명목과는 다른 것임을 강조하였다.[87] 이처럼 그는 '천리'로 해석될 수 있는 '양지'와 마음의 지각으로 해석되어야 하는 '치지'의 '지'는 혼동될 수 없이 엄격히 다른 개념임을 확인하

87) 『南溪集』, 권55, 41-42, '良知天理說', "程朱之說, 乃以良知·良能爲良心·明德, 則是亦可以天理言之, 第以心·知·明德三訓及次二條之說揆之, … 如大學致知之知, 只當還他三訓二條之說而已."

여, '치양지' 로 두 개념을 결합시킬 수 없음을 밝히고 있다.

따라서 박세채는 사물의 이치를 궁구하여 지식을 이루는 '격물치지' 의 공부를 요구하면서, "어찌 단지 '양지' 를 이루는 것을 기다린 다음에 『대학』의 도를 얻겠는가? 그런데 왕양명은 한 방향으로 억지로 맞추려 하여 장황하게 늘어놓으며, 하나의 주장으로 삼는 데 힘써서 좌우나 상하로 이것을 기준으로 삼지 않는 것이 없으니, 마치 세상을 깜짝 놀라게 할 것이 있어서 천하의 목탁으로 생각한다. 그래서 그 뒤집히고 어그러짐이 이렇게 극진한 데 이르렀으니 이것이 어찌 가려짐이 없이 그럴 수 있겠는가?"[88]라고 하여, 사물의 이치에 대한 지식을 외면하고 '양지' 만으로 공부의 방법을 삼는 양명학을 전면적으로 비판하였다.

또한 그는 왕양명이 "'양지' 만 말한 것(單擧)은 종지(宗旨)의 의리를 세우는 것이니 이른바 상근인(上根人)을 위해 가르침을 수립한 것이요, '치양지' 를 말한 것(兼論)은 『대학』의 '치지' 로 말한 것이니 이른바 '중근(中根)' 이하의 사람을 위해 가르침을 수립한 것이라 하는데, 그 본래면목은 선도 없고 악도 없다는 취지로 관찰하면 그 이른바 '상근인' 을 위해 가르침을 수립한 것이 실지로 종지가 되는 것이다"[89]라고 하여, 양명학의 종지가 기본적으로 '치지' 를 버리고 '양지' 만을 표방하는 데 있음을 확인하고 있다.

나아가 그는 왕양명의 학문을 전체적으로 규정하면서, "이제 왕양명이 중국 땅에 있으면서 우리 유교의 학문을 위하여 비로소 한낱 번거로움을 싫어하고 간략함을 추구하려는 생각을 이기지 못하여 스스로 선불

---

88) 『南溪集』, 권59, 40, '王陽明學辨 · 致良知', "夫豈獨待良知之致, 而後乃得大學之道, 而陽明一向傅會張皇, 務作一欛柄, 左右上下, 無不以此爲準, 有若驚天動地之物, 而思以木鐸於天下, 故其顚倒乖戾, 至於此極, 是豈無所蔽而然耶."

89) 『南溪集』, 권59, 42, '王陽明學辨 · 致良知', "蓋單擧者, 乃立宗旨之義, 所謂爲上根人立敎者也, 兼論者, 乃以大學致知而言, 所謂爲中根以下人立敎者也, 然以本來面目, 無善無惡之旨觀之, 其所謂爲上根人立敎者, 又實爲其宗旨也."

교의 사이에 의탁하고자 힘쓰면서도, 인륜과 예악의 아름다움을 돌아보고서 감히 떠나 버릴 수 없는 것이 있어서, 드디어 별도로 문호를 세워서 이미 맹자-주렴계-정명도-육상산으로 도통을 삼았으며, '양지'를 종지로 삼아 '치지'에 병행시키고, '심'과 '이(理)'를 하나로 삼고, '지'와 '행'을 합치시켜 핵심의 방법으로 삼았다"[90]고 하였다. 곧 그는 퇴계가 「전습록논변」에서 양명학을 비판한 견해를 받아들이면서, 양명학의 핵심주제를 '치양지설'·'심즉리설(心卽理說)'·'지행합일설(知行合一說)'로 지적하고, 왕양명이 맹자-주렴계-정명도-육상산을 도통으로 삼고 있지만 실지의 내용은 번거로움을 버리고 간단하고 쉬우며 직접적인 것(簡易直截)을 추구하는 선불교적 성격을 지닌 것으로 규정하였다.

이에 대해 정제두는 왕양명이 이치와 의리를 마음속에서 확인하고 사물에서 추구하지 않는 것이 맹자의 견해와 일치한다는 근거를 제시하여 변호하면서, 퇴계가 이정(龜巖 李楨)의 질문에 대답한 말에, "왕양명이 '충·효의 이치는 임금과 부모에서는 이를 구할 수 없고 다만 이 마음에 있다'고 말하는 것과 같은 따위가 이것이다(如陽明謂忠孝之理 不可求之於君父 只在心之類是也.〈『퇴계전서』, 권21, '答李剛而問目'〉)"라고 언급하여 왕양명을 비판한 것에 대해 다음과 같이 반박하고 있다.

> 만약 참으로 충·효의 이치가 안에는 있지 않고 임금과 부모에 있다면 이것은 맹자가 논변했던 것이다. 맹자는 '어른이 의리이겠는가? 어른으로 여기는 것이 의리이겠는가?'라고 하였으니, 그 뜻은 이미 명백하지 않은가? … 그러나 '사물에 나아가 설명하면 소이연(所以然)과 소당연(所當然)의 이치는 각각 사물에 있다'고 하였는데, 이것은 본령(本領)이 없는

---

90) 『南溪集』, 권59, 46-47, '王陽明學辨·致良知', "今陽明處中國之地, 爲吾儒之學, 始蓋不勝於一箇厭煩趨簡之念, 務欲自託於禪佛之間, 而顧視倫常禮樂之懿, 亦有所不敢離而去之者, 遂乃別立門戶, 旣以孟子·濂溪·明道·象山爲道統, 又以良知爲宗旨而並於致知, 以一心理·合知行爲要法."

> 것이다. 그러나 '양지'의 학문에서 '소이연'과 '소당연'의 이치를 사물이 각각 가지고 있다는 것은 그 근원이 모두 마음에서 나온 것이기 때문이며, 곧 마음으로 말미암아서 근본을 삼는 것이니, 이것이 오히려 통령(統領)이 있는 것이고 오히려 본원(本原)이 있는 것이다.[91]

'이치가 사물에 있다'고 말하는 것도 사실상 이치가 마음에 근원하여 사물에서 드러나는 것으로서, '이치가 마음에 있다'는 뜻이요, 왕양명처럼 이렇게 이해할 때라야 이치에 근원과 주재가 있음을 확인할 수 있는 것이라 강조하고 있는 것이다.

또한 정제두는 먼저 주자의 견해를 다음과 같이 규정한다.

> 주자는 '심'을 몸(身)의 주재(主宰)로 삼고 '성'을 이치로 삼았으며, 이치(理)가 일(事)마다 사물(物)마다 있다고 하였다. 일마다 사물마다 각각 당연한 법칙이 있으니, 모두 그 당연한 법칙을 다 밝히기를 구하였다. 이 때문에 마음은 그 성·경(誠敬)을 다하고 사물에서는 그 이치를 궁구하였으며, 그래서 그 마음을 간직하여 만물의 이치를 궁구함으로써 만사의 법칙에 대응한다는 것이다. … 또한 사물에 있는 것이 이치가 되고 사물에 대처하는 것이 의리(義)가 되며, 이치는 사물에 있고 의리는 마음에 있다고 한다.[92]

주자의 입장은 이치가 사물에 있는 것으로 사물의 이치를 궁구하여

---

91) 『霞谷集』(160-257), 권9, '存言(中)', "若眞以忠孝之理不在於內而在君父上, 則是孟子之所辨也, 孟子曰長者義乎, 長之者義乎, 其意不已明乎, … 然卽物之說, 以其所以然所當然之理, 爲各在於物, 是則無本領也, 良知之學, 以其所以然所當然之理, 物所各有者, 以其源皆出於心也, 卽由心而爲本, 是却有統領却有本源."

92) 『霞谷集』(160-264), 권9, '存言(下)', "朱子以心爲身之主宰, 性爲理而謂理在事事物物上, 事事物物各有當然之則, 皆求盡其當然之則, 是故心則盡其誠敬, 事物則窮其理, 故存其心以窮萬物之理, 以應萬事之則, … 又在物爲理, 處物爲義, 理在物, 義在心."

야 하는 것으로 '심'과 '이(理)'가 안과 밖으로 이원화되어 있는 것이라 규정한다. 이에 비해 왕양명의 견해에 대해서는 '심'과 '이'를 일치시킴으로써 안과 밖이 통일되어 이원적 분열을 극복한 것이라 규정하고 있다.

> 왕양명은 '심'을 이치로 삼았으니 곧 '양지'이며, 마음의 '양지'는 본체가 되고 사물의 작용은 작용이 되니, 사물의 이치라고 하지만 이치는 모두 '심'에 갖추어졌고, '심'에는 저절로 '양지'가 있으니, 알지 못하는 이치가 있지 않은 것이다. 다만 '사욕(私欲)'에 빠지기 때문에 어둡거나 어리석은 자가 있으며, '양지'를 이루고 그 '성'을 회복하여 '심'의 이치를 궁구하고 '심'의 '성'을 다한다면 오륜(五倫)에 있어서나 '심성'에 있어서나 사물에 있어서나 '천리'가 아님이 없다. 이 때문에 본체와 작용은 있어도 안과 밖이 없고 정밀함과 조잡함이 없다.[93)]

이처럼 그는 주자와 왕양명의 견해를 대비시키면서, 주자의 이원론적 견해를 넘어서 왕양명의 '심즉리설'에 근거한 일원론적 견해의 정당성을 확인하는 자신의 입장을 밝히고 있다.

그러나 정제두 자신은 평생 양명학의 간명하고 정밀함을 독실하게 신봉하지만, 동시에 양명학의 한계를 지적하는 통찰을 보여 주고 있는 사실이 주목된다. 곧 그가 83세 때(1731) 동호(東湖: 현 서울 玉水洞)에서 묵었을 때 꿈속에서 깨달은 사실을 기술하면서, "꿈속에서 홀연히 왕양명의 '치양지학'은 매우 정밀하지만 또한 그 폐단으로 혹 감정에 맡기

93) 같은 곳, "王氏以心爲理, 卽良知也, 心之良知爲體, 凡事物作用爲用, 而謂事物之理, 理皆具於心, 心自有良知, 未有不知之理, 但汨於私欲, 故有昏愚者, 致良知復其性, 窮心之理, 盡心之性, 則於五倫於心性於事物, 無非天理, 是故有體用而無內外無精粗."

94) 같은 곳, 권9, '存言(下)', "辛亥六月, 適往東湖宿焉, 夢中忽思得王氏致良知之學甚精, 抑其弊或有任情縱欲之患, 此四字眞得王學之病."

고 욕심을 따르는(任情縱欲) 근심이 있다는 생각을 하였다. 이 ('任情縱欲'의) 4글자는 참으로 양명학의 병통을 파악한 것이다"[94]라고 하여, 사실상 양명좌파(陽明左派)에서 드러난 것처럼 욕망을 따르며 방종하는 폐단이 일어날 수 있는 가능성을 인식하였던 것이며, 그만큼 그는 자신의 학문적 기반인 양명학에 대해서도 냉정한 성찰을 하고 있음을 보여 준다.

6. 박세채와 정제두의 양명학 논변이 지닌 의미

17세기 말 박세채와 정제두 사이에 전개된 양명학의 논변은 박세채가 이 시대의 대표적 도학자의 한 사람이요, 정제두가 조선 후기 양명학의 정점을 이룬 인물이었던 만큼, 사실상 조선시대 양명학 논변의 절정을 이루었다고 할 수 있다. 양명학이 조선 사회에 수용되어 전개되는 과정에서 주자학의 절대적 권위와 배타적 정통주의 속에 단련됨으로써, 양명학 인식의 정수(精粹)를 이루게 되었다는 사실에서 한국 사상사의 중요하고 의미 깊은 국면을 보여 주는 것이다.

박세채와 정제두는 사제관계로서 소론(少論)의 당파에 속하는 인물이었던 만큼, 논변이 전개되는 과정에서 비록 박세채는 주자학적 정통성의 기반 위에서 양명학을 이단으로 비판하는 입장을 견지하였지만, 논변 자체가 외부에 크게 노출되어 시비에 휘말리는 일이 없이 나름대로 진지하고 학문적인 토론을 유지하였다. 그리고 인간관계에서도 두 사람이 서로의 신뢰를 잃지 않았던 것은, 혹독한 이단 배척의 분위기 속에서도 비교적 좋은 조건을 누렸음을 보여 주는 것이다.

이 논변이 일어나는 시대적 배경을 보면, 이 시대는 주자학의 권위가 견고하였지만, 동시에 임진왜란(1592)과 병자호란(1636)의 외침을 겪으면서 조선 사회의 기반에 심각한 혼란과 동요가 일어났던 때이다. 이러한 시대현실에서 한편으로 주류를 이루는 주자학의 지식인들은 사회체제를 안정되게 유지하기 위해 주자학의 정통성을 더욱 엄격하게 수호하고자 하였으며, 다른 한편 소수의 지식인들은 주자학의 한계를 각성하면서 새로운 사유체계를 탐색하고자 하였으니, 두 흐름의 지식인들 사이에 일어났던 논쟁의 하나가 주자학과 양명학의 논변이라 할 수 있다.

따라서 주자학의 전통을 수호하려는 박세채의 입장은 주자학과 다른 사유체계를 지닌 양명학을 처음부터 용납할 수 없는 이단으로 배척하는 정통론의 입장을 수호하였던 것이고, 정제두는 양명학을 통해 진리의 근원을 성찰하고 재정립하고자 하는 열린 자세를 보여 주어 대조를 이루고 있는 것이다. 이에 따라 쟁점의 정당성을 주장하는 근거를 주자에서 확인하는 박세채의 입장과 경전에서 다시 찾으려는 정제두의 입장으로 그 차이가 뚜렷하게 드러나고 있음을 엿볼 수 있다. 실제로 정제두는 평생을 통해 상당히 광범하게 경전주석을 하는 데 심혈을 기울였던 사실도 양명학의 경전적 근거를 확보하기 위한 노력이라 할 수 있을 것이다.

박세채와 정제두의 양명학 논변은 두 사람 사이에 오간 왕복편지와 박세채의 양명학을 비판한 저술과 정제두의 양명학을 해명하는 저술을 통해 확인될 수 있다. 왕복편지가 논변에서 전개된 서로의 대응논리를 가장 선명하게 드러내 줄 수 있겠지만, 특히 정제두의 문집에서 편지의 유실이 심하여 명확하게 대조해 보기가 매우 어려운 만큼, 관련 저술을 통해 두 사람의 입장과 이론을 보완하는 방법을 취하지 않을 수 없었다.

또한 이 논변에서 박세채가 비판의 논점을 제시하고 정제두가 이에 대응하여 해명하는 입장이었던 것으로 본다면, 박세채가 제시한 양명학 비판의 기본쟁점은 크게 '고본대학'에 따른 『대학』의 편차와 '대인(大人)'·'친민(親民)'·'지선(至善)' 등 개념문제, '격물'의 문제, '치양지'의 문제 총 세 가지로 집약시켜 볼 수 있다. 양명학의 이론적 근거를 이루는 '심즉리설'의 문제는 오히려 '치양지'의 문제 속에 가볍게 언급되는 데 그쳤고, '지행합일'의 문제도 단순히 열거하는 것으로 그치고 있다. 박세채가 '심즉리설'을 쟁점으로 삼지 않았던 것은 양명학을 선불교의 유심론으로 규정한 것에 그치고, 더 이상 이론적 논변을 전개해도 얻을 수 있는 효과가 별로 없는 것으로 보았기 때문이 아닐까 짐작된다. 이에 비해 『대학』의 편차나 '격물'과 '치양지'의 개념문제는 주자학의 학문적 기반을 확보하고 수호하는 데 구체적이고 절실한 과제로 인식한 데 따라 논변의 중심주제로 삼았던 것이라 할 수 있겠다.

두 사람의 논변을 보면 쟁점의 전개과정에서 서로의 입장에 대한 약간의 주의 깊은 관심을 드러내고 있지만 어떤 합의점도 찾은 것은 없다. 그만큼 평행선을 그리며 주자학과 양명학의 차이점을 뚜렷하게 부각시키는 것으로 그쳤던 것이 사실이다. 그러나 차이점이 뚜렷하게 부각되는 만큼 논거의 이론적 전개가 치밀하였으며, 두 학문체계 사이에 서로에 대한 입장과 논리의 특성을 선명하게 드러낼 수 있었다는 점에서 중요한 의미가 있다. '격물'과 '치양지'의 개념에 대한 인식에서 문자적 뜻의 전거(典據)를 엄밀하게 검토하고, 공부방법의 차이에 따른 문제점을 분석한 것은 두 학문체계의 성격을 인식하는 데에도 중요한 의미를 지닌 성과라 하겠다.

논변의 내용을 전체적으로 보면, 주체의 마음과 대상인 사물의 관계를 이원적으로 인식한 기초 위에 통합할 것인가, 주체를 중심으로 일원적으로 인식할 것인가의 쟁점이 논변의 일관된 문제의식으로 제기되고 있는 것을 확인할 수 있다. 사실상 이 주제는 조선시대 성리학에서 사단칠정론(四端七情論)의 쟁점이나 한말(韓末) 성리학에서 심주리주기론(心主理主氣論)의 쟁점에서도 핵심적 주제를 이루는 것이다. 바로 이 점에서 일원론적 세계관과 이원론적 세계관의 문제를 새로운 시각에서 가장 예리한 대립적 입장에서 논변을 전개함으로써, 문제의 인식을 한층 더 심화시켰던 중요한 논변의 하나로 한국 사상사 속에 자리잡을 수 있는 것으로 보인다. 특히 박세채가 양명학을 선도(仙道)나 선(禪)불교의 한 유형으로 규정하여 비판한 데 대해, 정제두가 불교나 노자와 양명학의 차이점을 엄격하게 드러내 해명하였던 점은 주자학과 양명학의 서로 다른 입장에서 불교와 노자를 인식하는 시각의 성격을 확인하는 데서도 중요한 성과로서 주목할 필요가 있을 것이다.

2_ 정제두와 친우들 사이의 양명학 논변

1. 논변의 성격과 과제

하곡 정제두(霞谷 鄭齊斗, 1649-1736)는 30대 초반에 이미 양명학에 대한 확고한 신념을 형성하였으며, 34세 때 스승 박세채(南溪 朴世采, 1631-1695)와 양명학에 관한 토론을 벌이기 시작하였고, 40대와 50대에는 동문의 친우인 최석정(明谷 崔錫鼎, 1646-1715), 민이승(誠齋 閔以升, 1649-1698), 박심(芝浦 朴鐔, 165?-1707)과 양명학에 관한 논변을 더욱 정밀하게 전개하였다. 이들은 같은 학맥의 사제관계이거나 동문의 친우 사이요, 당파적에서는 소론(少論)에 속한 매우 한정된 범위를 이루고 있었다. 또한 정제두 혼자만 양명학의 입장에 서 있었고, 주위 모두가 주자학의 입장에서 비판이론을 제시하였던 만큼, 주자학의 엄격한 비판에 맞서 정제두는 양명학의 입장에서 첨예한 쟁점과 정밀한 이론을 제시함으로써, 이 시대 양명학에 대한 높은 인식 수준을 잘 드러내 주고 있다.

정제두와 박세채의 논변은 스승과 제자 사이라 비록 논변이 정밀하긴 하나 주로 박세채의 양명학 비판이론에 대해 정제두의 해명이 맞서는 형식을 취하고 있다. 이에 비해 정제두와 최석정 · 민이승 · 박심 사이의 논변은 동문의 친우 사이라 더욱 첨예한 비판과 반박이 전개되고 있는 것이 사실이다. 특히 정제두와 친우 사이의 논변에서는 논변의 태도에 대한 성찰이 선명하게 제시되고 있는 점이 주목된다. 바로 이 점이 당시 주자학의 입장에서 양명학을 비판하는 권위적 배척태도에 맞서 정제두의 학문자세가 지닌 진지성과 정밀함을 더욱 돋보이게 하고 있다.

정제두와 최석정 · 민이승 · 박심 사이의 양명학 논변은 양쪽 입장을 충분히 공정하게 대비시켜 보기 어려운 심각한 한계가 있다는 사실을 먼저 밝혀 두지 않을 수 없다. 최석정의 문집인 『명곡집(明谷集)』에는 정제두에게 보내는 편지가 처음 논변을 시작할 때 보냈던 한 통만이 남아 있을 뿐이고, 민이승과 박심의 경우는 문집이 간행되지 않았던 것으로 보인다. 최석정은 양명학을 비판하는 「변학(辨學)」 한 편을 저술하여 정제두에게 제시하였고, 민이승은 「변언(辨言)」과 「정술(正術)」 두 편을 저술하여 정제두에게 제시하였지만, 이 저술들이 모두 남아 있지 않으니 그 저술의 체계와 내용을 알 수가 없다. 그렇다면 논변의 내용은 오직 정제두의 문집 속에 이들에게 보낸 편지에서 상대편의 견해를 단편적으로 인용하고 있는 구절을 통해 어렴풋이 추적할 수 있을 뿐이다. 그뿐만 아니라, 실제로 정제두가 이들에게 보낸 편지도 정제두의 문집 속에 모두 남아 있는지 확인할 수가 없다. 그만큼 정제두의 반박을 중심으로 일방적인 논변내용을 해명할 수밖에 없다는 한계가 전제되어 있는 것이다.

그러나 정제두가 최석정 · 민이승 · 박심에게 보낸 편지에서 보이는 논변의 내용이 서로의 입장 차이를 정밀하게 점검하고 있는 만큼 논변의 쟁점과 논리를 충분히 확인할 수 있는 것이 사실이다. 이들 사이의 양명학 논변은 크게 네 가지 쟁점으로 집약시켜 볼 수 있다. 기본적 쟁점의 하나는 왕양명의 '심즉리설(心卽理說)'과 관련한 심성 개념에 대한 인식이고, 다른 하나는 '치양지(致良知)'의 개념에 대한 인식이다. 다음으로 왕양명의 『대학』에 대한 해석과 관련하여 '친민(親民)'과 '격물치지(格物致知)'의 문제이고, 또 하나는 '지행합일설(知行合一說)'에 대한 문제이다. 그 밖에도 왕양명이 제기한 '주자만년정론(朱子晩年定論)' 등의 문제도 언급되고 있기는 하지만 별로 비중이 있는 것은 아니다.

양명학 논변의 네 가지 중심쟁점에 대해 정제두는 이 문제들이 어떻게 서로 깊이 연관되고 있는지를 해명하는 데 주의를 기울이고 있다. 그만큼 양명학의 일관된 근본정신을 파악하는 데 깊은 통찰을 보여 주고 있는 것이다. 정제두는 그를 둘러싼 친우들과의 양명학 논변을 통해 주자학과 양명학의 사유방법이 어떻게 달라지는지, 그리고 주자학의 입장에서 양명학을 비판한 이론에는 어떤 논리적 문제점이 있으며, 양명학에 대한 비판태도가 어떤 한계를 드러내는지 밝히는 데 가장 세밀한 주의를 기울이고 있다. 이러한 정제두의 논변을 통해 그가 해석하는 양명학의 이론체계와 논리적 성격을 확인해 보고자 한다.

2. 논변의 배경과 전개과정

1) 논변의 전개과정

정제두와 친우 최석정 · 민이승 · 박심 사이의 양명학 논변은 정제두의 나이가 40대인 1690년대에 주로 이루어졌던 것으로 보인다. 민이승과의 사이에 가장 구체적이고 치밀한 논변이 전개된 것으로 나타나며, 최석정 · 박심과 정제두 사이의 논변은 현재 남아 있는 자료가 너무 부족한 상태일 뿐만 아니라 비교적 소략한 정도에 그치고 있다. 정제두는 최석정보다 3년 후배이고 민이승과는 동갑이며, 박심은 나이를 확인할 수 없으니, 최석정 · 민이승 · 박심의 순서로 논변의 전개과정을 살펴보고자 한다.

먼저 정제두와 최석정의 논변은 정제두가 44세 때(1692) 최석정이 편지를 보내면서 시작된 것으로 보인다. 최석정의 『명곡집』에는 정제두에게 보낸 편지가 3통이 실려 있는데, 그 가운데 첫 번째 편지(1692) 1통만 양명학에 관한 것이고, 그 다음 2통의 편지는 양명학과 관련이 없는 내용이다. 또한 정제두가 최석정에게 보낸 편지는 『하곡집』에 30통이 실려 있는데, 그 가운데 양명학과 연관된 것은 7통으로, 양명학 논변의 입장과 과정에 관한 답장(1693) 2통과 '친민'을 논한 편지(與崔汝和論親民書, 연대 미상) 1통, 심성론의 문제를 논한 편지(1703-1705)가 4통이 있다. 최석정에게 보낸 30통의 편지 가운데 27번째 편지는 정제두가 64세 때(1711) 보낸 점으로 보면 정제두와 최석정의 양명학 논변은 정제두가 44세 때부터 46세 때 사이에 주로 이루어졌고, 논변이 끝난 이후로도 친우관계에 손상됨이 없이 학문적 교류를 지속하였던 사실을 확인할 수 있다.

최석정은 정제두에게 보낸 편지(1692)에서 정제두가 양명학을 독실하게 믿어 말로 설득하여 돌이키게 할 수 없을 만큼 깊이 빠져 있다는 사실을 직접 만나거나 편지를 통해 알았던 것이 아니라, 먼저 친우들 사이에서 소문으로 들었고, 또 스승 박세채를 만났을 때도 이학(異學)에 미혹되어 돌아올 줄 모른다고 걱정하는 말을 들었으며, 박세채로부터 거듭 탄식하고 근심하는 편지를 받고서 확인하였다고 밝혔다.[1] 당시 정제두를 둘러싼 양명학의 논변은 스승 박세채와의 사이에서 먼저 시작되었고, 거의 같은 시기에 가까운 동문의 친우들과 양명학에 대해 언급하면서 친

1) 『明谷集』, 권13, 59, '與鄭士仰書', "頃年因士友間, 得聞足下主陽明之學, 於心竊惑焉, 昨歲拜玄石丈於坡山, 玄丈憂足下之迷溺於異學而不知返, 及今春, 得玄石丈書, 有曰頃與士仰連床, 苦口而不能得, 憂痛交切, 於是益知足下信陽明之深, 好陽明之篤, 非區區言說所能回也."

우들 사이에도 점차 알려지게 되고, 그 다음에 최석정도 깊은 관심을 가지고 정제두에게 먼저 논변의 발단을 제기하였던 사실을 알 수 있다.

여기서 최석정은 양명학에 대한 관심을 밝히면서, 자신이 13세 때 『대학』과 주자의 『대학혹문(大學或問)』을 읽을 때 장유(谿谷 張維, 1587-1638)의 저술을 읽다가 양명학을 찬탄하는 말이 많이 있음을 보고 나서 왕양명의 문집과 어록(語錄: 『傳習錄』)을 구해다 읽었던 사실을 말하고, 왕양명의 저술에 사람을 놀라게 하는 신기함이 있었음을 인정하였다. 그러나 최석정은 자신이 왕양명의 저술을 반복하여 읽어 보았더니 모두가 뒤집히고 미혹된 것이요, 주자에 배치될 뿐만 아니라 공자에서 증자로 전해온 종지와도 상반된 것임을 알게 되었다 하고, 이에 따라 그 자신이 왕양명을 변박하는 글로 「변학(辨學)」 한 편을 지어 두었던 사실을 밝히고, 정제두에게 이 「변학」을 보내어 논변의 자료로 제시하였던 것이다.[2] 정제두의 답장에서도 그 자신이 장유의 저술을 읽고서 그 안목이 높고 흉금이 공정함에 탄복하였던 사실을 언급하고 있다. 그렇다면 17세기 말 최석정과 정제두 등의 양명학에 대한 관심과 이해에는 60년쯤 앞세대 학자인 장유의 영향이 컸음을 보여 준다. 그런데 같은 학맥의 동년배 친우 사이지만 최석정은 소년시절 양명학의 저술을 읽으면서 일찍부터 비판적 입장에서 「변학」을 저술하였고, 정제두는 양명학을 확고하게 신봉하는 입장을 정립하여, 서로 상반된 길을 가게 되었던 사실은 이 시대 사상의 흐름이 정통론과 현실론 내지 배타성과 포용성 사이에 다변화가 활발하게 일어나고 있음을 보여 준다.

이와 더불어 최석정은 박세채에게서 정제두가 왕양명의 저술에서 핵심만을 모아 『근사록(近思錄)』처럼 한 권의 책을 만들었다는 사실을 듣

---

2) 『明谷集』, 권13, 59-60, '與鄭士仰書', "僕年十三, 讀大學及或問, 厥後蓋嘗屢讀而精硏矣, 中間見張谿谷文字, 贊歎陽明之學, 不一而足, 於是遂求陽明文集語錄而讀之, 乍看誠有起詣新奇, 可以驚人處, 旣而反覆而讀之, … 率皆顚倒眩亂, 非但背馳於朱子, 將與孔曾相傳之旨, 一南一北, 有不容於無辨者, 遂妄著辨學一說."

고, 이 책을 보고 싶다는 의사를 밝혔는데, 이에 대하여 정제두는 양명학의 핵심을 모아 책으로 만든 것이 있지만, 어른들에게 질문하고 논증하기 위해 만든 것이라, 편집체재에 두서가 없어 조만간 정돈하여 보여 주겠다고 하였다.[3] 이러한 저술들은 당시 정제두와 친우들 사이에는 양명학에 대한 비판론과 변호론이 체계적 저술작업으로 심화되고 있었던 사정을 알 수 있게 한다.

이에 앞서 정제두가 42세 때(1690) 박세채는 정제두에게 보낸 편지에서 지나간 해에 최석정을 통해 얻어 본 『이학정종(理學正宗)』에 왕양명 문하의 여러 뛰어난 제자들의 글이 수록되어 있는데 그 중간에 오류를 깨달을 수 있게 하는 것이 있었음을 지적하고, 이 이치로 평탄하고 환한 큰 길을 삼으면 비록 한때 구덩이에 떨어졌더라도 스스로 풀려날 수 있을 것이라 언급한 일이 있다.[4] 『이학정종』이 청대 두극근(竇克勤)의 편찬본을 가리키는 것인지 확인하지 못했으나, 당시 박세채와 최석정이 양명학 비판이론의 문헌을 확보하는 데 관심을 보였고, 중국학자의 문헌을 끌어들여 정제두를 회유시키기 위해 애썼음을 엿볼 수 있게 한다.

다음으로 정제두와 민이승의 논변은 민이승의 문집이 전하지 않고 있는 형편이지만, 다만 정제두의 『하곡집』에 민이승에게 보낸 편지 21통이 수록되어 있는데, 그 가운데 두 번째 편지에서 일곱 번째 편지까지 6통이 양명학에 관한 논변 내용이다. 이 편지들은 모두 연대가 기록되어 있지 않으니 정확한 시기를 알 수 없다. 그러나 정제두가 40세 때(1688) 박

---

3) 『明谷集』, 권13, 60, '與鄭士仰書', "玄丈云足下裒粹王氏文字, 作一書, 略如近思錄之爲者, 亦思一覽耳."
『霞谷集』(『韓國文集叢刊』 160, 41쪽, 이하 '160-41' 로 줄임), 권2, '答崔汝和書', "裒粹成書者果有之, 而本出證質長者爲領要具耳, 編摩叢錯, 難用奉覽, 蚤晚如得整頓, 當有以更卒所請矣."

4) 『南溪集』, 권32, 22-23, '答鄭士仰', "往歲因崔汝和得見所謂理學正宗者, 蓋錄王門高弟, 厥數頗多, 然其中間不無頗覺其誤者, 誠以此理終如大路, 坦然明白, 雖或一時墜坑落塹, 而要當有以自解故也."

세채에게 보낸 편지에서 그해에 민이승과 고양(高陽)에서 만나 며칠을 두고 양명학에 관해 토론을 벌였던 사실을 밝히고 있으며, 이렇게 토론을 벌이게 된 동기는 민이승이 그 전부터 "양지(良知)의 학문은 심(心)과 성(性)과 천(天)을 모르는 것이다"라고 말하여, 그 설명을 들어 보고 의문점을 깨뜨리려고 하였던 것이라 밝히고 있다.[5] 이런 사실로 보면 동갑인 두 사람은 40세 때(1688) 직전부터 토론을 시작했던 것으로 보인다.

또한 민이승은 50세 때(1698) 죽었는데, 죽기 바로 전해(1697) 겨울에 정제두는 민이승과 절(溪寺)에서 만나 토론하였고, 다시 그해(1698) 가을 안양(安陽)에서 약속을 하고, 초겨울 남산에서 만나 하룻밤을 지내면서 깊이 토론하여 실마리를 찾기 시작하였다. 그러고 나서 그 토론의 결말을 짓기 위해 섣달에 다시 만나기로 약속까지 하였으나, 그만 그 사이에 민이승이 죽고 말았다고 탄식하였다.[6] 따라서 정제두와 민이승 사이의 양명학 토론은 40세 직전부터 시작되어 민이승이 죽는 50세 때까지 지속되었으며, 왕복편지를 통한 토론도 정밀하였지만, 직접 만나서 밤을 함께 보내며 열정적인 토론을 벌이면서 논변을 더욱 깊이 이끌어 갔던 사실을 알 수 있다. 민이승은 40세 때 고양에서 정제두와 만나 토론한 이후에 그가 소년시절부터 정립하였던 양명학에 관한 비판적 견해를 밝힌 「변언(辨言)」과 「정술(正術)」 두 편의 글을 정제두에게 보내면서 정제두–민이승 사이에 편지를 통한 논변이 시작되었던 것으로 보인다.

그 다음으로 정제두와 박심의 논변은 역시 박심의 문집이 전하지 않고 있지만, 정제두의 『하곡집』에는 박심에게 보낸 편지 4통이 수록되어 있

5) 『霞谷集』(160–14), 권1, '答朴南溪書', "某前月與彦暉有數日之會於高陽, … 彦暉之言, 嘗謂良知之學, 不知心也性也天也, 正欲聞其說而破惑."

6) 『霞谷集』(160–177), 권6, '祭閔誠齋以升文', "昨年溪寺之訪, 旣毋憚於風雪, 去秋安陽之約, 方又諭以相求, 其兩相期遇者何如也, 冬月之初, 始與兄相期終南, 兄卽馳至, 共我一宵, 始微叩於其端, 終要討於其歸, 遂指歲臘之期, 以爲究竟之約, 庶將殫竭於所蘊, 以求其極於幾微者."

는데, 그 가운데 정제두가 48세 때(1696) 보낸 첫 번째 편지와 연대를 기록하지 않은 세 번째 및 네 번째 편지 등 모두 3통이 양명학에 관한 논변을 담고 있다. 박심은 정제두보다 몇 년 연하의 후배인 친우였다.[7] 최석정이 1692년 정제두에게 보낸 편지에서는 자신의 저술 「변학」을 정제두에게 보내면서 박심에게도 보여 주어 토론할 것을 부탁하였고, 정제두가 최석정에 보낸 답장에서도 박심이 「변학」에 대해 질문할 것이 있다고 언급하였다.[8] 이와 더불어 정제두가 스승 윤증(明齋 尹拯)에게 보낸 편지에서도 윤증이 박심의 양명학에 대한 논변을 언급한 데 대해, "박심은 (왕양명의) 본설(本說)을 아직 못 보고 한갓 자신이 억지로 논란하였으니, 이것을 어찌 명변(明辨)이라고 말할 수 있겠습니까?"[9]라고 반박하였던 일이 있다. 박심이 정제두와 최석정과 윤증 사이의 양명학 논변 속에도 개입하고 있었던 사정을 엿볼 수 있게 한다.

또한 1696년 정제두가 박심에게 보낸 첫 번째 편지에서는 박심이 그린 「천명도(天命圖)」를 받고 이를 검토하면서 양명학 논변을 시작하고 있음을 확인할 수 있으며, 정제두가 보낸 세 번째 편지는 박심으로부터 '왕양명의 『대학』 해석에 대한 의문점을 질문하는 문목(大學陽明說疑義問目)' 을 받고 대답하는 것이고, 네 번째 편지도 박심의 양명학에 관한 전반적 질문조목에 대답하는 것으로, 비판과 반박의 형식이라기보다는

---

7) 박심은 개인기록을 찾기가 어려운데, 『肅宗實錄』(肅宗22년 2월 · 6월 및 33년 12월條)에 의하면 자 大叔, 호는 芝浦요, 朴長遠(1612-1671)의 셋째 아들로 박세채 문인이며, 그의 둘째 형 朴銑이 1639년생이므로 1640년대 초반에 출생하여 1707년 죽었음을 확인할 수 있다. 그는 1696년 2월 諮議(三司소속 正4品官)에 임명되었으며, 그해 6월 鄭齊斗 · 閔以升 · 金昌翕 등과 書筵官에 임명되었으나 나가지 않았고, 뒤에 군수를 지냈던 인물이다.

8) 『明谷集』, 권13, 60, '與鄭士仰書', "大叔時得相從否, 幸以鄙說相示, 得以反覆, 亦一事也."
『霞谷集』(160-41), 권2, '答崔汝和書', "大叔於此, 亦欲有質論而未及云耳."

9) 『霞谷集』(160-9), 권1, '答尹明齋書', "蓋大叔不曾見本說, 徒自强以爲論, 此豈明辨之謂哉."

의문점의 제기와 대답의 형식으로 전개되고 있음을 보여 준다.

2) 논변의 태도와 입장

주자학의 입장에서 양명학을 비판하는 최석정 · 민이승 · 박심 등과 이에 맞서 양명학에 대한 확고한 신념으로 친우들의 비판에 반박하는 정제두 사이의 양명학 논변은 양명학의 기본 쟁점에 대해 서로 논박하는 내용을 분석하기에 앞서, 논변의 태도와 입장을 살펴보면 논변의 배경과 방향을 더욱 선명하게 이해할 수 있을 것이다.

먼저 정제두는 3년 연상인 최석정과의 논변에서도 논변 입장과 태도의 문제점에 대해 성찰을 철저히 요구하고 있다. 최석정은 정제두에게 양명학에 대한 논변을 시작하는 첫머리에서 자신이 지향하는 논변의 기본 입장을 제시하였다.

> 그대가 (왕양명의) 학설을 믿고 돌이키지 않는 까닭은 어찌 근원하는 바가 없이 한갓 주자에 배치하는 것으로 유쾌하게 여기는 것이겠는가? 돌아보면 그 속에 반드시 진실하게 믿고 즐거워하는 것이 있을 것이다. 이제 그 학설이 자리 잡고 있는 근원을 추구하지 않고 한갓 거부하며 배척함을 일삼는다면, 이미 사람을 평론하면서 가혹하고 각박한 병통이 있게 되니, 또 어찌 그 마음속으로 깊이 복종할 수 있게 하여 바로잡게 하는 이익이 있겠는가? 무릇 천하의 이치는 하나이다. 진실로 이치가 있는 바라면, 사람에 따라 높이거나 낮추는 것은 참으로 옳지 않다. … 앞서 저술한 「변학」을 삼가 보내니, 그대가 이 이론에 가르침을 내려 낱낱이 열어보여 주기를 바라니, 말한 바가 진실로 이치에 합당하다면 바지를 걷고 감히 따르지 않을 수 없을 것이며, 만약 그렇지 않다면 마땅히 이에 따르는 가르침을 청한다.[10)]

10) 『明谷集』, 권13, 59-60, '與鄭士仰書', "蓋足下之所以信其說而不回者, 豈其無所源本,

이처럼 최석정은 정제두가 양명학을 믿고 좋아하는 근원을 확인하겠다는 진지한 이해태도를 제시하였으며, 독선적 억압태도를 지양하겠다는 열린 입장을 보여 주었다. 나아가 이치의 보편성을 전제로 주자학의 정통성에 근거하여 일방적 배척으로 양명학을 무조건 폄하하지 않겠다는 객관적 정신을 논변의 태도로서 강조한 것이다. 그렇지만 최석정은 『대학』이 학문의 취지를 가장 긴요하게 논의한 경전이고, 주자의 해석이 지극히 명백하고 갖추어 있는 것이라 하여, 주자의 『대학』 해석을 기준으로 확인함으로써, 왕양명이 주자를 지루하고 분열된 것으로 배척하여 정자 · 주자를 벗어난 입장이 과연 믿고 좋아할 만한 올바른 것인지에 대해 근본적으로 의심하는 입장을 밝히고 있다.

이에 대해 정제두는 답장을 보내어 최석정이 보여준 공정하고 객관적인 이해태도를 깊이 공감하고 찬탄한다고 먼저 언급하였다. 그러나 그는 최석정이 왕양명을 변론하여 배척한 내용에 대해 "남이 말한 뜻을 다 이해하지 못한 듯하니 어찌된 것인가? 왕양명의 명백한 말과 극진한 논의도 오히려 뒤집히고 혼란한 것으로 귀결시키니, 나 같은 사람은 스스로 돌아보아도 매우 부족한데, 비록 마음속에 쌓이고 맺힌 것을 펼쳐서 묻는 바에 대답해 보려 해도 형세가 할 수 있는 방법이 없다"[11]고 하여, 최석정의 비판은 왕양명이 말한 뜻을 제대로 이해하지 못하고 있는 것임을 강조하였다. 곧 남이 말한 뜻을 제대로 이해하지 못하고서 비판하는 태도로는 더불어 논변하기 어려운 근본적 한계가 있음을 지적한 것이다.

而徒以背馳於朱子爲快哉, 顧其中必有誠信而樂之者, 今不推原其說之所在, 而徒以觝排爲事, 則已有論人刻核之病, 又焉能深服其心而有救正之益哉, 夫天下之理一也, 苟理之所在, 則固未可以人而輕重, … 謹以前所著辨學說投上, 望足下就此論正, 一一開示, 所言苟當於理, 敢不褰裳而從之, 如其不然, 亦當繼此而請教也."

11) 『霞谷集』(160-40), 권2, '答崔汝和書', "人所爲言之意, 似若有未盡悉焉者何與, 夫王氏之明言極論, 尙歸顚倒眩亂之科, 則如某者自顧甚缺缺矣, 雖欲敷陳蘊結, 以幾所請, 其勢亦無由也."

또한 정제두는 "어찌 양가(兩家: 朱子와 王陽明)의 서술하는 뜻이 다른데 이미 서로 발명함이 부족하면서 도리어 서로 병통으로 삼았고, 털끝만 한 사이에서 그 실지를 이해하기가 쉽지 않아서 그런 것이 아니겠는가? 또 변론가들이란 넓게 펼치기 쉬운데, 만약 그 본령을 앞세우지 않고 뜻을 풀이하는 데 급급하면 이치의 전체가 혹 가리고 파묻히는 바가 있어서 알아보지 못하는 사람이 많게 되니, 어찌 말을 앎(知言)이 지극할 수 있겠는가?"[12]라고 하여, 최석정이 「변학」에서 왕양명이 말한 뜻을 제대로 이해하지 못하고 비판하게 된 원인을 성찰하고 있다. 여기서 그는 주자와 왕양명이 서술하는 말(名言)에 의미가 다름이 있음을 전제하고, 그 의미상 차이를 서로 밝히며, 미세한 차이 속에서 그 진실성을 파악함으로써 서로 이해할 수 있는 길이 열릴 수 있음을 제시하며, 최석정이 의미의 차이를 서로 발명하지를 못하고 서로 병통으로 삼아서 비판하게 된 것이라 파악하였다. 또한 변론의 일반적 현상이 근원의 '본령' 을 인식하기보다는 주어진 명제의 부연설명이나 용어의 풀이에 빠지고 있는 문제점을 지적하고, '본령' 을 인식하지 못하고 말단의 부연설명에 빠지면 남의 말을 이해하는 '지언(知言)' 의 자세라 할 수 없음을 강조하였다. 그만큼 정제두는 주자학의 비판에 맞서 양명학을 방어하는 입장에서 있었던 만큼, 논변의 기본방법에 대한 성찰을 철저히 요구하고 있는 것이다.

다음으로 동갑인 정제두와 민이승의 논변은 더욱 첨예하고 진지함을 보여 준다. 정제두는 박세채에게 보낸 편지(1688)에서 민이승과 나눈 논변에 대해 설명한 일이 있다. 곧 민이승이 "'양지' 밖에 따로 한 층 '성명' 의 근원이 있으니, 그대가 인식한 마음의 본체가 아닐 뿐이다"라고

12) 『霞谷集』(160-41), 권2, '答崔汝和書', "豈兩家名言之意不同, 則旣不足相發, 而反能相病, 毫釐之間, 有未易得其實而然與, 且凡辨論家易以敷衍, 若不先其本領, 而急於義訓, 則理之全體, 或有所揜沒而不見者多矣, 豈得爲知言之至也."

말한 것에 대해, 과연 그러한지 아닌지를 마땅히 세밀하게 추구해야 하겠다고 문제로 남겨 두면서, "제가 주자의 글에 혹 정밀하지 못하여 잘못된 의심을 일으킨 것인지도 모르겠습니다. 이 때문에 오늘에 깊이 생각하고 자신에 돌이켜 찾으며 세월을 두고 오로지 마음을 다 기울이는 것은 바로 감히 자신하지 못하지만 다른 날 궁극의 자리를 위한 것입니다"[13]라고 하였다. '마음의 본체(吾心本然之體)'로서 '양지'를 한 차원 넘어 '성명의 근원(性命源頭)'이 있는가, 그 '성명의 근원'이 바로 '마음의 본체'요 '양지'와 일체를 이루는 것인가의 문제는 주자학과 양명학이 갈라지는 대목으로 제시되고 있는데, 정제두는 이 문제에 대해 자신이 주자에 대해 정밀한 이해가 부족하여 잘못 의심한 것인지, 아니면 주자가 말하는 본래 의미가 왕양명과 일치하는지의 문제를 단정하지 않고, 궁극적 해답을 얻을 때까지 사색하고 성찰하겠다는 학문적 진지성과 겸허한 태도를 보여 주고 있다.

정제두는 민이승의 논변에 대해서도 질책이 심하고 논변의 핵심은 부족하여 토론하기가 어렵다고 토로하면서, 친우들 사이에 말이 있다는 지적에 대해, "이 지적은 한낱 비방이나 칭찬에 맡겨 둘 것이 아니라, 마땅히 두려워하여 깊이 반성해야 할 자리이다. 오직 내 마음으로는 우리가 학문한다는 것이 무엇을 위한 일인지를 생각하는데, 이제 마음에 깨우칠 수 없으면서 편안하게 남에게 잘 보이려고 한다는 것이 실로 불안하기 때문이다. … 어찌 일부러 사특하고 편벽하게 하며 일부러 스스로 미혹시키겠는가? 반드시 아주 부득이한 바가 있기 때문이다"[14]라고 하였다.

---

13) 『霞谷集』(160-14), 권1, '答朴南溪書', "其言曰良知之外, 別有一層性命源頭, 非特某所認吾心本然之體而已, 其然其不然乎, 此宜細推, 且某於朱子之書, 或有未精而謬妄生疑, 亦不可知, 由是今日之所欲熟思反求專精歲月者, 正以不敢自信而爲佗日究竟之地也."

14) 『霞谷集』(160-22 · 23), 권1, '答閔彦暉書', "此不可諉之一毁譽, 政是所當以惕然深省之處, 惟是鄙心以爲吾人之學, 將以何爲也, 今不能喩之乎心而厭然求媚, 實所不安故也, … 豈果故爲邪僻而故自迷誤者耶, 必有所大不得已者存焉."

이처럼 그는 친우들이 자신을 양명학에 빠졌다고 비난하는 소문이 두려운 것이 아니라, 자신이 학문하는 진실한 의미를 깨우치지 못하는 것이 두렵다는 근본적인 성찰을 하고 있으며, 그가 양명학을 하는 까닭도 바로 학문의 진실성을 찾으려는 부득이한 이유 때문이지 호기심 때문이 아님을 강조하고 있는 것이다.

또한 정제두는 민이승의 충고에 대해, "하나는 입을 닫으라 하고, 둘은 함부로 욕하는 것이니, … 이렇게 욕을 먹고서야 깨달아 머리를 돌릴 수 있을 것이라 말하는 것인가? 원래 그대는 내 마음을 털끝만큼도 모르고 있다. … 그대는 사람으로 하여금 닫아 감추고 발언하지 못하게 하면서 논변한다고 일컬으려 한다"[15]고 하여, 민이승이 양명학에 대한 이해에는 전혀 관심이 없이 주자학의 정통성만 내세워 고압적으로 비난하는 것은 논변의 태도가 아님을 강조하였다. 이어서 정제두는 "끝에서 다시 죽임을 당한다는 말로 이어가니, … 만약 죽임을 당한다고 재앙으로 위협하는 것이라면 나의 알 바가 아니다. 죽이고 욕 주는 것은 학문을 권장하는 일이 아니다. 내가 믿음을 못 가지는 것은 그 '도(道)'가 어떠한지를 아직 알지 못하는 것뿐이다. 만약 그 '도'가 참으로 옳다는 것을 과연 알 수 있게만 한다면, 학문을 논하다가 죄를 입어도 한스럽지 않다"[16]라고 하여, 자신이 추구하는 것은 참된 '도'를 아는 것일 뿐이요, 참된 '도'를 알기만 한다면 이단으로 단죄되어 죽임을 당하더라도 상관없다는 진리를 향한 확고한 신념을 밝히고 있다. 그만큼 친우 민이승의 경우도 '이단'으로 죽임을 당할 수 있다는 주자학의 '이단' 내지 '이학'에 대한 권위주의적 배척태도를 보이고 있다면, 정제두는 학문의 진실성을 추구하

15) 『霞谷集』(160-31), 권1, '答閔誠齋書', "一則曰閉口, 二則曰肆罵, … 謂得此呵罵, 可以能開悟回頭也邪, 原來兄都不知鄙心之毫末矣, … 兄欲令人閉藏不發而稱爲之辨."

16) 같은 곳, "末復以誅戮之說繼之, … 如以戮辱威禍則非所敢知者, 戮辱之於誘學末也, 弟之所未嘗能信者, 政未知其道之爲如何耳, 如使其道果能知其眞是也, 則論學而被罪, 亦所不恨也."

는 과제로서 양명학을 받아들이고 있음을 극명하게 드러내 주고 있는 것이다.

이처럼 정제두와 민이승의 논변은 치밀하였지만, 그 논변의 태도와 입장에 대한 정제두의 성찰도 매우 철저하였다. 정제두로서는 민이승이 양명학에 대한 진지한 이해자세가 부족하고 거부와 배척의 입장을 벗어나지 못하고 있음에 대해 심한 불만을 거듭 토로했지만, 민이승이 죽었을 때 제문에서는, "지난날의 차이란 글 뜻에 구애됨을 면하지 못했던 것이요, 중간에 이르러서는 서로 만나면 비록 그 바닥에 쌓인 것을 다 드러내었다고 말할 수는 없다 하더라도, 열지 못했던 껍질에 이르러서는 또한 8,9할을 풀었다"[17]고 말한 것으로 보면, 편지를 통한 왕복논변보다 오히려 그 후 직접 만나면서 훨씬 더 깊은 토론이 이루어졌고, 이해가 깊어지면서 상당한 정도까지 진전이 이루어졌음을 알 수 있다.

그 다음으로 박심이 정제두보다 몇 년 연하인 점도 있지만, 정제두와 박심 사이의 양명학 논변은 격렬한 비판과 변호의 입장보다 박심이 양명학에 대한 의문점을 제시하고 정제두가 해명하는 형식으로 훨씬 차분한 토론의 분위기를 드러내고 있다. 박심이 제기한 양명학의 의문점에 대해 정제두는 "왕양명의 모든 말이 다만 '본심' 곧 '천리'의 본체를 주장하여 말한 것이요, 다른 뜻이 있지 않다. 보내준 글을 자세히 보니 혹 이 점을 살피지 못하고 주자의 주석과는 다른 점에 치중한 듯하다"[18]고 하여, 박심이 왕양명의 근본주제를 확실하게 인식하지 못한 채 주자의 주석과 차이가 있는 점만을 따지는 미세한 논란에 얽매어 있음을 지적하여, 지말적 차이점에 대한 시비를 벗어나 근본적 핵심문제에 관심을 집중하도록 요구하고 있다.

---

17) 『霞谷集』(160-177), 권6, '祭閔誠齋以升文', "昔時同異, 不免文義之拘, 及夫中間相遇則雖亦未敢謂盡其底蘊, 而至其未開之皮膜則亦八九解矣."

18) 『霞谷集』(160-56), 권4, '答朴大叔大學陽明說疑義問目', "陽明千言萬語, 只主本心天理之體而言之, 非有他義也, 竊詳明教, 似或有未察於此, 而重在朱註異同之間."

또한 정제두는 박심의 의문점 제기에 조목별로 대답하면서, "조목별로 대답하는 여러 설명에서 많은 경우 오로지 왕양명의 글만을 인용하여 밝힌 것은 그대가 (왕양명의) 본래 뜻이 실로 이와 같으며, 세속에서 말하는 뜻과는 다름을 살피게 하고자 한 것이다. 그러나 그대는 바야흐로 배척하기에 겨를이 없는데 도리어 그 학설을 끌어다 풀이하였으니, 한번 웃음거리가 되고 버려질지도 모르겠다. 그러나 '도'란 천하의 공변된 것이요 한 사람의 사사로운 말이 아니다"[19]라고 하였다. 정제두는 자신이 개입되어 있는 상황으로서 왕양명을 배척하는 입장과 변호하는 입장이 서로 제 갈 길만 주장하며 맞서 있는 논변의 광경이 희극적 측면을 갖고 있음을 객관화시켜 성찰할 만큼, 논변의 태도나 입장에 대해 끊임없이 반성하는 모습을 보여 준다. 여기서 그는 논변의 대전제로서 '도'가 '천하의 공변된 것(天下之公)'이요 '한 사람의 사사로운 말(一人之私言)'이 아님을 역설하여, 전통이나 권위의 어디에라도 기울어지거나 얽매인다면 '도'의 보편적 진실성을 잃게 된다는 사실을 확인하고 있다. 그만큼 정제두는 진리를 찾아가는 열린 자세로 자신이 양명학에 접근하고 있음을 밝힘으로써, 주자학의 입장에서 양명학을 비판하는 사람들이 학맥의 전통이나 체제의 권위에 의지하여 객관적 공정성을 잃고 있음을 드러내는 것이다.

19) 『霞谷集』(160-58), 권4, '答朴大叔大學陽明說疑義問目', "條對諸說, 多專引陽明之書以明之者, 欲兄之察其本旨實如此, 非如世俗爲言之意也, 然兄方斥外之不暇, 而乃反引其說而爲解, 想當一笑而棄也, 雖然道者天下之公, 非一人之私言."

3. '심즉리'의 쟁점과 심 · 성 개념의 인식

1) '심즉리'의 쟁점

(1) '심즉리'의 해석

정제두는 양명학의 체계에서 핵심적 과제는 '심즉리설(心卽理說)'의 인식이라 파악하고 있으며, '심즉리(心卽理)'의 문제에 대해서는 주로 민이승과 집중적으로 토론을 전개하고 있다. 민이승이 보낸 편지나 양명학을 비판한 저술(「辨言」·「正術」)이 전하지 않아, 그 입장과 이론을 충분히 살펴볼 수 없고, 다만 정제두의 반박하는 변론에서 인용하고 있는 단편적 언급만 확인할 수 있다는 한계는 있지만, 정제두의 변론을 통해 논변의 쟁점과 이론적 성격은 분명하게 파악할 수 있을 것이다.

먼저 정제두는 마음과 이치가 하나라는 '심즉리설'의 입장을 해명하여, "천지만물로서 무릇 사람의 일에 관여될 수 있는 것은 그 이치가 원래 모두 사물에 정해져 있어서 사람이 배울 수 있는 것이란 없다. 각 조목의 제도를 추구하고 때에 따라 사물을 운용하는 것은 실로 오직 나의 한 마음에 있는 것이니, 어찌 마음 바깥에서 달리 구해야 할 이치가 있겠는가? … 이로써 말하면, 사물의 이치와 나의 마음을 어찌 안과 밖이나 저쪽과 이쪽으로 나눌 수 있겠는가?"[20]라고 하였다. 곧 마음 바깥에 존재하는 사물의 이치란 있을 수 없음을 지적하고, 이치란 내 마음이 사물을 판단하고 처리하는 것이므로, 마음과 이치를 안과 밖으로 나누어 볼 수 없는 것임을 확인하고 있다. 따라서 그는 소가 밭 갈고 말이 달리는 것은 소와 말에 있는 이치라 보고 소와 말에서 이치를 찾는 것은 바깥

20) 『霞谷集』(160-19), 권1, '與閔彥暉論辨言正術書', "天地萬物, 凡可與於人事者, 其理元未嘗有一切之定在物上, 人可得以學之也, 其逐件條制, 隨時命物, 實惟在於吾之一心, 豈有外於心而佗求之理哉, … 由是言之, 物理吾心, 又安可以內外彼此分之耶."

의 사물을 좇아다니는 병통에 빠지게 되는 것이라 하고, 소와 말을 다루는 내 마음에서 이치를 찾아야 하는 것임을 강조한다. 바로 이 점에서 고자(告子)가 어른 대접이 나이 많은 상대방에 달려 있는 것이라 한 데 대해 맹자가 나이 많은 것이 '의(義)'가 아니라 내가 어른 대접하는 것이 '의'라고 하여 고자의 '의외설(義外說)'을 비판하였던 사실을 근거로 들어 이치가 대상에 있는 것이 아니라 마음에 있는 것임을 확인하고 있다.

나아가 민이승이 "왕양명은 내 마음속에 모든 것을 끌어들여 나열되는 것으로 본다(陽明以爲盡於吾心而包羅焉森列焉)"고 비판한 데 대해, 정제두는 이러한 지적은 왕양명의 견해가 아니요, 도리어 양명이 마음과 이치를 둘로 보는 병통이라고 심하게 배척하였던 것임을 밝히고서, "양명은 다만 마음의 본체가 밝으면 만 가지 이치가 밝아지며, 만 가지 이치는 모두 마음에서 말미암아 부족하거나 다함이 없는 것이라 하였을 뿐이요, 만 가지 이치가 미리 나열되어 있다고 말한 것이 아니다. 양명은 본래 '마음이 곧 이치'라고 말하였을 뿐이요, 그 이치가 마음에서 발현하니, 마음의 조리가 곧 이른바 이치임을 말한 것이지, 마음과 이치를 두 물건으로 삼아 서로 합쳐서 하나로 삼을 수 있다고 말한 것이 아니다"[21] 라고 하였다. 곧 왕양명의 '심즉리설'은 객관적 대상 속에 있는 이치를 내 마음에 끌어들여 내 마음과 합쳐 놓은 것이 아니라, 이치란 근원적으로 주체인 내 마음에서 발현된 것이라 보기 때문에, 마음에서 발현되지 않고 대상에 별도로 존재하는 이치란 것을 인정하지 않음을 밝히고 있다. 따라서 민이승이 마음과 이치를 두 가지로 나누어 놓는 이원적 인식을 전제로 하는 입장에서, 양명의 '심즉리'가 마음과 이치의 두 가지를

---

21) 『霞谷集』(160-21), 권1, '與閔彥暉論辨言正術書', "此正陽明所深闢以爲心理爲二之病者也, 陽明只以心體明則萬理明, 萬理皆由此出而無不足無窮盡云耳, 非謂萬理預先羅列也, 陽明本曰心卽理耳, 謂其理之發於心, 而心之條理, 卽所謂理也, 非以心與理爲兩物, 而相合之可以爲一之謂也."

합쳐 놓는 병통이 있다는 비판은 성립할 수 없다고 반박하였던 것이다. 이처럼 민이승의 양명학 비판은 왕양명의 견해가 지닌 논리적 모순을 비판한 것이 아니라, 왕양명의 '심즉리설'에 내포된 '심'과 '리'의 개념에 대한 이해가 없이 단지 주자학의 입장에서 '심즉리'를 규정하여 비판하고 있는 일방적 비판임을 강조하였다.

또한 민이승이 "왕양명은 안을 위주로 하고 사물을 소홀히 한다(陽明內之不屑於物)"고 비판하였는데, 정제두는 이에 대해 "왕양명은 다만 안과 밖이 없다고 했을 뿐이요, 마음과 이치가 하나라고 했을 뿐이다. 다만 안으로 말미암아 밖으로 드러나므로 별도로 사물에서 이치를 구하지 않을 뿐이요, 뿌리로부터 가지 끝에 이르므로 바깥과 둘로 다시 나누지 않을 뿐이다. 어찌 반드시 이치를 마음에서 나누어 놓고 밖으로부터 구한 다음에야 사물에 소홀히 하지 않는 것이 될 수 있겠는가?"[22]라고 반박하였다. 곧 '안(마음)'과 '밖(이치)'을 둘로 나누어 놓고 그중에서 '밖'을 버려두고 '안'을 위주로 삼는 것이 아니라, 안과 밖이 둘로 나누어질 수 없다는 일체로 인식하는 것임을 강조하고, 그 일체는 안으로부터 밖으로 오는 것이요, 그것은 뿌리에서 가지 끝으로 전개되어 나오는 일체의 구조를 이루고 있음을 밝히고 있다. 여기서 그는 측은(惻隱)·수오(羞惡)하는 감정의 이치나 애친(愛親)·경형(敬兄)하는 도덕의 이치가 모두 마음에서 나오는 것임을 제시하면서, 문제는 이치가 마음에서 나오는 것이요, 사물에 있는 것이 아니며, 마음과 이치를 두 가지로 나눌 수 없음을 주장하는 것이며, 사물과 작용의 대상세계를 부정하는 것이 아님을 역설하고 있는 것이다.

정제두는 사물과 마음에서 이치가 마음에 근원하는 것임을 '밝은 거

22) 『霞谷集』(160-24), 권1, '答閔彦暉書', "陽明只是無內外耳, 心理一耳, 只是由內而外, 故不別求理於物耳, 自本而末, 故不更分二於外耳, 豈必分理於心, 自外而求之, 然後方可爲屑於物也歟."

울(明鑑)' 의 비유로 설명하고 있다. 곧 "밝은 거울이 사물을 비추면 곱고 추하거나 검고 흰 것이 어찌 그 사물이 아니겠는가? 곱고 추하고 검고 흰 것에 따라 거울에서 나오는 것은 하나같이 그 밝은 본체에서 나온 것이지 털끝만큼도 밖에서 빌려온 것이 없다"[23]고 하여, 거울이 사물을 그대로 비추는 것은 사물이 거울 속에 들어간 것이 아니라, 거울의 밝은 본체에서 나오는 것이라 하여, 거울의 반영(反映)능력이 거울의 본체에 근거하는 것임을 주장한다. 여기서 그는 자신의 설명을 보충하면서, "곱고 추하고 검고 흰 사물이 비추어지지 않으면 역시 어떻게 형상이 드러나겠는가? … 이것이 또 사물의 이치와 나의 마음을 두 곳으로 나눌 수 없는 것이요, '격물(格物)' 이 곧 '치지(致知)' 인 것이다. 그러나 그 근본은 하나같이 마음에서 나온다면 조금도 뒤섞일 수 없으니, 과연 사물에서 구하여 밝힐 수 있는 것이 아니다"[24]고 하여, 거울의 반영현상은 거울의 밝은 본체만으로 이루어지는 것이 아니라 사물이 거울에 비추어져야 하는 것임을 인정하였다. 다만 이때에 거울의 본체와 사물의 양상이 지닌 관계는 안과 밖의 두 곳으로 나누어 놓을 수 있는 것이 아니라, 하나로 일치하는 것이며, 그 일치가 바로 이치와 마음의 일치에 상응하는 것이라 한다. 정제두의 주장에 따르면 사물의 형상을 드러내는 것은 거울의 밝은 본체인 것처럼 사물의 이치란 바로 마음이 사물에서 드러낸 마음의 이치요, 사물에 있는 이치가 아니라는 것이다. 그만큼 마음과 이치의 일치는 마음의 인식능력에 근거하는 이치를 가리키는 것이지 사물 사이에 작용하는 객관적 질서나 법칙이 아님을 보여 준다.

민이승은 소가 밭 갈고 말이 달리는 사물의 이치와 밭 갈고 달리게 하는 것이 마땅한지 아닌지를 판단하는 내 마음의 이치를 별개의 일이라

23) 『霞谷集』(160-25), 권1, '答閔彦暉書', "如明鑑燭物, 姸媸黑白, 豈不是其物也, 其隨姸媸黑白而出於鑑者, 一出於其明體, 無一毫假之於外矣."

24) 같은 곳, "無姸媸黑白之物燭之, 亦何所形焉, … 此又物理吾心不可分二處, 而格物卽致知者也, 然其根之一出于心則不得小有夾雜, 非果於物上有可求而明者也."

구별하였다. 이에 대해 정제두는 "밭 갈게 하고 달리게 하는 것이 마땅하지 않다고 여기는 것을 별개의 일로 보는데, 만약 이렇게 말한다면 성현의 학문이란 말이 달리고 소가 밭 갈고 하는 '물성(物性)' 에서 한 가지 공부를 하고, 또 그 마땅히 밭 갈아야 하는지 안 해야 하는지의 '사리(事理)' 에서 또 한 가지 공부를 하는 것이 된다. 두 층의 공부가 있은 뒤에 또 그 마음에서 나온 이치가 다시 그 뒤에 있는 것인가?"[25]라고 하여, 사물에 있는 이치라는 '물성' 과 내 마음이 사물의 정당성을 판단하는 데서 드러나는 '사리' 의 두 단계를 나누고, 또 내 마음이 본래 지니고 있는 이치를 또 한 단계로 구별하게 되는 문제점이 있음을 지적하였다. 여기서 정제두는 '물성' 과 '사리' 도 대상에 있거나 마음이 대상을 분별하는 데 있는 것이 아니라, 모두 마음의 이치 곧 '심즉리' 가 대상에서 드러나는 양상일 뿐이라고 보았으며, 그만큼 마음의 주체를 이치의 근원으로 확인하고 있는 것이다.

또한 정제두는 '심즉리' 의 의미를 다시 확인하면서, "그 마음이 가지고 있는 것으로 보기 때문에 '마음이 곧 이치' 라 하고, 또한 성품의 본연에서 나온 것으로 보기 때문에 '천리(天理)' 라 한다. 새 · 짐승 · 초목에 있는 이치가 아니요, '(마음속에 사물의 이치를) 끌어들여 나열하였다' 는 말은 들어 보지 못했다"[26]고 하여, 이치란 마음이 가지고 있는 것이요, 대상 사물에 들어 있는 것이 아님을 강조하며, '천리' 도 초월적으로 하늘에서 부여된 이치라고 보는 것이 아니라, 내재적으로 성품의 본연에서 나온 것이라 규정하고 있다. 정제두의 '양지도' 를 보면 천지만물의 중심에 마음의 체(性)와 용(情)이 자리 잡고 있는데, 그는 이러한 세계구조를

---

25) 같은 곳, "以其不當耕馳, 又爲別事, 若如此說則聖賢之學, 於其馬馳牛耕之物性上卽一工夫, 又於其當耕不當耕之事理上卽一工夫, 有此兩層工夫, 然後又有其出於心之理, 復在其後歟."

26) 『霞谷集』(160-32), 권1, '答閔誠齋書', "以其心之所有, 故謂之心卽理, 又以其出於性之本然, 故謂之天理, 非其在鳥獸草木之理也, 其包羅森列之者, 未之聞也."

보여 줌으로써 마음을 세계의 중심으로 확립하고 있다.

(2) '심(心)' · '리(理)'에 대한 주자와 양명의 인식

정제두와 민이승의 양명학 논변에서는 '심'과 '리'의 관계에 대한 주자와 왕양명의 견해를 비교하여 검토하고 있는 경우를 볼 수 있다. 정제두는 선유(先儒) 곧 주자학자들과 왕양명의 견해를 다음과 같이 대조시키고 있다.

> 선유는 사물의 성품을 전체로 이치라 하니, 천지와 사물과 내가 타고난 것이 이것이다. 〔나의 성품은 사물의 성품 가운데 공통됨〕 왕양명은 오로지 나의 성품에 나아가 이치라 하니, 인 · 의 · 예 · 지의 덕(德)이 이것이다. 〔사물의 성품은 곧 나의 성품 속에 통합됨〕 이것이 그 이치를 말함이 다른 점이다. 옛 성인이 말하는 이치는 그 가리킴이 과연 어느 설에서 나오는지 모르겠지만, 인 · 의 등의 글자가 이미 나의 성품만을 가리킨 것이라면 '이(理)' 자의 뜻도 다르지 않을 것이다.[27]

곧 주자학이 '성즉리설'에서 '성'은 천지와 만물의 성품(物性) 속에 나의 성품(吾性)도 포함되어 있는 것으로 파악하여, '성'의 객관적 실재성을 중시하고 있다면, 왕양명은 '심즉리설'에서 나의 성품을 이치라 하고 사물의 성품(物性)이란 나의 성품(吾性) 속에 통합되어 있는 것으로 파악하여 주체적 근원성을 중시하여, 주자학과 왕양명이 서로 상반된 입장을 이루고 있음을 정제두는 확인하고 있는 것이다. 또한 그는 왕양명이 나의 성품을 이치라 할 때, 이치는 인 · 의 · 예 · 지의 덕임을 강조한

27) 『霞谷集』(160-24), 권1, '答閔彦暉書', "先儒總以物之性謂之理, 如天地物我之稟是也,〔吾性通同於物性中〕 陽明專就吾之性謂之理, 如仁義禮智之德是也,〔物性卽統於吾性內〕 此卽其言理之不同者也, 古聖人所言理, 未知其指果出於何說, 然仁義等字, 旣單指吾性, 則理字之義, 恐亦無異也."

다. 여기서 "'인'은 모든 것에 통달(貫通)함이 있고, '의'는 법도(制)가 있고, '예'는 차례(秩)가 있고, '지'는 분별함(辨)이 있으니, … 오직 이 네 글자(仁 · 義 · 禮 · 智)로 천지 만물에서 그 이치를 다하지 않음이 없다. 인 · 의 · 예 · 지에 과연 부족함이 있어서 이곳에서 이치를 밝히지 않고 사물에서 밝힐 수 있는지 알지 못하겠다"[28]고 하여, 내 성품의 이치인 인 · 의 · 예 · 지로 만사 만물을 대처하여 이치를 발휘하는 데 아무런 부족함이 없음을 강조함으로써, 사물에서 이치를 찾는 주자학의 입장을 거부하고 양명학의 입장을 확인하고 있다.

또한 정제두는 먼저 주자와 육상산의 이치에 대한 인식의 쟁점을 점검하고 나서 왕양명의 '심즉리설'의 정당성을 논증하고자 하였다. 곧 주자는 육상산을 비판하여, "육상산은 독서하여 이치를 강론하는 것을 바깥이라 하여 폐지하니, 이것은 고자(告子)가 '의(義)'를 밖이라 하는 것이다"라고 하였으며, 이에 비해 육상산은 주자를 비판하여, "주자는 사물의 이치를 바깥에 있는 것으로 알고 강구하니, 이것은 '의'를 바깥이라 하는 것이다(朱子以物理爲在外而講求, 此卽義外也)"라고 하였음을 제시하였다. 정제두는 여기서 육상산에서 '바깥'이란 폐지할 것으로 삼고 있으며, 주자에서 '바깥'이란 합치시켜야 할 것으로 삼고 있는 것이라 지적하여, '바깥(外)'의 의미를 다르게 이해하고 있음에 주목하였다. 나아가 정제두는 주자가 이치를 사물에 있는 것으로 인식하는 것은 바깥에 있는 이치를 안에 있는 마음과 합치하려는 뜻이 있지만 이미 그 본체가 두 갈래로 나누어진 것임을 지적한다. 이에 비해 육상산이 '심즉리'라 말한 것은 바로 '안에서 말미암아 밖으로 통달하며, 뿌리로부터 가지 끝에 이르는 것'을 말하는 것이라 해명하고 있다.[29]

---

28) 같은 곳, "仁有貫通, 義有制, 禮有秩, 智有辨, … 惟此四字, 於天地萬物, 其理更無不盡矣, 未知於仁義禮智上, 果有所不足, 而不于此明之, 可以明於物也歟."

29) 『霞谷集』(160-29), 권1, '答閔彦暉書', "朱子謂象山以讀書講理爲外而廢之, 此告子義外也, 是以其外而廢之者爲外也, 陸氏謂朱子以物理爲在外而講求, 此卽義外也, 是以其外

정제두는 이렇게 주자와 육상산의 입장을 대비시켜 육상산의 입장을 받아들이고서, 이러한 인식의 기반 위에서, 왕양명의 '심즉리설'을 적극적으로 해석하였다.

> 왕양명이 '마음이 곧 이치'요, '마음이 사물에 있는 것이 이치가 되고', '안과 밖이 없이 하나일 뿐이라' 말하는 것이 다만 이것일 뿐이다. 그러므로 고요할 때 적막하다가 활동하여 감응함(靜寂 · 動感)의 동 · 정(動靜)과 체 · 용(體用)이나, 앎을 이루고 사물을 바르게 함(致知 · 格物)의 내 · 외(內外)와 현 · 미(顯微)나, 덕을 밝히고 백성을 친애함(明德 · 親民)의 체 · 용과 본 · 말(本末)에 이르기까지 모두 하나일 뿐이니, 이 본체가 아님이 없으며 두 가지로 삼을 수 없음이 이러하지 않은 것이 없다. 이것이 천지 사이에 오직 이 하나의 이치일 뿐이요, 하나의 성품일 뿐이며, 하나의 마음일 뿐이라고 하는 까닭이다.[30]

이처럼 그는 내 마음의 이치를 근원으로 이 세계를 하나의 이치(一理), 하나의 성품(一性), 하나의 마음(一心)으로 관철시킴으로써, '심즉리'의 일원론적 세계관을 정립하고 있음을 보여 준다.

정제두는 주자와 육상산의 논변에서 드러나는 두 입장의 차이에 근거하여, 주자와 왕양명의 입장이 드러내는 차이를 더욱 분명하게 확인하고자 하였다.

而合之者爲外也, 朱子以理爲在物而求之, 其意固將以合之矣, 然其爲體則已爲二途矣, 然其所言心卽理者, 正是由內達外, 自本而末云耳." 『朱子語類』(권52, 154條)에서는 "陸子靜云, '讀書講求義理, 正是告子義外工夫', 某以爲不然. 如子靜不讀書, 不求義理, 只靜坐澄心, 卻似告子外義."라고 언급한 구절이 주자와 육상산의 입장을 보여 주고 있는 것이다.

30) 같은 곳, "夫陽明之謂心卽理, 心在物爲理, 無內外一而已者, 只是此耳, 故以至靜寂動感之動靜體用也, 致知格物之內外顯微也, 明德親民之體用本末也, 皆其一而已者, 無不是此體, 而其不可以二者, 無不是如此矣, 此所以爲天地之間, 惟此一理而已耳, 一性而已耳, 一心而已耳."

> 주자는 육상산이 불교와 같아서 사물의 이치를 버린 병통이 있다고 의심하였으며, 왕양명은 주자가 밖에다 나누고 의리를 씌워 입히는 폐단이 있다고 의심하였다. 주자는 뭇사람들의 일체가 될 수 없는 곳으로부터 길을 삼았으므로 그 설이 먼저 만 가지로 달라지는 곳으로부터 들어갔고, 양명은 성인의 근본이 스스로 일체가 되는 곳으로부터 길을 삼았으므로 그 학문이 하나의 근본인 곳으로부터 들어갔다. 혹은 가지 끝으로부터 근본으로 가고 혹은 뿌리로부터 가지 끝으로 간 것이니, 이것이 그 갈라지는 이유이다. 그 하나를 위주로 하고 하나를 폐지함이 아님은 모두 같을 뿐이다. 만약 잘 배우지 않으면 이 두 가지의 폐단은 모두 없을 수 없으며, 만약 잘 활용하면 저절로 같은 데로 귀결되는 이치가 있으니, 끝내 서로 크게 멀어지지 않을 것이다.[31]

여기서 그는 주자와 왕양명이 마음과 이치를 안과 밖으로 나누어 놓은 이원론적 입장과 하나로 보는 일원론적 입장으로 달라지는 차이점을 분명히 밝히고 있다. 그러나 그는 주자와 왕양명이 마음과 이치의 어느 한 쪽을 폐지하는 것이 아니라 결합시키거나 일치시키는 방향을 지향하는 공통점이 있음을 지적하면서, 잘 배우면 같은 데로 귀결되지만 잘못 배우면 주자와 왕양명에 각각 폐단이 일어날 수 있음을 지적하여, 양자를 종합하는 시각을 제시하고 있는 것이다.

나아가 정제두는 주자(朱子)가 유교와 불교의 차이점을 제시하여, "우리(유교)는 마음과 이치를 하나로 하고, 저들(불교)은 마음과 이치를 둘로 할 뿐이다. 근세의 한 가지 학문(江西學: 陸象山)은 비록 마음과 이치를 하나라고 하지만 기품(氣稟)과 물욕(物欲)의 사사로움을 살피지 아니

---

31) 『霞谷集』(160-30), 권1, '答閔彦暉書', "朱子則疑陸氏之同於釋, 有遺物理之病, 陽明則疑朱子之分於外, 爲襲義理之弊也, 蓋朱子自其衆人之不能一體處爲道, 故其說先從萬殊處入, 陽明自其聖人之本自一體處爲道, 故其學自其一本處入, 其或自末而之本, 或自本而之末, 此其所由分耳, 其非有所主一而廢一則俱是同然耳, 使其不善學之則斯二者之弊, 正亦俱不能無者, 而如其善用, 二家亦自有可同歸之理, 終無大相遠者矣."

하므로 (마음의) 발현이 이치에 합하지 아니하여, 도리어 불교와 같은 병통이 되고 마니, 이 점을 또한 살피지 않을 수 없다"[32]고 언급한 구절을 인용하면서, 왕양명의 '심즉리설' 을 해명하고 있다.

> ① 불교는 마음을 위주로 하여 윤리를 버리고, ② 패자(覇者)는 사공(事功)을 위주로 하여 마음을 버리니, 이 둘은 모두 하나만 주장하고 하나는 폐기하고 있다. 이들은 다 마음과 이치를 두 가지로 삼는 것이다. ③ '물에 나아가 그 이치를 궁구한다(卽物而窮其理)' 는 것은 둘을 아울러서 하나로 한 것이나 그 본체에 있어서는 분리됨을 면치 못하였느니, 이것도 역시 둘로 한 것이다. ④ '양지를 이룬다(致良知)' 는 것은 그 본체가 본래 하나요 둘이 없는 것이다. ⑤ '마음과 이치가 하나임을 말하고 기품과 물욕의 사사로움을 살피지 않는다(說心與理一, 而不察乎氣稟物欲之私)' 는 것은 이 역시 마침내는 둘로 되어 하나가 될 수 없다.[33]

그는 여기서 ① 불교와 ② 패자(覇者: 事功學)를 모두 마음과 이치를 둘로 나누어 각각 한쪽을 버리는 입장이라 규정하고, ③ 주자학(卽物而窮其理)은 마음과 이치를 둘로 나누어 결합시키려는 입장이요, ④ 양명학(致良知)은 본체가 하나로 마음과 이치를 일치시키는 것이라 하여, 주자학과 양명학 사이에 털끝(毫釐) 같은 차이가 발생하여 논란이 일어나는 것이라 하며, ⑤ 강서학(江西學: 說心與理一, 而不察乎氣稟物欲之私)은 본래 양명학(致良知說)과 같은 것이지만 공부 방법의 결함 때문에 한계

---

32) 『朱熹集』, 권56, '答鄭子上' (14), "儒釋之異, 正爲吾以心與理爲一, 而彼以心與理爲二耳. 然近世一種學問, 雖說心與理一, 而不察乎氣稟物欲之私, 故其發亦不合理, 却與釋氏同病, 又不可不察."

33) 『霞谷集』(160-29), 권1, '答閔彦暉書', "釋氏主心而棄倫理, 伯者主事功而遺心, 此二者皆主一而廢一, 皆二之者也, 卽物而窮其理, 此卽兼二而爲一, 原其於本體, 未免有離, 是亦二之而已, 致良知, 此其本體之自一而無二者也, 說心與理一, 而不察乎氣稟物欲之私, 此亦終於爲二而不能一矣."

가 있음을 지적하여 마음의 본체를 다 실현할 수 없고 이치와 합할 수 없는 것이라 규정하여, 육상산이 '심즉리'를 주장하였으나 공부 방법의 결함 때문에 한계가 있음을 지적하여, 왕양명이 육상산을 계승하면서도 이러한 결함을 극복하여 완성시켰다고 파악하였다.

2) '심 · 성' 개념의 쟁점

정제두와 친우들 사이의 논변에서는 양명학의 중심주제를 '심즉리설'로 제기하고, '심즉리'의 명제를 논증하기 위해 심 · 성 개념에 대한 해석문제가 정밀하게 토론되고 있는 사실을 확인할 수 있다. 그는 먼저 마음을 정의하여, "비어 있고 영명하여 어둡지 아니하며, 두루 유통하고 투명하며, 감응하여 다함이 없는 것"이라 하여, 마음의 밝은 지각능력과 어디에나 소통하는 소통능력과 모든 것에 감응하는 감응능력을 제시하고, "이 마음의 본체가 '성품(性)'이요, 인 · 의 · 예 · 지의 이치일 뿐이며, 하늘이 명령한 것이요, 이른바 '명덕(明德)'이라" 하여, 성품을 마음의 본체로 제시하고 있다.[34] 이러한 심 · 성 개념에 근거하여, 마음이 발현하는 양상이나 영역으로서 감정(情)과 신체(身)와 인륜(人倫)과 사물(物)에 따라 드러나는 이치를 바로 성품의 본연한 것이라 한다. 곧 마음이 기뻐하고 노하고 슬퍼하고 즐거워하며 측은히 여기고 부끄러워하고 미워하는 '감정'에는 중화(中和)의 이치가 드러나며, 귀 · 눈 · 입 · 코의 보고 듣고 말하고 움직이는 '신체'에는 밝게 듣고 밝게 보고 따라가고 공손하게 하는 이치가 드러나며, 부자 · 군신 · 부부 · 붕우의 '인륜'에는 어질고 공경하고 효도하고 자애하는 이치가 드러나고, 집 · 나라 · 천하 · 천지 · 만물의 '사물'에는 경례(經禮)나 곡례(曲禮)의 이치가 넓게

34) 『霞谷集』(160-30), 권1, '答閔彦暉書', "虛靈不昧, 周流洞徹, 應感不窮者心也.〔其本體性也, 是仁義禮智之理耳, 是天之所命, 所謂明德者也.〕"

그리고 때에 맞추어 드러난다는 것이다.

따라서 정제두는 마음에서 이치가 드러나는 양상을 다음과 같이 규정하고 있다.

> 마음에 근원하여, 신체에서 발현하고, 인륜과 사물에 통달하니, 그 사물이란 모두 마음이요. 모두 자기 성품이다. 비록 미세한 데서부터 광대한 데 이르는 사이에 형상이 나누어지고, 안에서 말미암아 멀리 도달하는 사이에 친소(親疎)가 달라지지만 그 본체는 곧 하나이니 모두 나의 마음이다. 이른바 하나의 근본이면서 만 가지 다름이란 것이다. 이른바 '중(中)'이라 하고, 절도에 맞는 '화(和)'라 하고, 성품을 따르는 '도(道)'라 하고, '도심(道心)'이라 하는 것이 다 이것이요, 이른바 '인' · '의' · '예' · '지'라 하고, '명덕(明德)'이라 하는 것이 모두 이것이다.[35]

그는 마음의 발현양상에 따라 온갖 차이가 나타나도 모두 하나의 마음에 근본하는 것임을 역설하고 있다. 곧 '중 · 화', '도', '도심', '인 · 의 · 예 · 지', '명덕'의 모든 가치는 마음의 이치가 발현된 양상일 뿐임을 밝히고 있는 것이다.

또한 박심이 '천명도(天命圖)'를 제시하여 마음과 이치의 관계를 해명하였는데, 정제두는 박심의 '천명도(天命圖)'를 검토하면서, "그림은 비록 하나의 동그라미로 만들어졌으나 이를 보면 반드시 두 가지 일이 되어서, 천명을 '형이상자(形而上者)'라 하여 홀로 '이치'라 말하고, 내 마음은 다만 '형기의 주인'으로서 이치를 포괄하는 도구에 불과한 것이 되었다. 천명과 내 마음이 전체이며 한 근원이라는 사실에서 본다면 두 가지로 삼고 만 것이니, 천명과 사물의 이치는 내 마음과 더불어 과연 이처

---

35) 같은 곳, "原於心發于身, 以達於其倫, 其物皆心也, 皆己之性也, 雖其從微至廣, 形相有分, 由內達遠, 親疏不同, 而其體卽一也, 皆吾之心也, 所謂一本而萬殊者也, 無非所謂中也, 中節之和也, 率性之道也, 道心者也, 無非所謂仁也義也禮也智也明德者也."

럼 뚜렷하게 대립하여 서로 통할하며 소속되지 않는다는 것인가?"[36]라고 하였다. 박심의 '천명도'가 남아 있지 않지만, 정제두의 언급에 따르면 박심은 천명도에서 전체를 '천명(形而上者)'과 '마음(形氣之主)'으로 이원화시키고, '천명'이 이치요, '마음'은 이치를 담고 있는 도구(管理之具)로 상대시켜 파악하고 있다는 것이다. 정제두는 이러한 박심의 '천명도'는 천명과 마음을 일치시키지 못하고 나누어 놓은 문제점이 있다고 반박하였다.

따라서 정제두는 박심이 '태극' 개념을 "음양에 앞서 있는 것이요, 도 · 기(道器)가 갈라짐이 되는 것(在陰陽之先而爲道器之判)"이라 정의하여, 마음과 이치를 두 근본이 있는 것으로 보는 견해에 대해, "주렴계(周濂溪)의 뜻은 태극이 음양의 모든 변화에 근원이 된다는 근본에서 추구하여 특히 그 본체가 이러함을 설명하여 말한 것이요, 별도로 하나의 이치가 마음의 본체 바깥에, 음양에 앞서 존재하여 텅 빈 곳에 홀로 오묘함을 말하는 것은 아니다. 그렇다면 그 실지는 다만 하나의 실리(實理)일 뿐이니, 어찌 한 순간인들 떠날 수 있겠는가?"[37]라 하여, 음 · 양의 작용에 앞서거나 마음을 벗어나 이치가 별도로 있다는 이치의 객관적 근원성을 주장하는 것은 주렴계의 '태극' 개념과도 어긋나는 것이라 해석하였다. 곧 정제두는 주렴계의 '태극' 개념을 모든 현상을 포괄하는 하나의 근원을 가리키는 것으로 인식하여, 태극과 천명과 마음을 일치하는 것으로 파악하며, 현상의 작용이나 마음을 벗어나는 초월적인 근원으로 인식하는 입장을 거부하고 있다.

정제두는 왕양명이 "성은 하나일 뿐이다. 그 형체로부터 말하면 '천

---

36) 『霞谷集』(160-55), 권2, '答朴大叔論天命圖書', "圖之雖作一圈, 見之必爲兩事, 以天命謂是形而上者而獨謂之理, 以吾心不過爲形氣之主而管理之具, 於天命吾心全體一原之實, 不翅爲貳焉, 則不敢知天命物理, 與吾心其果懸對若此而不相統屬者乎."

37) 같은 곳, "濂溪之旨則推原於太極之爲陰陽萬化之源本, 而特說其本體之如此, 非謂別有一件之理在乎心體之外, 陰陽之先, 空空而獨妙也, 然則其實只一實理, 烏有一息之可離者哉."

(天)' 이라 하고, 주재를 '제(帝: 上帝)' 라 하고, 유행(流行)을 '명(命)' 이라 하고, 사람에게 부여된 것을 '성(性)' 이라 하고, 몸을 주장하는 것을 '마음(心)' 이라 한다. 마음이 발현하여 아비를 만나면 곧 '효' 라 하고, 임금을 만나면 곧 '충' 이라 하니, 이와 같이 미루어 무궁한 데까지 이르러도 다만 하나의 '성' 일 뿐이다"[38]라고 하여, 천(天) · 제(帝) · 심(心) · 명(命)을 하나의 '성' 이 드러나는 양상으로 일치시켜 정의한 구절을 인용하면서, 성 · 명의 이치를 공부하는 방법이 마음에서 벗어나지 않는 것임을 강조하고 있다.

> 성 · 명의 본체를 진실하게 알려면 그 마음을 다 실현한 자가 아니면 안 된다. … 마음에서 먼저 구하지 않고 '명' 에서 구하려는 자는 학문을 어떻게 한다는 것인가? 〔마음이란 성 · 명의 주인이다〕 또한 '명' 에서 무슨 공부가 용납되는가? 오직 마음을 다하고 성품을 다하여 '명' 에 이르는 것일 뿐이다. 성인의 이른바 '궁리(窮理)' 란 것은 실로 이와 같은 것이다. 이것이 바로 절실하고 비근하고 일상적이요 명백한 공부인데, 어찌 별다르고 어려운 공부가 있겠는가?[39]

맹자가 말하는 "마음을 다하는 자는 성품을 알고, 성품을 알면 하늘을 안다(盡其心者, 知其性也, 知其性, 則知天矣.〈『맹자』, 盡心上〉)" 는 말에서처럼 정제두는 심 · 성 · 명이 하나의 근본으로 일치한다는 인식에 근거하면서, '성' 과 '명' 을 찾아가는 공부는 마음에서 실현되어야 하는 것임을

---

38) 『傳習錄』, 卷上(陸澄錄), "性一而已, 自其形體也, 謂之天, 主宰也, 謂之帝, 流行也, 謂之命, 賦於人也, 謂之性, 主於身也, 謂之心, 心之發也, 遇父便謂之孝, 遇君便謂之忠, 自此以往, 至於無窮, 只一性而已."

39) 『霞谷集』(160-56), 권2, '答朴大叔論天命圖書', "其眞知性命之體則非盡其心者, 莫之能焉, … 彼不先求其心而求諸命者, 如爲學何以哉,〔心者性命之主〕 且命上容得何工夫, 惟盡心盡性以至命而已, 聖人所謂窮理者實如此, 此正切近平常明白工夫也, 豈有別異艱辛者乎."

강조하고 있는 것이다. 따라서 '심즉리'의 명제는 이치의 존재근원을 마음으로 인식함과 더불어, 이치를 밝히는 공부가 마음을 통해서만 가능하다는 공부방법의 근원으로서도 마음을 확인하고 있다.

정제두는 천명인 '성'이 형기(形氣)와 섞이지 않은 것을 가리킨다는 '성' 개념의 인식을 전제로 하면서, 동·정(動靜)에 따라 형기가 있는지 없는지를 구별하고, 미발·이발(未發·已發)에 따라 '성'과 '심'을 구별하는 최석정의 견해를 거부하고 있다.

> 만약 반드시 형기가 없어야 고요함이 된다 하면 어디서 형기가 없이 독립한 고요함을 얻어서 형기가 안 섞인 '성'을 일으킬 수 있겠는가? … 형기와 섞이지 않음에서 말하면 비록 응대함이 만 가지로 변하는 때라도 이 '성'이 아님이 없고, 형기를 떠나지 않음에서 말하면 비록 적막하여 아무 감응이 없는 때라도 이 형기가 아님이 없다. … 어찌 미발에서는 형기가 없다가 발함에 이르러 형기가 되며, 어찌 고요한 때는 마음과 성품이 둘이다가 활동할 때는 마음과 성품이 하나가 될 수 있는지 실로 나로서는 알 수가 없으며, 사람의 성품이 두 가지 근본으로 되지 않을까 두렵다.[40)]

곧 본체로서의 '성'은 형기와 섞여 있지 않음을 가리키지만, 현실에서의 '성'은 형기가 없는 곳에 따로 떨어져 존재하는 것이 아님을 확인함으로써, '성'의 개념으로서의 의미와 실재하는 양상을 구별하고 있다. 따라서 그는 형기를 떠난 존재로서 개념과 형기 속에 존재하는 실재를 각각 '성'과 '심' 혹은 '본연지성'과 '기질지성'으로 명칭을 구별하는

---

40) 『霞谷集』(160-42 · 43), 권2, '答崔汝和書', "若必要無形氣而以爲靜, 則何處得有無形氣獨立之靜, 可以作不雜形氣之性邪也, … 夫自其不雜形氣而言之, 雖酬酢萬用時, 無非是性, 自其不離形氣而言之, 雖寂然無感時, 無非是形氣, … 何獨於未發無形氣, 而至發爲形氣, 靜時心性貳, 而動時心性一也, 此實愚陋之所未敢解, 而正恐於人性之爲二本者也."

최석정의 주자학적 관점을 비판하고 있는 것이다.

또한 정제두는 최석정이 주자학적 입장에서 심·성, 이·기 개념을 구별하는 견해에도 반박하고 있다.

> 어찌 미발(未發)을 '성'이라 하고 이발(已發)을 '심'이라 하며, 고요한 때를 '이(理)'라 하고 활동할 때를 '기(氣)'라 하여, 두 갈래로 나누어 놓고서는 '대본(大本)'의 온전함과 일관하는 의리가 없다고 하는 것이 아니겠는가? 진실로 이와 같다면, 이것은 한갓 음(陰)이 고요하고 양(陽)이 활동함을 '도(道)'와 '기(器)'로 삼으면서 태극이 주장이 됨을 살피지 않는 것이며, … 한갓 미발·이발을 '이(理)'와 '기(氣)'로 삼으면서 '성'이 근본이 됨을 살피지 않는 것이다.[41]

이렇듯 정제두는 최석정이 동·정이나 미발·이발에 따라 드러나는 양상의 차이를 본질적 차이로 구별함으로써 전체를 통합·일관하는 하나의 근본을 상실하고 있음을 비판하고 있다. 그만큼 양명학의 입장이 일원적 근거의 통합성을 정립하는 데 유의하고 있는 것임을 잘 드러내준다.

나아가 정제두는 민이승이 고요할 때와 활동할 때를 '미발(未發)'과 '발중(發中: 발동하여 절도에 맞음)'으로 나누고, 적막한 때와 감응하는 때를 '대본(大本)'과 '달도(達道)'로 나누는 주자학적 입장에 상반하여 왕양명의 입장을 밝히고 있다.

> (왕양명에서) '미발'은 '발(發)' 속에 있으며, 적연(寂然)은 감통(感通) 속에 있으며, '성'의 본체는 '정(情)'의 작용 속에 있으며, '대본'은 '달

41) 『霞谷集』(160-44), 권2, '與崔汝和書', "豈非以未發爲性而已發爲心, 靜時爲理而動時爲氣, 分作二端, 無復有大本之全而一貫之義者乎, 眞如是者, 是徒以陰靜陽動爲道器, 而不察乎太極之爲主也, … 徒以未發已發爲理氣, 而不察乎性之爲本也."

> 도' 에 행해지고 있는 것이요, 따로 적막하여 '성' 이 되고 고요하여 본체가 되는 때에 있어서 그것을 '대본' 으로 삼는 것이 아니다. 그러므로 그 고요하다거나 활동한다는 것은 그 '때(時)' 에 불과한 것이다. … 다만 그 '정' 과 그 작용의 발현이 과연 그 '성' 의 본체에 순수할 수 있는가 여부를 보아야 할 뿐이다. 과연 순수하게 성체에서 나왔다면 바로 그 '성' 이요, '대본' 이다.[42]

이는 '미발 · 이발', '적연 · 감통', '성 · 정', '체 · 용', '대본 · 달도' 를 대립된 두 영역으로 설정하는 주자학의 이원론적 인식을 거부하고, 양명학의 입장은 상대되는 두 항목이 서로 내포되어 일체를 이룬다는 일원론적 인식에 있음을 밝히고 있는 것이다. 이러한 일체의 인식에서는 '성' 과 '정' 도 본체와 묘용이 한 순간도 떠날 수 없는 관계임을 강조하고 있는 것이다. 여기서 그는 이 두 조건 사이에서 단순히 서로 떠날 수 없다는 현실적 일체성을 확인하는 것으로 끝나는 것이 아니라, 일체성이 순수하게 이루어지고 있는지 아닌지를 판단하는 일체성의 완성도 내지 일체성의 질적 수준을 판단하는 문제를 제시함으로써, 단순한 동일화와 다른 것임을 밝히고 있다.

---

42) 『霞谷集』(160-26), 권1, '答閔彦暉書', "其未發在於發中, 寂然在於感通, 性體存於情用, 大本行於達道, 非別有寂而爲性, 靜而爲體之時, 以爲其大本者也, 故其靜也動也者, 不過其時也, … 只看其情其用之發, 果能純乎其性體乎否耳, 其果能純乎出於性體, 則正是其性也大本者也."

4. '양지' 개념의 논변과 '친민' · '격물' · '지행'의 해석

1) '양지' 개념의 논변

'심즉리'의 문제에 이어 '양지(良知)'의 개념문제도 양명학의 핵심문제로서 논변의 중심과제가 되고 있다. '양지'의 문제는 앞서 보았듯이 정제두와 민이승이 서로에게 보내는 편지 속에 '양지도(良知圖)'의 그림까지 그려가면서 가장 활발하게 토론을 벌였던 문제이다.

민이승은 정제두에게 보낸 편지에서 '양지도(良知圖: '誠齋良知圖')'를 제시하였는데, 정제두는 상 · 하 2도(兩圖)로 된 민이승의 '양지도(誠齋良知圖)'에서 그 상도(上圖)가 '양지'의 본래 취지에 맞지 않은 것이라 지적하여, 정제두 자신이 이를 수정하여 '양지도(霞谷良知圖)' 2도를 다시 그려서 민이승에게 보내면서 토론을 전개하였다. 현재 민이승이 처음에 그렸던 '양지도(誠齋良知圖)'는 남아 있지 않아 그 내용은 전혀 알 수 없고, 단지 정제두가 다시 그린 '양지도(霞谷良知圖)'만 남아 있을 뿐이다.[43] 이 '양지도' 속에서 정제두는 '마음(心)'과 '양지'를 정의하여, 상

43) 정제두가 새로 그린 '양지도'를 보면 上圖(心-良知)와 下圖(火-麗明)의 2단으로 이루어져 있는데, 마음과 양지(心-良知)를 불과 밝음(火-麗明)으로 비유하여 설명하는 체제이다. 이 점에서는 민이승이 처음 그린 '양지도'와 대체로 같을 것이다. 그러나 정제두는 上圖(心-良知)를 구성하는 삼중의 동심원에서 속의 원은 '心之性'圈(心之本然 · 良知之體), 가운데 원은 '心之情'圈(心之發 · 良知之用), 바깥 원은 '天地-萬物'圈〔皆曰心(以人之神明言) · 皆謂良知(以人之靈明言)〕으로 그려, 심즉리의 관점을 천지 · 만물에까지 관철하고 있다. 『霞谷集』(160-32), 권1, '答閔誠齋書'에 수록된 '양지도(霞谷良知圖)' 上下 2圖의 구조를 보면 다음과 같다.

上圖	內圈: 心之性	仁義禮智	心之本然: 良知之體
	中圈: 心之情	四端: 七情	心之發: 良知之用
	外圈: 心	天地: 萬物	心(無內外): 良知(體用)
下圖	內圈: 火之性	熱然: 炎上	火之本然: 麗明之體
	中圈: 火之情	燄生赫然: 光發照耀	火之發: 麗明之用
	外圈: 火		火(全體): 麗明(體用)

도(上圖)의 3권(圈) 가운데 먼저 내권(內圈)에서는 '마음의 성품(心之性)'이 '마음의 본연(心之本然)'이요 '양지의 본체(良知之體)'라 하고, 중권(中圈)에서는 '마음의 정(心之情)'이 '마음의 발현(心之發)'이요 '양지의 작용(良知之用)'이라 하여, '성'·'정'은 마음의 본연과 발현이요 양지의 본체와 작용이라 제시함으로써, 사실상 마음과 양지를 일체로 인식하고 있음을 보여 준다. 그러나 외권(外圈)에서는 마음과 양지의 개념적 구별을 좀 더 세심하게 보여 주고 있다. 곧 "사람의 신명(神明)으로 말하면 '마음'이라 하고, 사람의 영명(靈明)으로 말하면 '양지'라 한다. 형기(形器)로 말하고 체상(體狀)으로 말하면 안과 밖이 없이 모두 '마음'이다. 본체는 곧 양지의 본체이고, 작용은 곧 양지의 작용이다. 영소(靈昭)로 말하면 제(帝: 上帝)이며, 이를 알고 이를 깨닫는 것으로 말하면 '화공(化工: 造化翁)'이다"[44]라고 하였다. 마음을 '신명(神明)'으로 말한 것이라 하고, 양지를 '영명(靈明)'으로 말한 것이라 하였을 때, '신명'과 '영명'은 거의 같은 뜻으로 사용되는 말이지만, '신명'이 정신을 전체적으로 가리키는 것이라면, '영명'은 정신의 지각능력을 위주로 가리키는 것이라 할 수 있다. '영소(靈昭)'로 말하면 '제(帝)' 곧 주재자인 상제를 가리키고, '지각'으로 말하면 '화공(化工)' 곧 조화옹을 가리키는 것의 관계 역시, 동일한 존재이지만 '제(상제)'가 주재자를 전체로서 가리킨다면 '화공(조화옹)'은 상제의 조물주로서 기능을 중심으로 가리키는 경우라는 점에서 '상제-화공'의 관계가 바로 '마음-양지'의 관계로 대비되는 것이라 하겠다. 또한 '양지도'의 상도(上圖)에서 '마음과 양지'의 관계는 하도(下圖)에서 '불과 밝음(火-麗明)'의 관계에 상응하는 것으로 제시하고 있는 것도 같은 맥락이다.

---

44) 『霞谷集』(160-32), 권1, '答閔誠齋書'('良知圖' 上圖의 外圈), "皆名〔以人之神明言〕曰心/ 皆謂之〔以人之靈明言〕良知/ 無內外皆心也〔以形器言, 以體狀言〕/ 體卽良知之體, 用卽良知之用/ 以靈昭言則帝, 以知此覺此言則化工."

정제두는 '양지' 개념을 해명하면서, 먼저 왕양명이 '치양지'를 제시한 이유를 밝혀, "'치양지'의 '양(良)' 자는 '지(知)' 자를 해석하여 '양지'라 하여, '치지식(致知識)'의 '지(知)' 자와 구별하는 것에 불과하다. 단지 '치(致)'라고 말하면 두 가지 뜻이 전혀 구별되지 않기 때문에 한 글자를 보태어 그 명칭을 표시한 것이다"[45]라고 하였다. 곧 『대학』에서 말한 '치지(致知)'의 '지'가 '지식'의 뜻이 아니라 '양지'의 뜻임을 밝히기 위해 왕양명이 '치양지'라는 말을 만들어 냈다는 것이다.

나아가 그는 "(왕양명이) '양지'라고 하는 것은 마음의 본체가 '지(知)'〔사람의 생리〕를 가지고 있는 것의 전체에 이름붙인 것이요, 단지 사려(思慮)나 찰식(察識)의 한 가지로 말하는 것이 아니다. '사람의 생리'는 밝게 깨닫는 바가 있어서 스스로 두루 유행하고 통달하여 어둡지 않을 수 있는 것이다"[46]라고 하여, '양지'의 '지'는 사려분별하는 지각작용이라는 기능의 일면을 말하는 것이 아니라, '사람의 생리(生理)' 곧 인간이 살아가는 근거인 생명의 이치로서 정신 내지 마음의 전체를 가리키는 것임을 강조하고 있다. 이런 의미에서 왕양명은 '양지'를 '마음의 본체'[47]라 하였던 것이라 한다. 또한 정제두는 "측은히 여기는 마음은 사람의 '생도(生道)'요, '양지'도 '생도'이다. '양지'는, 곧 측은히 여기는 마음의 본체이니, 오직 측은히 여길 수 있으므로 '양지'라고 말할 뿐이다"[48]라고 하여, '측은지심'과 '양지'를 일치시키면서, 이 두 가지 개념의 일치점으로서 '사람의 생도(人之生道)'라 하였다. 여기서 '생도'는 '생리

---

45) 『霞谷集』(160-41), 권2, '答崔汝和書', "致良知之良字, 不過釋知字之爲良知, 以別於致知識之知字而已, 只言致則兩義都無分別, 故聊加一字以表其名."

46) 『霞谷集』(160-20), 권1, '與閔彥暉論辨言正術書', "其言良知者, 蓋以其心體之能有知〔人之生理〕者之全體名之耳, 非只以念慮察識之一端言之也, 蓋人之生理, 能有所明覺, 自能周流通達而不昧者."

47) 『傳習錄』, 卷中, '答陸原靜書'.

48) 『霞谷集』(160-20 · 21), 권1, '與閔彥暉論辨言正術書', "惻隱之心, 人之生道也, 良知卽亦生道者也, 良知卽是惻隱之心之體, 惟其能惻隱, 故謂之良知耳."

(生理)'라 말한 경우와 같이 사람이 살아가는 생명의 이치 내지 도리를 의미하는 것이라 할 수 있다. 그것은 '양지'나 '측은지심'이 지각이나 사려분별의 한 가지 기능에 한정되는 것이 아니라, 인간이 지니는 생명력의 본질적 근거에 뿌리를 두고 있음을 밝혀 주고 있는 것이다.

정제두는 '양지' 개념을 다양하게 정의하고 있는데, 그 가운데 다양한 다른 개념들과 연관시켜 정의하면서, "'양지'는 곧 『대학』의 '명덕'이요 오상(五常)의 '지(知: 智)'이니, 바로 '성(性)'이다. 만약 단지 '지'자만 말하면 '정(情)' 한쪽에 떨어져 지식 · 지각의 '지'로서 깊고 얕음이나 정밀하고 거칠음의 구별이 없어질까 염려하여, 그래서 특히 '양지'라고 말한 것이니, 바로 '성체(性體)'의 '지'요, '본연'의 '선(善)'이며, 곧 '오상'의 '지'요, '성'이요, '대본(大本)'임을 밝힌 것이다. '오상'의 '지'는 곧 '오상'의 '인(仁)'이 밝은 곳이다"[49]라고 하였다. 곧 '양지'를 '명덕', '지(五常의 智)', '성'의 본체로서 '지(性體之知)', '본연의 선(本然之善)', '성', '대본' 등과 일체인 것으로 제시하고 있는 것이다. 그만큼 '양지'를 인간 마음의 본체와 일치시키고 있다.

이처럼 '양지'는 바로 '오상(仁 · 義 · 禮 · 智 · 信)'에서 '지(智: 知)'이며, '오상'에서 '인'과 '지'의 관계도 '지'가 '인'의 밝은 곳이라 하여 불과 밝음의 관계처럼 양자가 일체이면서 다른 양상을 가리키는 것이라 보았다. 또한 그는 '인'과 '지(양지)'의 관계에 대해서 "그 전체의 덕으로 말하면 '인'이라 하고, 그 본체의 밝음으로 말하면 '양지'라 하니, 그 가리켜 이름붙인 것이 이와 같다. 그러나 그 전체도 어찌 본체가 아니겠는가? 본체가 또 어찌 전체의 밖에 있겠는가? 오직 하나의 물건이기 때문이다. 사람의 말이란 각기 그 가리키는 바에 따라 할 수 없이 이름을 달

49) 『霞谷集』(160-27), 권1, '答閔彦暉書', "良知者卽大學之明德, 而卽五常之知也性也, 若只言知字則恐落情一邊, 其與知識知覺之知, 淺深精粗, 無可以別, 故特曰良知, 正明其爲性體之知本然之善, 而卽五常之知也性也大本者也, 五常之知, 卽又五常之仁之明處."

리하는 경우가 있는데 어찌 그 다른 것에 따라 이를 고집하여서 이것과 저것의 구별을 지어서야 되겠는가?"[50]라고 하여, 전체의 덕(仁)과 본체의 밝음(良知)이 가리키는 바에서 구별되지만 그 실체에서는 하나임을 역설하여, 둘로 나누어 구별하려는 민이승의 관점을 양명학적 입장에서 반박하고 있다.

나아가 정제두는 왕양명의 사상에서 '양지'의 문제를 제기하게 되는 과정에 대해, 왕양명이 초년에는 단지 인욕을 버리고 천리를 간직하여 성찰하고 극복하도록 사람들에게 거듭 말했는데, 만년에 이르러 '양지' 두 글자를 제출하고서, "심체(心體)와 천리(天理)는 사람에게 말하기 어렵다. 이제 양지 두 자는 한 마디 말로써 전체를 환히 볼 수 있다"고 말하였다는 것이다.[51] 곧 '양지'는 말로 표현하기 어려운 '심체'와 '천리'의 궁극적 세계를 전체로 꿰뚫어 볼 수 있도록 하는 말이라 지적하고 있다. 또한 정제두는 명나라 나흠순(整菴 羅欽順)이 '양지'와 '천리'를 일치시키는 왕양명의 견해에 대해, "'천리'란 것은 사람의 성품이 갖추고 있는 것이요, '양지'란 우리 마음의 지각(知覺)이니, 어찌 '양지'를 '천리'로 여길 수 있겠는가?"라고 반박하였던 견해가 민이승의 주장과 같은 것이라 지적하면서, 여기서 그는 나흠순의 견해를 다시 반박하는 논거로 우리나라 기대승(高峰 奇大升)이 "(기대승은) '지각'으로 말하면 '기(氣)'이다. 그것이 이치가 될지 욕심이 될지, 진실이 될지 거짓이 될지는 본디 정해져 있는 것이 아니다. 만약 '지(知)'자에 하나의 '양(良)'

---

50) 『霞谷集』(160-21), 권1, '與閔彦暉論辨言正術書', "夫以其全體之德謂之仁, 以其本體之明謂之良知, 其所指而名者雖如此, 然其全體亦何嘗非本體也, 本體亦豈外於全體也, 惟一物故也, 人之言語, 各因其所指, 雖有不得已而異名者, 豈可從而拘執而彼此之若是也."

51) 『霞谷集』(160-31), 권1, '答閔誠齋書', "蓋王文成初時, 只以去人欲存天理, 省察克治, 申申語人, 至晩年乃提出良知二字, 以爲心體天理, 難以語人, 今良知字, 一言之下, 洞見全體."

자를 더해 놓으면 바로 '천리'이다"라고 말한 것을 인용하였다.[52] 그것은 주자학자의 견해로 왕양명의 주장을 논증하여, 주자학의 입장에서도 왕양명이 주장하는 '양지'와 '천리'를 일치시키는 입장이 가능함을 보여 주고 있는 것이다.

'양지' 개념에 대한 정제두와 민이승 사이의 논변에서는 특히 '양지'와 '측은지심(惻隱之心)' 관계 내지 양자의 선후문제에 세밀한 관심을 기울이고 있음을 보여 준다. 선후의 구별이 이원적 분별을 전제로 하는 것이라면 양명학의 일원론적 입장에서는 선후의 구별을 처음부터 받아들이지 않는 것은 당연하다고 하겠다. 왕양명은 "'양지'의 진실하게 사랑하고 측은히 여기는 자리가 곧 '인(仁)'이다(良知之誠愛惻隱處便是仁)"라고 하여, '양지'를 '측은지심' 곧 '인'과 일치시키고 있는데, 이에 따라 정제두는 먼저 '지(양지)'와 '인'의 관계를 해명하여, "'인'에서 말하면 '지'는 '인'의 통달함(通)이요 '인'의 밝음(明)이며, '지'에서 말하면 '인'은 '지'의 온전한 실체(全體)요 '지'의 살아가는 이치(生理)이다"[53]라 하였다. 곧 '인'이 본체라면 '지'가 작용으로서 '인'과 '지'는 불과 밝음의 경우처럼 일체를 이루고 있는 것으로 분리시킬 수 없음을 강조하고 있는 것이다. 또한 그는 민이승이 '명덕'을 본체라 하고 '양지'를 작용이라 하여 구별을 강조하는 입장을 반박하여, "'인'의 이치가 본체요 '측은'이 작용이라는 것과 다를 것이 없다. 그 실지는 본체와 작용이 하나이니, 이제 '명덕'이라는 글자로 말하면 '측은'의 마음과 선후로 말할

52) 『霞谷集』(160-20), 권1, '與閔彥暉論辨言正術書', "昔羅整庵亦嘗以陽明良知卽所謂天理之說, 爲非而辨之, 其意槩曰天理者, 人性之所具也, 良知者, 吾心之知覺也, 何足以良知爲天理, 以天理與良知, 謂之有實體妙用之分矣, 今來諭之說良知, 正與此略同矣, 奇高峯乃以良知非天理之說爲非, 而曰若言知覺則是氣也, 其爲理爲欲爲眞爲妄, 固不可定也, 若於知上加却一良字則正是天理, 今也以愛其親敬其兄, 只謂之妙用而非天理."

53) 『霞谷集』(160-23), 권1, '答閔彥暉書', "自仁而言, 則知者是仁之通 · 仁之明也, 自知而言, 則仁者又知之全體 · 知之生理也."

수 있겠는가?"[54]라고 하여, '양지'를 '명덕' 내지 '인'과 일치시킴으로써, 선후로 나누어 놓을 수 없는 것임을 역설하였다.

정제두는 "부모를 보면 자연히 효도할 줄 알고, 형을 보면 자연히 공경할 줄 알며, 어린애가 우물에 빠지는 것을 보면 자연히 측은히 여길 줄을 아니, 이것이 곧 양지이다"[55]라는 왕양명의 말에 근거하여, "측은히 여기는 마음이란 사람이 본래 가지고 있는 '양지'이다. 이 '양지'가 측은히 여기는 것이니 실지는 하나일 뿐이다. 만약 과연 '양지'를 앞서는 것이라 하고 '측은'을 뒤에 오는 것이라 한다면 참으로 잘못된 것이다. 이제 또 '측은'을 앞서는 것이라 하고 '양지'를 뒤에 오는 것이라 하더라도 어찌 옳은 것이 되겠는가?"[56]라고 하여, '양지'와 '측은'을 일체로 보는 것이 왕양명의 기본 입장임을 강조하여, 민이승이 왕양명에 대해 '양지'에 따라 '측은'이 있게 되는 것으로 보아 선후와 피차를 나누고 있는 것이라 비판한 것은 왕양명의 입장을 전혀 잘못 파악한 것이라 반박하였다.

또한 그는 왕양명의 입장에서 '측은'의 개념을 해명하면서, "사람이 살아가는 본원(本原)을 추구하면 사람이란 '생기(生氣)'가 충만하여 있으므로 '영명(靈明)'이 있을 수 있고, '영명'이 투명하므로 두려워하고 측은히 여기는 마음이 있어서 (우물에 빠지려는) 어린애에게 발현될 수 있다"고 하였다. 인간이 살아가는 근원적 '생기'가 '영명'하기 때문에 '측은지심'이 발동한다고 하여, '생기'의 '영명'이 본체로서 대상에서

54) 같은 곳, "兄必以爲明德體良知用也, 然其仁理體惻隱用也, 亦無異也, 蓋其實體用一也, 今以明德字言之, 其可以與惻隱之心爲先後耶."

55) 『傳習錄』, 卷上(徐愛錄), "見父自然知孝, 見兄自然知弟, 見孺子入井, 自然知惻隱, 此便是良知, 見父兄自然知孝弟, 見孺子入井自然知惻隱, 便是良知也."

56) 『霞谷集』(160-19 · 20), 권1, '與閔彦暉論辨言正術書', "若夫惻隱之心, 是人所固有之良知也, 惟此良知爲能惻隱則其實是一而已, 如果先良知而後惻隱則固其爲非矣, 今又先惻隱而後良知, 亦豈爲得耶."

발현한 것이 '측은지심'이라 확인하고 있다. 여기서 그는 민이승과 왕양명의 '측은'에 대한 이해내용이 다른 점을 지적하여, "'영명'이란 '생기'의 정신(精爽)이며 곧 '양지'의 본체이다. … 그대가 말하는 '측은'이란 실로 이 '생기'의 충만함을 가리켜 앞선다고 하는 것이요, 그 두려워하고 측은히 여기는 '정'이 어린애에게 발현한 단초가 아니라 함은 아니다"[57]라고 하였다. 곧 '측은지심'을 정제두는 어린애를 보고서 발동하는 단초를 가리키는 데 비해, 민이승은 본원의 '생기(生氣)'를 가리킨다는 현저한 차이점을 지적함으로써, 민이승과 '측은지심' 및 '양지'의 선후문제를 논쟁하는 것은 개념내용이 달라 처음부터 무의미한 것이라 밝히고 있다.

또한 민이승이 양명학에서 '인'과 '지(양지)'를 일치시키는 데 대해 '인'을 '지각'으로 해석한다고 비판하였는데, 이에 대해 정제두는 "'생기'라고 말하면 너무 모호하므로 '영체(靈體)'라 말하고, '지각'이라 말하면 본령(本領: 主旨)이 없으므로 '양지'라 말하지만, 그 실지는 '생기'의 정신(精爽)이 죽지 않고 어둡지 않은 것에 불과할 뿐이요, 홀로 한 가닥의 '지각'이 발현된 것을 말하는 것이 아니다. 무릇 '생기'는 '지각'할 수 있고 '지각'은 곧 '생기'이니, 처음부터 두 가지가 아니다. … '애(愛)'를 '인(仁)'이라 할 수 없고 '지각'을 '인'이라 해석할 수 없지만, '양지'는 '인'이라 말할 수 있다고 해서 무슨 의심할 것이 있는가"[58]라고 하였다. 곧 그는 '생기'와 '지각'이 실지에서는 둘이 아니지만, 그 전

---

57) 『霞谷集』(160-28), 권1, '答閔彦暉書', "若推人生之本原則人惟其有生氣充滿, 故能有靈明,〔靈明者, 生氣之精爽, 卽是良知之體, … 兄所謂惻隱者, 實指此生氣之充滿者以爲在先云, 而不是以其怵惕惻隱之情, 發於孺子之端, 言之者也〕, 有靈明洞徹, 故能有怵惕惻隱之心, 發於其孺子也."

58) 같은 곳, "其言生氣太渾淪, 故說靈體, 言知覺無本領, 故曰良知, 其實不過是生氣之精爽不死不昧者是耳, 非獨以一端知覺之見於發者言也, 夫生氣能知覺, 知覺卽生氣, 初非二也, … 愛不可以謂仁, 知覺不可以訓仁, 而良知可以言仁, 有何可疑歟."

체와 발현한 자리로서 구별할 수 있음을 지적하여, 마치 '애'와 '인'을 구별할 수 있는 것처럼 '인'과 '지각'은 구별되지만 '인'과 '양지'는 일치시킬 수 있음을 강조하고 있다. 이러한 논변에서 정제두의 반박은 형식적으로 보면 민이승의 비판이 왕양명의 '양지' 개념이 가리키는 내용을 올바로 이해하지 못한 데서 오는 빗나간 비판이라는 점에 초점을 맞추고 있지만, 근원에서 보면 주자학적 이원론에서 본체와 작용의 차별적 인식을 거부하고 일체로 인식하는 입장을 강조하는 것이라 할 수 있다.

2) 친민 · 격물과 지행의 논변

『대학』의 해석과 관련하여 양명학의 기본입장은 '친민(親民)'과 '격물(格物)'의 해석에서 주자학의 입장과 선명하게 차별화되는 독자적 입장을 정립하는 것이다. 이와 더불어 양명학은 '지행(知行)'의 문제에서도 주자학의 '선지후행설(先知後行說)'과 달리 '지행합일설(知行合一說)'을 제시하여 입장의 차이를 드러내었다. 이러한 양명학의 기본입장에 따른 여러 문제들은 정제두와 친우들 사이의 논변에서도 중요한 쟁점이 되고 있다.

(1) '친민'의 쟁점

『대학』의 경문(經文)에서 언급한 '친민(親民)'은 정자와 주자에 의해 '신민(新民)'으로 고쳐졌는데, 왕양명은 '친민'이 옳다는 입장을 밝혀 주자의 '신민설(新民說)'을 거부하였다. 여기서 최석정이 주자학의 '신민설'을 따르면서 양명학의 '친민설'을 비판하였다. 이에 대해 정제두는 "삼강령(三綱領)의 첫 구절 세 마디 말은 성인이 '경(經)'을 지어 말을 남긴 최초요 제일의 큰 절목으로, 조금도 고치고 바꾸기를 용납하지 않는다. 여기에다 고칠 수 있다면 성인의 경문이 무엇에 필요하겠는가? 이제 이러한 곳에까지 성인의 경문을 고쳐 놓고도 의심하지 않고, 도리어 성인의 본문을 따르려 하는 사람을 멋대로 한다고 하니 알 수 없는 일이요, 이것을 마음의 병통이라고 하니 어찌 참으로 이른바 병통이겠는가?"[59]라고 하였다. 성인의 말씀인 경전의 본문을 함부로 고칠 수 없다는 입장에서 양명학의 '친민설'을 옹호하고 있는 것이다.

또한 정제두는 '친민'의 정당성을 8조목에서 '친민'에 속하는 조목인 '제가(齊家)'·'치국(治國)'·'평천하(平天下)'의 서술 내용에서도 입증될 수 있음을 강조한다. 곧 "'친(親)'자가 과연 '신(新)'자라야 한다면 그 아래 분할된 조목 가운데 '제가'·'치국'·'평천하'의 글은 '가지런히 함(齊)', '다스림(治)', '균평하게 함(平)'을 말할 것이 아니라, 마땅히 옛 것을 변혁하여 새롭게 고친다는 설이나 일을 말해야 하는데, 이제 '제가'·'치국'·'평천하'라 말하였으니 모두 '친(親)'의 일이다"[60]라고 하여, '제가'·'치국'·'평천하'의 3장(章)에서 서술된 내용과 공부의 방법이 모두 '친'의 뜻이지 '신'의 뜻이 아님을 지적하여 '신민'이라 고치는 것이 부당함을 확인하였다. 그뿐만 아니라 『대학』의 8조목 전체가 '친절'로 스스로 공부할 것을 삼은 것이지 남에게 그 덕을 새롭게 하도록 말한 것이 없음을 지적하여, '신민'이라 고치는 것은 『대학』 전체의 정신에도 벗어나는 것으로 보고 있다.

또한 정제두는 박심에게 '친민'의 정당성을 해명하면서도, "'친민'의 뜻을 말하는 것도 본경(『대학』)에서 이른바 천하에 '명덕'을 밝힌다는 설과 저절로 체·용이 되니, '명덕'과 '친민'은 체·용으로 하나인 것이다"[61]라 하여, '친민(親民)'이 '명명덕(明明德)'과 체용의 일체로서 더

59) 『霞谷集』(160-45), 권2, '與崔汝和論親民書', "三綱首節三言者, 乃聖人作經立言最初第一大節目, 不容於小有敢改易者也, 於此而可改, 何必用聖人之經爲哉, 今乃至於如此處, 改聖人之經文而不以爲疑, 乃反以欲從聖人之本文者, 謂之肆然, 未敢知也, 以此謂之心病, 豈眞所謂病耶."

60) 같은 곳, "使親字果是新字則其下分目中齊家治國平天下之文, 不當曰齊治平, 必當以革舊更新之說之事爲言也, 而今而曰齊家曰治國曰平天下則皆親底事也."

잘 어울린다는 사실을 강조하였다. 이와 더불어 그는 "진실로 『중용』의 '자기를 이루고 사물을 이룬다(成己成物)'의 해석이 안과 밖을 합하는 도리가 되고, 지성(至誠)의 학문이 됨을 알 수 있다면, '친민설'에도 의심할 것이 없을 것이다"[62]라고 하여, 『대학』의 '명덕-친민' 관계가 바로 『중용』의 '성기(成己)-성물(成物)'의 구조에 상응하는 것으로 파악함으로써, 『중용』에 근거하여 『대학』의 '친민'이 정당함을 확인하는 방법을 보여 주고 있다.

(2) '격물'의 쟁점

'격물치지'의 해석에 관한 논변은 주로 정제두와 박심 사이에 집중되어 나타나고 있다. 먼저 박심이 '격물'과 '치지'의 문자적 해석의 근거를 물은 데 대해, 정제두는 '격물'의 '격(格)'을 '정(正)'으로 해석하는 경전적 근거로서 『시경』("天生烝民有物有則"), 『孟子』("舜明於庶物察於人倫"), 『중용』("誠者非自成己而已也, 所以成物也, 性之德也, 合內外之道也")을 들고서, 특히 정명도가 『맹자』의 "대인이란 자기를 바르게 하여 사물이 바르게 된다(大人者正己而物正)"는 구절에 근본하여 "자기를 바르게 하여 사물을 바로잡는다(正己而格物)"고 언급한 구절을 인용하고 있다.[63] 또한 '치지(致知)'의 해석에서도 '지(知)'가 본체요 '치(致)'가 공부라는 견해의 경전적 근거로서, 「악기(樂記)」편의 "'물(物)'이 이르니 '지(知)'가 안다. '지'가 안 다음에 좋아하고 미워함이 나타난다(至知知然後好惡形焉)"는 등의 구절을 인용하면서, 여기서 말하는 '물'과 '지'가

61) 『霞谷集』(160-56), 권2, '答朴大叔大學陽明說疑義問目', "其言親民之義, 與本經所云明明德於天下之說, 自爲體用, 夫明德親民體用一也."

62) 『霞谷集』(160-59), 권2, '重答朴大叔問目', "苟能知中庸成己成物之訓, 爲合內外之道而至誠之學也, 則其於親民之說, 亦可以無疑矣."

63) 『霞谷集』(160-58), 권2, '答朴大叔大學陽明說疑義問目', "明道, 正己而格物, … 明道語, 蓋本孟子所云大人者正已而物正, 此雖就人物言, 其語勢則可見."

주자학의 해석처럼 '물리(物理)'와 '미루어 안다(推識)'는 뜻이 아니요, 양명학에서 말하는 '사물 · 심체'의 설에 해당하는 것임을 지적하였다. 이와 더불어 『주역』「文言」에서 "이를 데를 알아 이르고 마칠 데를 알아 마친다(知至至之, 知終終之)"는 구절에서 '이른다', '마친다'는 말도 주자가 해석하는 것처럼 '미루어 극진히 한다(推極)'는 뜻이 아니라 양명학에서처럼 '거기에 이른다(至焉)'는 뜻이라 밝히고 있다.[64] 이처럼 정제두는 '격물 · 치지'의 양명학적 해석이 경전의 고증적 증거를 확보할 수 있는 것임을 제시하고 있는 것이다.

나아가 박심이 왕양명의 '격물'의 해석에 따른 문제점을 주자학적 입장에서 다양하게 제시하고, 정제두는 이에 대해 해명하고 있는 모습을 보여 준다.

① 먼저 왕양명의 '격물설'이 복잡하고 불분명하다고 비판한 데 대해, 정제두는 왕양명이 고동교(顧東橋)에게 보낸 답장을 인용하여, 양명학에서도 체계적 분석과 개념의 구별이 분명함을 밝히고 있다. 곧 행하려는 생각으로서 '의(意)'와 그 생각을 진실하게 실행한 '성의(誠意)'를 구별하고, 절차와 방법을 아는 '지(知)'와 그 절차와 방법을 실지로 다 실행한 '치지(致知)'를 구별하며, 행하려는 일로서 '물(物)'과 그 일을 '양지'가 아는 대로 다 실행한 '격물'을 구별하고 있음을 밝히며, 이와 더불어 '물(物)'이 바르게 된(格) 다음에 '양지'가 비로소 다해지며(致: 至), '양지'가 다해진 다음에 생각이 비로소 진실하게 되는 것으로서, 『대학』에서 말하는 '물격이후지지(物格而後知至)'와 '지지이후의성(知至而後意誠)'이라는 '성의' · '치지' · '격물'의 질서를 제시하고 있는 것이라 확

64) 같은 곳, "知之爲本體, 致之爲功夫, 亦有說而可明, … (樂記)曰物至知知然後好惡形焉, … 所云物也知也, 果與物理推識之意近耶, 與事物心體之說當耶, 文言曰知至至之知終終之, 所云至之終之, 亦於推極之義通耶, 於至焉之訓合耶."

65) 『霞谷集』(160-57), 권2, '答朴大叔大學陽明說疑義問目', "此義陽明答顧東橋書, 已言之詳矣, 其書曰意欲溫凊, 意欲奉養者, 所謂意也, 而未可謂之誠意, … 知如何而爲溫凊之

인한다.[65] 그만큼 정제두는 '격물'의 해석을 기본적으로 『대학』의 8조목 체계 사이의 상호 연관관계 속에서 해명하는 데 유의하고 있는 것이다.

② 또한 박심이 '치지'와 '성의' 사이에 구별이 없다고 비판하였는데, 이에 대해 정제두는 본체는 하나이지만 그 공부방법에서는 정밀한 분별이 있음을 강조하면서 왕양명이 섭문위(聶文蔚)에게 보낸 답장을 인용하여, '치지(致知)' 곧 '치양지(致良知)'가 공부의 착수처에 따라 구별되는 것으로, 일에 나아가 양지를 다하면 '물격(物格)'이요, 양지를 착실히 이루어가면 '성의(誠意)'요, 착실히 양지를 이루어 털끝만큼도 의(意) · 필(必) · 고(固) · 아(我)가 없으면 '정심(正心)'으로 분별되는 것이라 하고, 또 왕양명의 「대학문(大學問)」 8조목에서 '신(身) · 심(心) · 의(意) · 지(知) · 물(物)'을 공부에 소용되는 조리라 하고, 비록 각각 자리의 구별이 있지만 실지는 하나의 사물(一物)이라 하며, '격(格) · 치(致) · 성(誠) · 정(正) · 수(修)'는 그 조리가 쓰는 바의 공부라 하고, 비록 모두 명목을 가지고 있지만 실지는 하나의 일(一事)이라 하여, 실체가 하나이지만, 자리나 명목의 구별이 있음을 확인하였다.[66] 여기서 8조목의 격물 · 치지 · 성의 · 정심 · 수신을 '물 · 지 · 의 · 심 · 신'은 조리로 자리의 분별이 있지만 실지는 하나의 사물(一物)이요, '격 · 치 · 성 · 정 · 수'는 공부로서 명목의 구별이 있지만 실지는 하나의 일(一事)이라 대비시켜 해석함으로써, 8조목을 '조리-공부'의 구조, 내지 '물(物)-사(事)'의 구조로 분석하여 해석하고, 조리나 공부의 순서에서 구별을 하지만 그 실지

節, 知如何而爲奉養之宜者, 所謂知也, 而未可謂之致知也, … 溫凊之事, 奉養之事, 所謂物也, 而未可謂之格物, … 溫凊之物格然後知溫凊之良知始致, 奉養之物格然後知奉養之良知始致, … 致其知溫凊之良知而后溫凊之意始誠, 致其奉養之良知而后奉養之意始誠, … 此其所謂誠意致知格物之說也."

66) 같은 곳, "體雖惟一, 而其功之詳密者, 陽明之書, 亦嘗明言之矣, 其答聶文蔚曰說致良知則當下便有實地步可用功, 隨事就事上致其良知, 便是物格, 著實去致良知, 便是誠意, 著實致其良知而無一毫意必固我, 便是正心, … 其大學問曰身心意知物, 其功夫所用之條理, 雖亦各有其所而其實一物, 格致誠正修, 其條理所用之功夫, 雖亦皆有其名而其實一事."

는 하나임을 확인하는 입장을 보여 주고 있다.

③ 박심은 양명학에서 '격물'을 '정물(正物)'로 해석하여 그 바르지 않은 것을 바르게 하면 '의(意)'도 이미 '성(誠)'하게 되어 다시 '성(誠)'을 이루는 것이 공부가 될 수 없을 것이라는 의문점을 제기하였다. 이에 대해 정제두는 왕양명이 왕천우(王天宇)에게 보낸 답장에서 "'격물·치지'는 '성의'의 공부이다"라고 한 언급과, 나흠순에게 보낸 답장에서 "오직 그 공부는 자세하고 정밀하지만 요령은 다만 한 가지 일에 불과하니, 이것이 '정일(精一)'의 학문이 되는 까닭이다"라는 언급을 인용하여, 공부의 방법에서는 8조목으로 순서의 구별이 있지만, 그 요령에서는 한 가지 일로 관통한다는 사실을 강조하면서, "실지를 추구하면 하나일 따름이요, 두 가지 공부가 있는 것이 아님을 알 수 있다"[67]고 하여, 8조목이 공부방법에서 순서의 구별이 있어도 실지에서는 한 가지 일로 관통하고 일체를 이루는 것임을 확인하고 있다.

④ 또한 박심은 '격물'을 '정물(正物)'로 해석하면 '성(誠)'·'정(正)'·'수(修)'·'제(齊)'가 혼란스럽고 불필요한 군더더기가 될 것이라 비판하였는데, 이에 대해 정제두는 "그대는 참으로 '치지'와 '성(誠)'·'정(正)'을 이른바 '물(物)'이 없는 것이라 보는가? 그렇다면 '지(知)'는 무엇을 아는 것이며, '의(意)'는 무엇을 뜻하는 것이며 심(心)은 무엇을 마음에 두는 것인가? 양명이 말하는 '격물'은 일상 볼 수 있는 자리에서 노력하여, 그 '지'의 사물과 '의'의 사물과 '심'의 사물을 바르게 하는 것이니, 그 설은 진실로 이미 8조목의 뜻에 포용되어 통괄되고 있는 것이다"[68]라고 하여, 양명학에서 '격물'은 '치지'·'성의'·'정심'

---

67) 『霞谷集』(160-57·58), 권2, '答朴大叔大學陽明說疑義問目', "其答王天宇曰, 格物致知者, 誠意之功也, … 其答羅整庵曰, … 惟其功夫之詳密, 而要之只是一事, 此所以爲精一之學, 究其實而一焉而已, 非有二功者可知."

68) 『霞谷集』(160-59), 권2, '重答朴大叔問目', "兄信以致知誠正, 無有所謂物邪, 然則知者何知, 意者何意, 心者何心也, 陽明所云格物者, 是於其用力日可見之地, 格其知之物意

과 분리되어 있는 영역이 아니라, 서로 침투되고 소통되어 일체를 이루고 있는 것임을 강조하였다. 이처럼 주자학에서 제기하고 있는 이른바 양명학의 견해는 8조목이 분별이 없는 혼돈스러운 것으로 비쳐진다는 비판에 대해 정제두는 8조목이 공부의 순서가 정연하면서 유기적 일체의 연관구조를 이루는 것임을 밝히고 있다.

⑤ 박심이 '물격(物格)'과 '지지(知至)'는 순서가 뒤집어졌다고 지적한 데 대해, 정제두는 "'격물'은 '치지'의 공부요 '치지'는 '성의'의 공부이다. 그러므로 따스하게 하고 서늘하게 하는 (효)의 일이 바르게 된 뒤에 따스하게 하고 서늘하게 할 줄 아는 '양지'가 비로소 이루어진다고 말한다. … 이것을 '물격(物格)' 한 다음 '지지(知至)'가 있다고 말하는 것이다. … 무릇 그 실지를 행하지 않고 '치(致)'를 말할 수 있는가? 양명의 뜻이 본래 이와 같으니, 단지 그 순서를 볼 뿐이요 그 뒤집어진 것을 보지 못하겠다"[69]고 반박하였다. 박심의 견해에서는 양명학에 따르면 대상의 사물이 선행하는 것이 아니라 내 마음이 중심이 되는 것이므로 '물격' 다음에 '지지'가 아니라 경전 본문과 달리 '지지' 다음에 '물격'이 된다고 해야 맞다고 보았던 것 같다. 그러나 정제두는 '실지에서 행한다(行其實)'는 의미를 중시하여, 공부의 순서에서는 '격물'이 '치지'에 선행하는 것으로 확인하고 있음을 보여 준다.

⑥ 끝으로 박심이 '치지'·'궁리'를 '앎이 다 이루어졌다'고 말한다면 '치지' 한 마디로 충분하여서 '성(誠)'·'정(正)'이나 '수(修)'·'제(齊)'를 말하고 '박문약례(博文約禮)' 등을 말할 필요가 없다고 주장하였는데, 이에 대해 정제두는 "만약 그 요령을 말하면 '치지'의 한 마디로 이미 충분하다. 다만 절목을 자세히 논하려면 여덟 가지 조리를 하나도 빼

之物心之物也, 其說固已包羅統括於八條之義矣."

69) 같은 곳, "格物者致知之功, 致知者誠意之功, 故曰溫凊之事正而後知溫凊之良知始致, … 此之謂物格而有知至, … 夫不行其實而可言致耶, 陽明之意本如是, 只見其順, 未見其倒."

수가 없다. 그래서 성현의 말씀하심이 대개 이와 같았던 것이다"[70]라고 하여, 근본요령에서는 '치지' 하나로 관통할 수 있지만 절목이 없을 수 없음을 강조하고 있다. 그만큼 정제두는 양명학의 입장이 본체에서는 하나로 통합하는 일체임을 확인하면서, 경전에서 제시된 조목은 그 일체를 실현하는 공부의 절차로서 받아들이는 입장을 제시하고 있는 것이다.

(3) '지행'의 쟁점

정제두는 최석정에게 '지행'의 선후 문제를 논변하면서, 『중용』·『맹자』·『논어』·『대학』 등에게 '지 · 행'을 선후로 언급한 경우와 동시로 언급한 경우가 모두 있는 사실을 제시하여 한쪽에 치우칠 수 없음을 밝히면서, "대개 오직 하나인 온전함은 뭇사람들이 다 가질 수 없는 것이니, '지 · 행'을 하나로 할 수 있는 자가 드물다. 무릇 뭇사람들이 할 수 없는 것으로 '지 · 행'이 하나라 말하는 것도 잘못이지만, 뭇사람들이 잃어버린 것 때문에 본체가 하나가 될 수 없다고 의심한다면 어찌 근본이 되는 이론을 얻은 것이겠는가?"[71]라고 하여, 근원에서 말하면 '지 · 행'이 하나이지만, 현실에서 말하면 '지 · 행'이 분리되고 있는 사정을 인정하고 있다. 다만 현실에서 대중들이 '지 · 행'을 일치시키지 못하고 있더라도 학문이 지향하는 것은 '말단을 다스려 근원으로 돌아가게 하는 것(撥其末而反之原)'임을 강조하여, 근원에서 '지 · 행'의 합일을 확인하고 있는 것이다.

민이승이 양명학에 대해 알기만 하고 행하지 않는 문제점이 있다고 지적한 데 대해, 정제두는 바로 이 점은 왕양명이 병통으로 여기는 '지 ·

---

70) 『霞谷集』(160-59), 권2, '重答朴大叔問目', "若語其要, 致知一句, 固已自足, 但細論節目則八者之條理, 不可以缺一, 故聖賢立言, 大槩如此."

71) 『霞谷集』(160-45), 권2, '與崔汝和書', "蓋惟一之全, 衆人固不能盡有則其能知行之一者鮮矣, 夫以衆人之不能, 謂之能知行之一固非也, 以衆人之失, 遂疑其本體之不能爲一則豈得爲原本之論哉."

행'이 분리된 폐단인데 도리어 왕양명을 반박하는 것은 성립할 수 없는 것이라 지적하였다. 따라서 그는 "반드시 행함으로써 앎이라고 말하는 것은 '합일(合一)'의 본의이다. 그러므로 그 말에는 '알고도 행하지 않으면 알았다고 말할 수 없다'고 하였으니, 이것은 과연 그대가 '행하지 않고 알기만 한다'고 변박하는 것과 같은가, 다른가? 그가 병통으로 여기는 것으로 그를 병통으로 삼으니 어찌 그리 동떨어졌는가?"[72]라고 하여, 비판의 논점이 전혀 빗나가 양명학이 비판하는 폐단을 가지고 양명학을 비판하려 드는 오류에 빠졌다고 반박하였다.

또한 민이승이 "알면 반드시 행하려 하고, 행하면 반드시 먼저 알려고 하니, 그 일은 같지 않으나 그 기틀은 서로 기다린다(其機相須)"고 하여, '지'와 '행'이 서로 의지하고 있지만 주자학에서 말하는 '선지후행(先知後行)'의 입장을 제시하였는데, 정제두는 이에 대해 '선후(先後)'나 '상수(相須)'라는 말은 양명학에서 병통으로 삼는 것임을 지적하면서, "무릇 심체(心體)는 본래 알지 못하는 것이 없는데, 오직 사람이 (知를) 이루지 못할 뿐이다. 그러므로 오직 그 '지(知)'를 이루어 다하지 않음이 없으면, 생각하지 않아도 알고 힘쓰지 않아도 들어맞으니, 바로 이른바 강물을 터놓은 듯 왕성하다는 것이다. '지'가 진실로 이르면 '지'가 곧 '행'이요, '행'은 '지'이다. 그 가리킨 명목은 비록 두 가지이나 그 일은 곧 하나일 뿐이다. 이것이 양명의 뜻이다"[73]라고 하여, '지'와 '행'은 두 가지 일이 아니라, 명목만 다를 뿐이지 실지는 한 가지 일이라 인식하여 합일시키는 것이 양명학의 입장임을 밝히고 있다.

---

72) 『霞谷集』(160-19), 권1, '與閔彦暉論辨言正術書', "必欲行之以爲之知者則其合一之本意, 故其言曰知而不行, 不得謂之知, 此果與吾兄所卞不行而徒知者, 合乎異乎, 欲以其所病病其人, 何其遠也."

73) 『霞谷集』(160-22), 권1, '與閔彦暉論辨言正術書', "夫心體本無有不知, 惟人不能致之耳, 故惟致其知而無不盡, 不思不勉, 正所謂沛然若決江河者也, 知苟至焉則知卽是行也, 行則是知矣, 其所指之目雖二, 其事卽一而已, 此陽明之意也."

이에 따라 정제두는 '지 · 행'의 관계에 대한 경우를 몇 가지로 분류하여, "① '지'만 하고 '행'은 못하는 자(徒知而不能行者)와, ② '행'만 힘쓰고 '지'를 못하는 자(務行而不能知者)의 두 가지는 모두 하나만 얻고 하나를 잃어서, 모두 '지행'의 본체를 잃고 두 가지로 삼은 자라고 규정하였다. 또한 ③ 먼저 '치지'하고 뒤에 '역행'하는 자는 두 가지 일을 겸해서 하는 것이요 선후가 서로 기다려 두 가지로 삼는 것이다. ④ 양지를 이루는 것은 '지 · 행'의 본체가 본래 하나이기 때문이다. ⑤ '양지'를 말하면서 이룰 수 없는 자는 이것도 두 가지로 삼아 하나로 할 수 없는 것이다"[74]라고 하였다. 여기서 정제두는 '지'와 '행'의 어느 쪽을 선택하거나 선후로 나누어 두 가지로 삼는 것은 '지 · 행'의 본체가 일체를 이루고 있음을 깨닫지 못한 병통이라 하며, '지 · 행'이 합일된 상태가 바로 '양지'를 이룬 '치양지'의 상태임을 확인한다. 이처럼 정제두는 마음의 본체를 확립함으로써 '지 · 행'이 합일하는 근원을 확보하고자 하였다. 바로 '지행합일'의 본체가 '양지'임을 제시하고 있는 것이다.

또한 정제두는 '지 · 행'의 합일과 더불어 '양지'가 바로 '양능'임을 강조하여 '양지' · '양능'도 두 가지로 갈라놓을 수 없는 것임을 밝히고 있다.

> 천지가 유행하고 발육할 수 있으며, 만물이 조화하고 생성할 수 있는 것이 양지 · 양능이 아님이 없다. 자연의 이치란 이 본체가 아님이 없다. 우리가 '측은'하고 '수오'할 수 있으며, '인민(仁民)'하고 '애물(愛物)'할 수 있으며, '중화(中和)'하고 '위육(位育)'할 수 있는 데 이르기까지 양지 · 양능이 아님이 없다. 하늘이 나에게 준 생각하지 않고 배우지 않아도

---

74) 『霞谷集』(160-29), 권1, '答閔彥暉書', "徒知而不能行者, 務行而不能知者, 此二者皆得一而亡一, 皆失知行之體而爲二者也, 先致知而後力行者, 此以兩事而兼之, 先後而相須, 爲二之也, 致良知, 此知行本體之一而已也, 說良知而不能致者, 此亦爲二而不能一焉耳."

> 있는 본연의 체도 바로 이 본체가 아님이 없다. 그러므로 마음과 이치를 하나로 하고 '지'와 '행'을 합치며, 갈라놓을 수 없다.[75]

여기서 정제두는 '양지 · 양능'이 발현되는 우주적 양상과 인간적 양상을 전체로 조명하여 그 본체가 하나임을 확인함으로써, 왕양명의 '심즉리설'과 '지행합일설'이 모두 이 하나의 본체에 근거하는 것임을 밝히고 있다.

나아가 정제두는 박심과 '지행'의 논변을 전개하면서도, 먼저 "'지'란 그 본체를 말하는 것이요, '행'이란 그 공부를 말하는 것이다. 어찌 두 끝이 있겠는가?"[76]라고 하여, '지'가 본체로서 '양지'임을 확인하고, '지'와 '행'이 본체와 공부로서 두 가지가 아니라 하나의 양면임을 지적하여, '지행합일'이 정당함을 주장한다. 여기서 그는 양명학에서 '지 · 행'의 문제는 바로 '양지 · 양능'의 문제임을 강조하여, "양명의 이른바 지행이란 오로지 나의 '양지' · '양능'의 본체로 말한 것이다. 이것을 알면 그 '지 · 행'의 뜻도 알 수 있다. … 이미 양지라고 하였으니, '지' 가운데 '행'이 있고 '행' 가운데 '지'가 있어 선후를 나눌 수 없다"[77]고 하여, 인간의 마음에서 '인 · 의(仁義)'가 주어진 본체인 것처럼 '양지 · 양능'이 근원하는 하나의 본체를 인식할 때라야 양명학에서 말하는 '지행합일'의 뜻을 제대로 알 수 있는 것이라 역설하였다.

왕양명은 고동교(顧東橋)에게 보낸 답장에서, "사람은 먹고자 하는 마

75) 『霞谷集』(160-30), 권1, '答閔誠齋書', "如天地之能流行發育, 萬物之能化化生生, 無非其良知良能, 自然之理, 無非是此體也, 吾人之能惻隱羞惡, 能仁民愛物, 以至能中和位育也, 無非其良知良能, 天之所與我, 不慮不學而有之本然之體, 卽亦無非是此體也, 故一心理合知行, 而有不得以分歧者也."

76) 『霞谷集』(160-55), 권2, '答朴大叔論天命圖書', "知者其本體之謂也, 行者其工夫之謂也, 豈有兩端哉."

77) 『霞谷集』(160-59 · 60), 권2, '重答朴大叔問目', "陽明所謂知行者, 專以我良知良能之體言之, 知此則其知行之義可見矣, … 旣曰良知, 則知中有行, 行中有知, 不可以分先後."

음이 있고 난 다음에 먹을 줄을 안다. 먹고자 하는 마음이 곧 '의(義)' 요, 곧 '행' 의 시작이다"라고 하였는데, 박심은 이를 반박하여 "먹고자 하는 마음을 '의(意)' 라 하고 '행(行)' 에 속한다고 하는 것은 큰 오류이다. 먹고자 함은 '정(情)' 이다. 마음은 '지' 와 '행' 을 통괄하는 것이니, 만약 억지로 배정한다면 마땅히 '지(知)' 에 속한다고 해야 할 것이다"[78]라고 하였다. 이에 대해 정제두는 "만약 '양지 · 양능' 의 본체를 안다면, '지 · 행' 은 본래 나누어서는 안 된다는 것을 알 것이다. … 다만 그대의 뜻을 살펴보면 반드시 먹을 줄 알고 먹고자 하는 것을 '지' 와 '행' 으로 나누려 하는데, 그 귀결을 고찰해 보면 또한 정(情) · 욕(欲) · 의(意) · 식(食)을 마음의 '지' 라고 하니, 어찌 '지 · 행' 이 스스로 나누어질 수 없음이 이와 같지 않겠는가? 여기서 '지 · 행' 의 본체를 알 수 있다"[79]고 하였다. 그것은 정제두가 양명학을 반박하는 박심의 말 속에서 도리어 양명학에서 말하는 '지행합일' 의 본체가 드러나고 있는 것이라 반증하고 있는 것이다. 문제는 '지 · 행' 의 명목이 중요한 것이 아니라, '지 · 행' 이 이루어지는 본체로서 마음을 근원으로 돌아보게 하는 것이요, 이 마음의 본체에서는 '지 · 행' 이 두 가지 일로 완전히 갈라져 있을 수 없음을 확인한다.

따라서 박심이 "사람은 먹고자 하는 마음이 있으면 반드시 먼저 그것이 먹을 수 있는 것인지를 아는 것이 있은 다음에 비로소 이 마음(먹고자 하는 마음)을 가진다"고 하여, '선지후행' 의 입장을 밝혔을 때에도, 정제두는 이에 대해 "사람이 굶주려 먹고자 하는 마음을 발동할 때도 반드시

78) 『霞谷集』(160-60), 권2, '重答朴大叔問目', "陽明答顧東橋書曰, 人有欲食之心, 然後知食, 欲食之心卽是意, 卽是行之始矣, 以欲食之心, 爲意爲屬行大謬, 夫欲食是情也, 心統知行, 而若硬定分排則當屬知."

79) 같은 곳, "若知良知良能之體則知知行之本不當分矣, … 但詳來意, 必以知食欲食, 將分知行, 而及考其歸則又不得不以情欲意食, 爲心之知, 豈非知行之自不可分有如是邪, 於此可以知行之體矣."

그것이 먹을 수 있는 것인지를 배워서 안 다음에 먹고자 하는 마음을 발동하게 되는 것인가?"[80]라고 반문하여, 먹으려는 마음이 발동할 때의 구체적 상황에서 '행'과 '지'가 동시에 일어나고 있는 것이지, '지'가 이루어진 다음에 '행'을 하는 단계적 순서가 있는 것이 아님을 강조하였다.

5. 논변이 지닌 특성

정제두를 둘러싼 친우들 사이의 양명학 논변을 보면 몇 가지 중요한 특성을 확인할 수 있다. 첫째, 무엇보다 논변이 지닌 학문적 진지성이 주목된다. 편지를 통해 제기된 의문점이나 비판에 대해 단락별로 나누어 세밀하게 해명하거나 반박하는 데서도 드러나지만, 최석정의 「변학(辨學)」, 민이승의 「변언(辨言)」·「정술(正術)」 등 비판이론을 체계적으로 정리한 저술을 제시하고서, 그 내용에 대한 토론을 전개하는 한 단계 심화된 논변의 자세를 보여 준다. 정제두와 스승 박세채의 양명학 논변에서 박세채의 「왕양명학변(王陽明學辨)」이 제시되면서 새로운 토론문화의 차원을 열어갔던 것이라 할 수 있다.

둘째, 박세채-정제두 사이의 사제간에 전개된 양명학 논변은 양쪽의 왕복편지와 박세채의 「왕양명학변」 등 자료가 비교적 잘 남아 있어서 서로의 이론적 입장을 어느 정도 파악할 수 있는 것이 사실이다. 그러나 정제두-최석정 · 민이승 · 박심 사이의 친우간에 전개된 양명학 논변은 정제두의 편지만 남아 있는 상태이고, 최석정 · 민이승 · 박심의 편지는 거의 전무한 형편이요, 최석정의 「변학」과 민이승의 「변언」·「정술」마저 남아 있지 않으니, 사실상 양쪽의 입장을 동시에 볼 수 있는 길은 없고,

80) 같은 곳, "人有欲食之心, 必先有以知其可食然後方有此心云云. 人之飢而發欲食之心者, 亦必要學知其可食而後乃發其欲食之心與."

단지 정제두의 반박과 해명이라는 일방적 입장을 통해 논변의 쟁점과 내용을 엿볼 수 있을 뿐이다. 그만큼 정제두와 친우들 사이의 양명학 논변의 학문적 가치는 매우 크지만 그 내용을 균형 있게 이해하는 데는 자료의 결손으로 결정적 한계에 부딪치고 있는 실정이다.

셋째, 정제두와 친우들 사이의 양명학 논변이 지닌 또 하나의 중요한 특징은 정제두와 박세채 사이의 사제간 논변의 경우가 박세채의 비판에 대한 정제두의 진지한 해명이 주류를 이루었던 것과는 달리, 친우들 사이였으므로 훨씬 더 직접적인 반박과 토론자세에 대한 비판적 반성이 분명하게 드러나고 있다는 사실이다. 민이승의 비판에서 양명학에 빠져 있으면 이단으로 단죄되어 "죽임을 당할 것이다"라고 경고하자, 이에 대해 정제두는 "만약 죽임을 당한다고 재앙으로 위협하는 것이라면 나의 알 바가 아니다. 죽이고 욕 주는 것은 학문을 권장하는 일이 아니다. … 학문을 논하다가 죄를 입어도 한스럽지 않다"[81]고 반론을 제기하는 자세에서 친우 사이가 아니면 드러내기 어려운 진지하고 솔직한 자세를 극명하게 보여주고 있다. 이와 더불어 정제두는 친우들의 양명학 비판에 대해 양명학의 입장을 이해하지 못한 점을 지적하거나, 왕양명의 주장이 아닌 견해로 비판하거나, 왕양명의 주장을 가지고 도로 왕양명을 비판하는 등 비판의 논점이 빗나간 점을 강력하게 반박하고 있는 사실도 친우간의 논변에서 드러나는 솔직함을 보여주는 것이라 하겠다.

다섯째, 친우 세 사람과의 논변을 보면 서로의 관심에 따라 쟁점에 차이를 드러내고 있는 점이 눈에 띈다. '심즉리'의 문제는 민이승과 주로 토론하고, '친민'의 문제는 최석정 · 박심과 토론하며, '격물'의 문제는 박심, '지행'의 문제는 민이승 · 박심과 주로 토론하고 있는 사실을 확인할 수 있다. 특히 민이승이 '양지도(良知圖)'를 그려서 제시하고 정제두가 이를 수정하여 다시 '양지도'를 그리면서, '양지' 개념을 정밀하게

81) 『霞谷集』(160-31), 권1, '答閔誠齋書'.

토론하였던 사실이나, 박심이 '천명도(天命圖)'를 그려 마음의 본체를 해명하려 하고 있는 점에서 도상(圖象)을 통한 쟁점의 정밀한 분석을 추구하는 양상도 보여 준다. 이와 더불어 정제두는 논변의 과정에서 자신의 양명학적 입장을 논증하기 위해 쟁점의 논거를 경전 속에서 다양하게 찾아내고 있는 사실도 중요한 특징의 하나라 할 수 있다.

전반적으로 보면 정제두는 양명학이 주자학의 이원론적 분열을 극복하고 일원론적 근거를 확립하는 입장에 있음을 입증하는 데 정밀한 관심과 주의를 기울이고 있다. 그만큼 정제두는 양명학을 통해 주자학의 대립형식의 분석적 이해를 벗어나 마음의 본체에서 근원적 일치를 확보하고 이를 통해 통합적이고 일관하는 세계질서를 추구하였던 것이라 할 수 있겠다.

3 _ 한원진의 양명학 비판론

1. 18세기 초 양명학 비판론의 과제

17세기 말과 18세기 초에 정제두(霞谷 鄭齊斗, 1649-1736)와 친우 사이의 양명학 논변은 자료가 정제두의 문집에만 주로 남아 있기 때문에 사실상 정제두의 입장에서 비판론에 대해 반박하고 양명학을 변호하는 이론으로 전개되고 있으며, 따라서 주자학에서 제기하는 비판의 이론을 명확하게 파악하기 어려운 실정이다. 18세기 초에 주자학의 입장에서 양명학을 비판하였던 인물로 송징은(約軒 宋徵殷, 1652-1720)과 한원진(南塘 韓元震, 1682-1751) 두 사람을 들 수 있다.

먼저 정제두와 그보다 3세 연하인 송징은 두 사람은 모두 박세채(南溪 朴世采)의 문인이었던 만큼 같은 소론계열이요 동문 사이였다. 그러나 송징은과 정제두의 문집에는 서로 주고받은 편지가 전혀 남아 있지 않은 사실로 보면 두 사람 사이에 깊은 친교가 없었던 것으로 보인다. 또한 송징은이 스승 박세채나 동문인 최석정(崔錫鼎)과 박심(朴鐔)에게 보낸 편지에도 양명학에 관련한 언급이 전혀 없는 것으로 보면, 실질적으로 송징은이 당시 박세채 문하에서 정제두를 중심으로 일어났던 양명학 논변에 전혀 참여하지 않았던 것으로 볼 수 있다. 그러나 송징은의 저술 가운데 「양명논학변(陽明論學辨)」이라는 글이 한 편 남아 있어서 그가 박세채 문하에서 전개되었던 양명학 논변의 과정을 어느 정도 감지하고 그 자신의 독자적 견해로서 양명학에 대한 비판이론을 제시하였던 사실을 엿볼 수 있다. 이 점에서 송징은의 「양명논학변」은 비록 동문 친우들과 토론을 공유하였던 것은 아니라 하더라도, 정제두와 친우들 사이의 논변에서는 자료가 심하게 유실되었기 때문에 양쪽 입장을 균형 있게 파악하기 어려운 현실에서 양명학 비판론의 입장을 보완해 주는 의미가 있다고 하겠다.

이에 비해 한원진은 정제두나 송징은보다 한 세대 뒤의 인물이고, 송시열(尤庵 宋時烈), 권상하(遂菴 權尙夏), 한원진으로 이어지는 호서지역 노론학맥의 계승자였으며, 이른바 호락논쟁(湖洛論爭)에서 인물성상이론(人物性相異論)을 주장하는 호론(湖論)계열의 대표적 성리학자이다. 그가 당시 정제두를 둘러싼 소론계열 학자들 사이에 양명학 논변이 일어났던 사실을 알고 있었다는 정황은 확인할 수 없으며, 그 자신의 도학적 정통의식에 따른 이단비판론의 일환으로 양명학 비판에 관심을 가졌던 것으로 보인다.

한원진은 주자의 정통성을 확립하고 주자학의 기준을 확보하기 위해 송시열이 착수하였던 작업을 이어서 『주자언론동이고(朱子言論同異考)』(1724)를 완성하였으며, 이단으로 장자를 비판한 『장자변해(莊子辨解)』(1716)와 불교를 비판한 「선학통변(禪學通辨)」(1717)의 저술을 비롯하여, 유교전통에서도 주자에 어긋난 학풍을 비판하는 저술로서 나흠순(羅欽順)에 대해 「나정암곤지기변(羅整菴困知記辨)」(1713)을 짓고, 왕양명에 대해 「전습록변(傳習錄辨)」(1708)과 「왕양명집변(王陽明集辨)」(1737)을 지어, 엄격한 비판이론을 전개하였다.

송징은의 양명학 비판이 주자학과의 차이점에 대해 의문을 제기하거나 조심스럽게 비판적 견해를 제시하는 성격을 보여 주고 있다면, 한원진은 주자학적 신념에 따른 단호한 비판이론을 제기하는 입장이 두드러지는 경우라 할 수 있다. 한원진은 자신이 양명학 변론에 관심을 갖게 되는 과정으로 처음에는 퇴계의 「전습록논변(傳習錄論辯)」을 보고서 양명학을 마땅히 변론해야 할 것으로 알고, 27세 때(1708) 「전습록변」을 저술하였던 것이요, 그 다음에 나흠순의 『정암집(整菴集)』에서 왕양명의 '양지설(良知說)' 을 변론한 것을 보고서 마땅히 변론해야 할 것으로 알았지만 그때까지 『왕양명전집(王陽明全集)』을 구해 보지 않았다고 한다. 그 후 55세 때(1736) 가을 친우(金伯三)를 통해 『왕양명전집』을 구해 보고 양명학의 전반적 체계를 파악하고 나서, 이전에 자신의 「전습록변」이 미진한 것을 깨달았으며, 또 나정암의 변론에 대해서도 그 불충분함을 인식하여, 이듬해 3월에 「왕양명집변」을 저술하였던 것이다.[1)]

송징은과 한원진의 양명학 비판은 주자학의 입장에서 양명학을 비판하는 쟁점이 무엇인지, 그리고 비판의 이론적 논거를 어떻게 정립하는지 확인할 수 있는 자료로서 당시의 학문수준을 확인할 수 있는 중요한 의미가 있다. 특히 한원진의 정밀한 비판이론은 주자학의 양명학 비판이 도달한 한 정점을 보여 주는 것으로 주목하고자 한다.

2. 송징은의 「양명논학변」과 양명학 비판론

송징은의 「양명논학변(陽明論學辨)」은 『전습록(傳習錄)』을 중심으로

1) 『南塘集』, 권27, 26, '王陽明集辨', "余於前日未見陽明集, 獨於退溪集中, 見其有所辨陽明說數條, 以爲其學之當辨者, 只如此已矣, 後又得整菴集讀之, 見其有所辨陽明良知說, 又以爲其學之當辨者, 盡於此已矣, 亦不復求見其全集, 丙辰秋始托友人金伯三求見, 伯三以其全集見示, 於是盡見其爲學本末, 而前者之辨, 覺其有未盡也." 및 『南塘年譜』, 권3, 13, '丁巳 3月' 條 참조.

왕양명의 저술에서 다양하게 인용한 24조의 항목을 제시하고, 각 항목에 대해 간단한 비판적 견해를 밝히고 있는 것이다. 이 24조의 항목을 주제별로 다시 분류해 보면 크게 '격물치지(格物致知)' 8조, '지행(知行)' 6조, '양지(良知)' 4조, '심-리(心-理)' 6조의 네 가지 영역으로 나누어 볼 수 있다.

(1) '격물치지'에 대한 논변

왕양명이 군자의 학문은 '성의'를 주장으로 삼으며, '격물 · 치지'는 '성의'의 공부라고 한 데 대해, 송징은은 "'성의'를 하고자 하면 먼저 '치지'를 하고, '치지'는 '격물'에 있다는 것이 곧 『대학』의 공부하는 순서인데, 만약 '격물 · 치지'로 '성의'의 공부로 삼는다면 이것은 첫머리의 격물 · 치지 공부가 빠지는 것이 되니 『대학』과 합치하지 않는다"[2]고 하였다. 그것은 왕양명이 '격물 · 치지'를 '성의' 속에 내포시켜 일치성을 강조하는 입장이라면, 송징은의 입장은 『대학』의 본래 의도는 '격물', '치지', '성의'로 가는 공부의 순서를 중시하므로 왕양명의 입장과는 다르다는 것이다.

같은 맥락에서 왕양명이 '격물'을 머리끝에서 꼬리끝까지 관철하는 것이요, 처음 배우는 사람부터 성인에 이르기까지 단지 이 공부뿐이라 주장한 데 대해, 그는 "'격물'은 곧 사물에 나아가서 그 이치를 추구하는 것을 말하니 『대학』에서 처음 공부하는 자리이다. 위로는 '성의' · '정심'의 공부가 있으니, 머리끝부터 꼬리끝까지 관철한다고 할 수 없을 뿐만 아니라 성인은 이미 이치를 궁구하고 성품을 다하였으므로 단지 이 공부뿐이라 말하는 것은 온당하지 않다"[3]고 하여, '격물'을 전체에 관통

2) 『約軒集』, 권10, 32, '陽明論學辨', "欲誠其意, 先致其知, 致知在格物者, 卽大學工夫次序, 而若以格致爲誠意之功, 則是初頭闕却格致工夫, 與本經不合."

3) 같은 곳, "格物, 卽就事物, 推求其理之謂, 大學最初用工處, 上面有誠正工夫, 不可謂之徹首徹尾, 且聖人則已窮理盡性, 所謂只此工夫云者, 恐未安."

하는 것으로 보는 일체적 관점이 아니라, 공부의 출발점으로 보는 단계적 관점으로 보고 있다.

또한 왕양명은 '격물'을 '마음의 사물을 바로잡는 것(格物者, 格其心之物也.〈答羅整菴書〉)'이라 하였는데, 이에 대해 그는 "사물이란 바깥이고, 마음과 지각은 안이다. 천하에 이치 바깥의 사물은 없으며, 그 이치는 내 마음에 갖추어 있으니, 사물에 나아가서 이치를 궁구하면 나의 지식을 극도로 미루어 갈 수 있다"[4]고 하여, 마음과 사물을 안과 밖으로 분명히 구별하는 입장을 견지하면서 왕양명이 말하는 '마음의 사물'을 안과 밖을 혼합시키는 병통에 빠진 것이라 비판하고 있다. 이처럼 왕양명의 입장은 마음으로 사물과 이치를 통합시키고 있는 것이라면, 송징은의 관점은 이치로 사물과 마음을 일관시키고 있는 것으로 관점의 중심이 달라지고 있음을 잘 드러내 주는 것이다.

나아가 왕양명은 주자가 '격물'을 '사물에 나아가 이치를 궁구하는 것(卽物而窮其理)'이라 해석한 것이 마음과 이치를 두 가지로 나누어 놓고 사물에서 이치를 구하는 것이라 비판하였는데, 이에 대해 송징은은 "천하의 모든 일과 사물은 이치가 없는 것이 없으며, 이치의 본체는 내 마음에 갖추어 있다. 이른바 사물에 나아가서 이치를 궁구한다는 것은 내 마음이 이미 아는 이치에 따라서 더욱 궁구하여 그 극진한 데까지 이르기를 구하는 것이다"[5]라고 하였다. 왕양명의 비판과는 달리 주자의 입장은 이치가 사물 속에 있다는 것이 아니라, 내 마음의 이치를 사물에 나아가서 더욱 극진한 데까지 궁구해 가는 것이라 해명한다. 따라서 이치는 왕양명의 비판과는 달리 마음 바깥에 있는 것이 아니라, 내 마음에 있으면서 사물에 있는 이치와 상응함으로써 내 마음의 이치를 궁구해 가는 것

4) 같은 곳, "事物, 外也, 心知, 內也, 天下無理外之物, 而其理則具於吾心, 卽物而窮其理, 則可以推極吾之知識也."

5) 『約軒集』, 권10, 36, '陽明論學辨', "天下之事事物物, 莫不有理, 而理之體, 具於吾心, 所謂卽物而窮其理者, 蓋因吾心已知之理而益窮之, 以求至乎其極也."

이라 강조한다. 곧 이치는 안과 밖이 소통하는 것으로 확인함으로써, 양명의 비판과 달리 밖에만 있는 것이 아닐 뿐만 아니라, 양명의 견해와도 달리 이치가 마음 안에만 있는 것도 아니라고 본다. 이 점은 왕양명의 '격물'에 대한 해석이 '심즉리설'과 연결되어 있음을 보여 주는 것이다. 송징은은 왕양명이 '심즉리설'에 따라 주자를 비판한 점을 해명하면서, 주자의 '리' 개념에 따라 양명학의 '심즉리설'과 '격물설'을 비판하고 있는 것이다.

왕양명이 "'치지'의 공부는 일이 있고 일이 없음에 차이가 없다(致知之功, 無間於有事無事.〈答陸原靜書, 又〉)"고 언급한 데 대해, "'致知'는 일에 나아가서 이치를 궁구하여 나의 '지(知)'를 이루는 것이니, 일이 없는데 '치지'할 수 있다는 것은 (불교의) '돈오법(頓悟法)'이다"[6]라고 하여, '치지'란 사물에 나아가 이치를 궁구하는 '격물'의 대상세계가 없이는 성립될 수 없는 것임을 강조하고 있다. 그만큼 양명학이 불교의 유심론적 입장과 상통하는 것으로 확인하고, 이에 상반하여 객관적 대상세계를 '치지'의 필수적 요소로 확인하는 주자학적 입장을 밝히고 있는 것이다.

(2) '지행'의 문제

송징은은 양명학의 '지행합일설'에 대한 비판적 견해를 제시하고 있다. 왕양명은 『중용』에서 말하는 '박학 · 심문 · 신사 · 명변 · 독행(博學 · 審問 · 愼思 · 明辨 · 篤行)'의 다섯 단계를 모두 '명선(明善)'으로 '성신(誠身)'의 공부라 하였다. 이에 대해 송징은은 "'박학 · 심문 · 신사 · 명변'은 이른바 '명선'이지만, '독행'은 '성신'이 되니, 합쳐서 하나로 하는 것은 온당하지 않다. '명선'은 '지'에 속하고, '성신'은 '행'에 속하니, '지'와 '행'을 나누지 않는 것은 역시 혼돈에 빠져드는 것이다"[7]라

6) 『約軒集』, 권10, 34, '陽明論學辨', "致知者, 卽事而窮理, 以致吾知也, 無事而能致知, 卽頓悟法."

고 하였다. 그는 '박학 · 심문 · 신사 · 명변'-'명선'-'지(知)'와 '독행'-'성신'-'행(行)'의 두 영역을 명확히 구별하여 '지' · '행'을 하나로 합쳐서 보는 양명학의 입장을 거부하였다.

또한 왕양명은 '지행합일'의 입장에서 "'지'가 진실하고 독실한 곳이 곧 '행'이요, '행'이 밝게 깨닫고 정밀하게 살피는 곳이 곧 '지'이다"(「答顧東橋書」)라고 하였는데, 이에 대해 송징은은 "진실하고 독실함은 곧 '행'이요 '지'에 소속시킬 수 없으며, 밝게 깨닫고 정밀하게 살피는 것은 곧 '지'요 '행'에 소속시킬 수 없다. '지'와 '행'은 비록 분리될 수 없지만 공부와 의의는 스스로 구별되니 혼돈시켜 말할 수 없다"[8]고 하여, '지'와 '행'이 실제에서는 분리되지 않는 것임을 인정하지만, 개념적 구별은 분명한 것인 만큼 '지' · '행'을 뒤섞어 놓고 말할 수는 없는 것임을 강조하여, '지행합일설'의 개념적 혼돈을 비판하고 있다.

나아가 그는 『맹자』(「盡心上」)에서 말한 '지성(知性)' · '지천(知天)'은 '지'에 속하고, '존심(存心)' · '양성(養性)'은 '행'에 속하며 '요수불이(殀壽不貳)' 이하는 '지'와 '행'을 합쳐서 말한 것이라 지적하고, 이에 따라 "'진심(盡心)'은 곧 '지'의 지극함이요 '안행(安行)'의 뜻이 없으며, '양성(養性)'은 '성 · 정(誠正: 誠意 · 正心)'의 공부요 '학(學)'과 '지'의 뜻이 없다. 하물며 '요수불이'는 '지천(知天)'의 공부요, '수신이사(修身以俟)'는 '존 · 양(存養: 存心 · 養性)'의 공부이다. 성인이 말씀을 하심은 반드시 '지'와 '행'을 두 가지로 하시며 '지'를 '행'으로 삼고 '행'을 '지'로 삼아 왕양명이 논의하는 것과 같은 것은 없다"[9]고 하였다.

---

7) 『約軒集』, 권10, 32, '陽明論學辨', "學問思辨, 所謂明善, 而篤行, 爲誠身也, 合而一之, 未穩, 明善屬知, 誠身屬行, 不分知行, 亦涉混圇."

8) 『約軒集』, 권10, 35, '陽明論學辨', "知之眞切篤實處, 卽是行, 行之明覺精察處, 卽是知./切篤實, 卽是行而不可屬之知, 明覺精察, 卽是知而不可屬之行, 知行雖不可離, 而工夫意義則自別, 不可混圇言之也."

9) 『約軒集』, 권10, 35-36, '陽明論學辨', "知性知天, 屬知, 存心養性, 屬行, 殀壽不貳以下, 合知行而言, … 夫盡心, 卽知之至, 而未有安行底意, 養性, 卽誠正工夫, 而無學知底意, 況

곧 『맹자』의 언급을 분석하면서 성인의 모든 말씀에서 '지'와 '행'이 뒤섞여 언급되는 일이 없으며, 언제나 '지'·'행'이 명확하게 대비되고 있음을 강조하여, 왕양명의 '지행합일설'을 비판하고 있는 것이다.

(3) '양지'의 개념에 대한 이해

맹자가 "'시비지심(是非之心)'은 '지'이다"라고 말한 '시비지심'으로서의 '지'를 왕양명은 '양지'로 인식하고 있는 데 대해, 송징은은 "맹자가 말하는 '양지'는 어버이를 친애하고 형을 공경하는 것을 말하며, '시비지심'의 '지'와는 다르니, 합쳐서 하나로 하는 것은 온당치 않은 듯하다"[10]라고 하였다. '양지'란 어버이를 친애하고 형을 공경하는 선천적 도덕의식이라 파악함으로써, '시비지심'의 분별적 가치판단의식과 '양지'를 일치시키는 왕양명의 견해를 매우 부드럽지만 단호하게 거부하고 있는 것이다.

또한 왕양명이 "'양지'는 하나이지만, 그 묘용(妙用)으로 말하면 '신(神)'이요, 그 유행(流行)으로 말하면 '기(氣)'요, 그 응취(凝聚)로 말하면 '정(精)'이다"(「答陸原靜書」)라고 하였는데, 송징은은 이에 대해 "(왕양명이) 이미 '양지'는 마음의 본체요 곧 이른바 '성선(性善)'이라고 말하고서, 또 '유행'으로 말하면 '기'라 한다고 말하였으니, '이(理)'를 '기(氣)'로 인식하는 병통을 면할 수 없다"[11]고 하였다. 여기서 그는 왕양명이 '양지'를 본체(理)라 보기도 하고 '기'로 보기도 하여, '이·기' 개념의 혼동이라는 근원적 문제점을 일으키고 있음을 비판한 것이다. 같

殀壽不貳, 卽知天之功, 修身以俟, 是存養之功, 聖賢立言, 必以知行兩下, 未有以知爲行, 以行爲知, 如陽明所論也."

10) 『約軒集』, 권10, 33, '陽明論學辨', "孟子所謂良知, 卽愛親敬兄之謂也, 與是非之知不同, 而合而一之, 似未安."

11) 같은 곳, "旣曰良知, 心之本體, 卽所謂性善也, 又曰, 以其流行而言, 謂之氣, 未免認理爲氣之病."

은 맥락에서 왕양명이 "'허령·명각(虛靈明覺)' 한 '양지'가 감응하여 움직인 것을 '의(意)'라 한다"(「答顧東橋書」)고 언급하였는데, 이에 대해 송징은은 "'양지'는 곧 '성(性)'이요, 감응하여 움직인 것은 '정(情)'이요, 헤아리고 비교함이 있는 것은 '의(意)'이니, 이 한 단락은 '정'을 '의'라고 인식한 병통이 있다"[12]고 하였다. 주자학의 '성'·'정'·'의'의 개념구별에 근거하여, 왕양명이 '의'라고 한 용어사용이 부정확함을 지적한 것이다.

나아가 왕양명이 '계신·공구(戒愼恐懼)' 할 수 있는 것을 '양지'라 하였는데, 이에 대해 그는 "보이지도 들리지도 않는 자리에서 '계신·공구' 하는 것은 곧 학자가 '경(敬)'을 지키는 공부이다. '양지'는 이미 마음의 본체요, '계신'이란 '양지'를 간직하고 배양하는 공부인데 '양지'라 말하는 것은 특히 알 수 없는 일이다"[13]라고 하여, 공부로서 '계신·공구'와 마음의 본체로서 '양지'를 동일시할 수 없다는 분별의 입장을 강조하며, 체용일원(體用一源)의 입장에서 일체적 인식을 주장하는 양명학의 입장을 개념적 혼동으로 거부하고 있다.

(4) '심-리(心-理)'의 문제

송징은은 왕양명의 '심즉리설(心卽理說)'을 비판하고 있다. 먼저 '이(理)' 개념에 대해 왕양명이 이치는 움직임이 없는 것(無動者)이라 하고, 또 '움직이지만 일찍이 움직임이 없다(動而未嘗動)'고 하였는데,(「答陸原靜書, 又」) 이에 대해 그는 "'양'이 움직이고 '음'이 고요하니 이치는 그 가운데 있다. 어찌 고요함만 있고 움직임이 없는 이치가 있겠는가? 이른바 '움직이지만 일찍이 움직임이 없다'는 것은 불교의 설에 가깝다"[14]

---

12) 『約軒集』, 권10, 37, '陽明論學辨', "良知, 卽性也, 而感而動者, 卽情也, 有所計較者, 是意也, 此一段, 有認情爲意之病."

13) 『約軒集』, 권10, 34, '陽明論學辨', "戒愼恐懼於不覩不聞之地者, 卽學者持敬工夫也, 良知, 旣是心之本體, 則戒愼, 乃持養良知之工夫, 謂之是良知者, 殊未可曉."

고 규정하였다. 곧 이치는 '동 · 정'을 넘어서 있는 것이지만 '동(動)'이 없이 '정(靜)'만 있는 것이 아님을 확인하고, '움직이지만 일찍이 움직임이 없다'는 표현법은 '동 · 정'을 초월한 근원으로서 이치를 가리키는 표현이 아니라, 모순개념을 통해 양쪽을 부정하여 본체를 드러내는 불교적 표현방법이라 하여 비판하고 있는 것이다.

또한 왕양명은 부모를 친애하는 마음이나 임금에 충성하는 마음이 있으면 '효'나 '충'의 이치가 있고, 그 마음이 없으면 그 이치가 없다고 언급하였다.(「答顧東橋書」) 이에 대해 송징은은 "이의 본체는 마음에 갖추어 있으니 '효'의 이치가 있기 때문에 부모를 친애하는 마음이 있고, '충'의 이치가 있기 때문에 임금에 충성하는 마음이 있게 된다. 이 몇 단락의 논의는 뒤집힌 설명을 면치 못한다"[15]라고 하여, 본체인 이치에서 마음이 발동되어 나오는 것이지, 마음의 발동이 있어서 본체인 이치가 있게 되는 것이 아니라고 왕양명의 언급을 반박하였다. 따라서 그는 '충 · 효'의 이치는 마음속에 있지만 '충 · 효'의 마음을 드러내지 못하는 경우는 있어도 그 반대로 '충 · 효'의 마음이 있는데 '충 · 효'의 이치가 없을 수는 없다고 하여, 왕양명이 체용과 본말을 뒤집어놓고 있는 것이라 비판하고 있는 것이다.

나아가 왕양명이 "만사 만물의 이치가 내 마음에서 벗어나지 않는다(萬事萬物之理, 不外於吾心)"고 말한 데 대해서는 송징은도 전적으로 동의한다. 그러나 왕양명이 '심즉리'의 입장에서 만사만물의 이치를 밖으로 천하의 넓은 곳에서 구하여 마음의 '양지'에 보태려는 것은 마음과 이치를 둘로 나누고 있는 것이라 비판한 데 대해,(「答顧東橋書」) "천하 만물의 이치가 모두 내 마음에 갖추어져 있지만 그 작용은 사물에 흩어

---

14) 『約軒集』, 권10, 33, '陽明論學辨', "陽動陰靜而理在其中, 豈有靜而無動之理, 所謂動而未嘗動者, 又近於蔥嶺之說."

15) 『約軒集』, 권10, 35, '陽明論學辨', "理之體, 具於心, 有孝之理, 故有孝親之心, 有忠之理, 故有忠君之心, 此數段論, 未免倒說."

져 있으니 정밀하고 거칠며 거대하고 세밀함은 반드시 하나하나씩 궁구하여, … 오래도록 노력을 쌓아 가면 자연히 시원하게 관통하여 내 마음의 전체(全體)와 대용(大用)이 밝혀지지 않음이 없게 된다. 만약 단지 내 마음의 '양지' 만을 구하여 천하의 사물을 궁구하고자 한다면 이것은 '돈오(頓悟)' 의 법이니, 어찌 '치지(致知)' 를 할 수 있겠는가?"[16]라고 하였다. 송징은은 만물의 이치가 내 마음에 갖추어져 있음을 인정하더라도, 왕양명의 '심즉리설' 에서처럼 대상의 사물에서 이치를 궁구하지 않으면 마음의 이치가 천하에 관통할 수 없는 것임을 강조하고 있다. 곧 사물과 마음의 이치가 상호 조명되면서 마음의 이치가 극진하게 실현될 수 있는 것이지, 내 마음의 '양지' 만 가지고 천하에 통용하려는 것은 불교의 유심론에 따른 '돈오' 의 방법이라 규정하고, 이러한 양명학의 '심즉리설' 에서는 '치지' 도 실현할 수 없게 된다고 비판한다.

이처럼 송징은의 양명학 비판은 주자학의 입장이 양명학과 다른 점을 선명하게 드러내는 데 관심을 기울인 것이요, 그 개념적 차이를 주자학적 입장에서 비판하고 있을 뿐이지, 양명학적 사유체계의 이론적 근거를 성찰하고 분석하는 데까지 나아가지는 못하였다. 바로 이 점에서 정제두의 양명학을 변호하는 논리에 상대되기에는 정제두와 논변을 벌였던 동문 친우들의 비판과 주장은 주자학의 일방적 입장에서 여전히 벗어나지 못하고 있는 것이 사실이다.

16) 『約軒集』, 권10, 37, '陽明論學辨', "萬事萬物之理, 不外於吾心者, 固是也, 而曰以吾心之於知, 爲未足, 而必外求天下之廣云者, 未嘗知天下萬物之理, 皆具於吾之心, 而其用則散在事物, 精粗巨細, 必須逐件窮究, … 積久用力, 自然豁然貫通, 而吾心之全體大用, 無不明矣, 若只求吾心之良知, 而欲窮天下之物, 此乃頓悟法, 豈能致其知哉."

3. 한원진의 「전습록변」과 퇴계 양명학 비판의 재검토

「전습록변(傳習錄辨)」은 한원진이 27세 때(1708) 저술한 것으로, 퇴계가 양명학을 비판한 저술인 「전습록논변」 4조에서 한원진이 3조를 취하여, 퇴계의 양명학 비판을 재검토하여 보완하거나 수정하는 방법으로 양명학 비판을 한 단계 더욱 정밀하게 심화시키고 있다.

먼저 「전습록논변」의 첫 조목에서 왕양명이 주자의 '신민설'을 거부하고 『대학』의 옛 판본대로 '친민'을 내세운 데 대해, 퇴계는 "대학의 '도'는 '명명덕'에 있다고 말한 것은 자기가 배움으로 말미암아 그 덕을 밝힌다는 것을 말한 것이고, 이어서 '신민'에 있다고 말한 것은 자기의 배움을 미루어 백성에게 미쳐 그 덕을 새롭게 하도록 하는 것을 말한 것이니, 이 두 가지는 모두 '학(學)'자의 뜻을 띠고 일관하는 설이 되어, 기른다거나 친한다는 뜻과는 처음부터 서로 관여하지 않는다"[17]고 반박하였다. 이에 대해 한원진은 퇴계의 변론이 간략하면서 명백함을 인정하였다. 그러나 '치국(治國)'·'평천하(平天下)' 장에서 '신(新)'자의 뜻이 발명됨이 없다는 왕양명의 지적에 대해 퇴계의 변론이 없음을 한원진 자신이 보완하겠다는 입장을 밝혔다.

여기서 그는 '명명덕'과 「전(傳)」 2장의 '작신민(作新民)'과 「전」 4장의 '사민무송(使民無訟)'이 모두 '신(新)'자의 뜻이요, '친(親)'자의 뜻이 아님을 지적하고, '제가' 장의 '호이지기악(好而知其惡)'과, '치국' 장에서 '교(敎)'를 말한 것과, '평천하' 장의 '혈구(絜矩)'도 '신'자의 뜻을 발명한 것임을 강조하였다. 다만 '어진이를 가까이한다(親賢)', '이로움을 즐거워한다(樂利)', '어린아이를 보호하듯 한다(如保赤子)', '백성의

---

17) 『退溪集』, 권41, 24, '傳習錄論辯', "曰大學之道, 在明明德者, 言己之由學以明其德也, 繼之曰在新民者, 言推己之學以及民, 使之亦新其德也, 二者皆帶學字意, 作一串說, 與養之親之之意, 初不相涉."

부모이다(民之父母)' 라는 말들이 비록 '친' 자의 뜻에 가까운 것임을 인정한다. 따라서 그는 『대학』 한 편의 대의로 백성에 미치는 곳을 말한 것이 모두 '신' 자의 뜻에 가깝고, '친' 자의 뜻은 몇 마디에 불과함을 지적하고, 정자 · 주자가 '친민' 의 '친' 자를 '신' 자로 고친 것은 단지 '신' 자의 뜻이 소통될 뿐만 아니라 실지로 「전」의 글에 의거하여 바로잡은 것임을 역설하였다.

> (『대학』의) 「경(經)」에 의거하고 「전(傳)」을 고찰하면 '신' 자가 반드시 옳다는 것을 볼 수 있으며, 정자 · 주자 같은 대현(大賢)이 여기에 대처한 것이 명백하다고 할 수 있는데, 왕양명이 무슨 소견으로 감히 이론(異論)을 내었는지 모르겠다. 대개 왕양명이 학문을 논한 것을 보면 전일(專一)하지 못함은 지식이 미치지 못함인데, 도리어 먼저 선유(先儒)와 다른 한 가지 의사를 가슴에 지니고서 오직 승부를 내려고 돌파하는 데 힘썼다. 그러므로 비록 의리가 통쾌하여 달라질 수 없는 곳에서도 반드시 별도로 한 가지 설을 추구하여 자기 견해를 세운 다음에야 그친다. 이것은 심술이 사특하고 편벽함에 연루된 것이니, 양주 · 묵적의 무리가 인 · 의(仁義)를 배우지만 어긋나는 정도가 아니다.[18)]

이처럼 한원진은 왕양명의 '친민설' 이 『대학』의 「전」에 근거하여 논증한 데 대해, 정면으로 「전」에 의해 '신민설' 이 정당함을 확인하여 반박하면서, 왕양명이 정자 · 주자와 대결하려는 사특한 심술로 의리에 어긋나게 독단적으로 주장하는 것을 양주 · 묵적에 견주어 비판하고 있는 것

---

18) 『南塘集拾遺』, 권4, 56, '傳習錄辨', "據經考傳, 可見其新字之必是, 而程 · 朱大賢之處於此者, 可謂審矣, 未知陽明何所見而敢生異論也, 盖觀陽明之論學, 不專是知識有未逮, 却先以不同先儒底一箇意思着在胸中, … 唯務其角勝而突過焉, 故雖於義理白直, 不可異同處, 必別求一說, 以立己見而後已, 此其所坐心術邪僻, 非如楊墨之徒學仁義而差者也."

이다.

다음으로 「전습록논변」의 두 번째 조목에서 왕양명이 '심즉리설'의 입장에서 부모를 섬기는 '효'는 마음에 있지 부모에 있지 않다는 주장을 한 데 대해, 퇴계는 "본래 이치를 궁구하는 공부를 논한 것인데 뒤집어 실천의 공효에 나가서 혼합하여 설명한 것이다"[19]라고 간단하게 비판하였다. 이에 대해 한원진은 "천하의 이치는 비록 내 마음에 본래 갖추어 있지만 사물이 저쪽에서 드러난 다음에 이치가 이쪽에서 나타나는 것이다. … 사물이 반드시 이른 다음에 이치가 안에서 밝아지고, 이치가 반드시 밝아진 다음에 마음이 천리에 순수해질 수 있다. … 사물을 막고서 이 마음에 나아가 천리와 인욕을 강구하면 나는 끝내 이루어질 수 없다고 염려하며, 강구할 수 없을 뿐만 아니라 또한 이 마음이 도리어 '인욕을 버리고 천리를 간직한다'는 한 구절의 말에 얽매어 스스로 자유롭게 될 수 없을 것이다"[20]라고 하였다. 그것은 마음의 이치가 사물과 상응함으로써 밝아지고 마음의 천리가 순수하게 드러나는 것임을 강조하는 것이다. 이처럼 '물격(物格)', '지지(知至)', '의성(意誠)', '심정(心正)', '신수(身修)'가 차례대로 이루어지는 것이요, 사물에 접하기를 기다린 다음에 내 마음의 천리와 인욕이 드러나 강구될 수 있다는 것이다. 따라서 그는 왕양명이 사물을 거부하고 단지 마음에 나아가 이치를 강구한다는 것은 성립할 수 없는 일이라 비판하면서, "무릇 '심즉리'라는 한 구절은 학문하는 데 머리가 되는 것으로 전혀 선불교의 면모이니 그 의론의 옳고 그름은 버려두고라도 본래 변론할 것도 못 된다"[21]라고 하여, 왕양

19) 『退溪集』, 권41, 25, '傳習錄論辯', "本是論窮理工夫, 轉就實踐功效上袞說."

20) 『南塘集拾遺』, 권4, 57-58, '傳習錄辨', "天下之理, 雖本具於吾心, 而物見於彼而後, 理形於此, … 盖物必格而後, 理明於內, 理必明而後, 心可以純乎天理也, … 捍拒事物而就此心, 講求天理人欲, 吾恐其終不得也, 不但不能講求得, 抑恐此心反爲去人欲存天理一句話所繫縛, 不能自脫灑."

21) 『南塘集拾遺』, 권4, 59, '傳習錄辨', "大抵心卽理一句, 是其爲學頭顱, 而全是禪家面目, 則其言議是非, 自可置之, 本不足與辨也."

명의 ‘심즉리설’ 을 선불교와 동일한 것이라 하여, 논변할 대상도 될 수 없다고 배척하고 있는 것이다.

끝으로 「전습록논변」의 네 번째 조목에서 왕양명의 ‘지행합일설’ 에 대해 퇴계는 인심(人心)이 ‘형기(形氣)’ 에서 발동하는 경우에서는 ‘지행합일’ 이 가능하지만 ‘의리(義理)’ 에서 발동하는 경우에는 ‘지행합일’ 이 성립하지 않음을 들어 비판하였다. 그러나 한원진은 퇴계의 변론에 따르면 ‘형기’ 에서 발동되는 경우 ‘지행합일’ 을 인정함으로써 왕양명의 견해에 대해 절반은 성립하는 것으로 인정하였다고 지적하면서, 그 자신은 퇴계의 견해와 달리 ‘형기’ 에서 발동하는 경우에도 ‘지행합일’ 이 성립되지 않는 것이라 하여 더욱 철저히 비판하는 입장을 밝혔다. 한원진은 좋은 빛깔이 좋아할 만함을 아는 것은 ‘지’ 요, 좋아하는 것을 알고서 반드시 얻기를 구하는 것은 ‘행’ 이요, 좋아하는 것을 알자마자 이미 빛깔을 얻었다고 말할 수 없음을 다음과 같이 지적하고 있다.

> 좋아하고 싫어하는 것은 마음에 속하고, ‘행’ 은 일에 속하니, 마음과 일은 안과 밖의 분변이 있다. 그러므로 좋아하고 싫어하는 마음이 있다고 바로 행하는 일이 될 수는 없다. … 이 ‘형기’ 의 ‘지’ 와 ‘행’ 도 합하여 하나가 될 수 없는 것이다. … 무릇 왕양명이 오만하게 스스로 성인이라 여겨 멋대로 이설(異說)을 내세우는 것은 그 재주의 호걸스러움과 변론의 해박함을 업고서 남들이 그 말에 항거하고 그 설을 고칠 수 없다고 하는 것이다. 그러나 그 말이 부주의하고 잘못되고 허황하여 이처럼 조리도 없고 (이치에) 가까이 가지도 못함을 깨닫지 못하니 슬픈 일이다.[22]

22) 『南塘集拾遺』, 권4, 60-61, ‘傳習錄辨’, “盖好惡屬心, 行屬事, 心與事有內外之辨, 故未可便將好惡之心, 爲行之事也, … 此形氣之知行, 而亦不可以合一者也, … 大抵陽明之傲然自聖, 肆爲異說者, 盖負其才豪辯博, 謂人莫能抗其口而矯其說也, 然而不覺其言之踈謬荒誕, 無倫不近如此, 亦可哀哉.”

한원진은 '형기' 에서 발동하는 경우에서도 '지' 와 '행' 은 결단코 두 가지요 하나로 합칠 수 없는 것임을 강조하면서, 왕양명이 '이설' 을 내세우는 오만함과 그의 이론의 허황됨을 격렬하게 배척하는 것이다.

그리고 퇴계가 '의리' 는 배우지 않으면 알 수 없고 힘쓰지 않으면 할 수 없다고 하여 '의리' 에서 발동하는 경우에 왕양명의 '지행합일설' 이 성립되지 않음을 비판하였는데, 한원진은 이러한 퇴계의 비판에 문제가 있음을 지적하였다.

> 의리는 진실로 배우지 않으면 알 수 없고 힘쓰지 않으면 할 수 없다. 그러나 역시 배우지 않고도 알고 힘쓰지 않고도 할 수 있는 것이 있으니, 맹자가 말하는 어버이를 친애하고 형을 공경하는 '양지' · '양능' 과 같은 것이다. 대개 배우지 않고도 알고 힘쓰지 않고도 할 수 있는 것이 있으므로 인간의 성품이 반드시 선하다는 것을 더욱 잘 드러낸다. 만약 모두 반드시 배우기를 기다린 다음에 알 수 있고 힘쓴 다음에 할 수 있다고 한다면 순자(荀子)에서 이른바 걸 · 주(桀紂)는 '성(性: 材朴)' 이요 요 · 순(堯舜)은 '위(僞: 文理)' 라는 것이니, 어떻게 그 설을 물리치겠는가.[23]

이것은 사실상 퇴계가 양명학의 '지행합일설' 을 비판한 논리가 기본적으로 잘못되었다는 퇴계의 비판이론에 대한 재비판이 될 수 있다. 곧 '형기' 에서는 '지행합일' 이 가능하다는 퇴계의 견해를 반박하여 '형기' 에서도 '지행합일' 은 성립되지 않는 것이라 지적하고, '의리' 에서는 '지행합일' 이 불가능하다는 견해를 반박하여 '의리' 에서도 '양지' · '양능' 의 경우에서는 '지행합일' 이 가능하다는 사실을 지적하는 것이다. 그만

---

23) 『南塘集拾遺』, 권4, 61, '傳習錄辨', "義理固不學則不知, 不勉則不能, 然亦有不學而知, 不勉而能者, 如孟子所謂愛親敬長良知良能是也, 盖有是不學而知, 不勉而能者, 故尤見其人性之必善也, 若皆必待學而後知, 勉而後能, 則於荀子所謂桀紂性, 堯舜僞者, 何以闢其說哉."

큼 한원진은 퇴계의 비판이론을 재검토하면서 더욱 정밀하게 양명학 비판이론을 제시하고 있음을 보여 준다.

4. 한원진의 「왕양명집변」과 양명학 비판론

1) 양명학 비판의 기본체계

한원진은 27세 때(1708) 「전습록변」을 지어 퇴계의 양명학 비판이론을 재검토하여 심화하는 작업을 하였고, 다시 56세 때(1737) 「왕양명집변(王陽明集辨)」을 지어 양명학 비판의 정밀한 이론체계를 제시하였다. 그의 「왕양명집변」은 먼저 양명학의 핵심이론인 '심즉리(心卽理)' · '치양지(致良知)' · '지행합일(知行合一)'의 3주제를 개괄적으로 비판하고, 왕양명의 저술 중 「대학문(大學問)」 · 「답나정암서(答羅整菴書)」 · 「답고동교서(答顧東橋書)」 3가지를 조목별로 정밀하게 비판하며, 그 밖에 『전습록』에서 연평(延平: 李侗)이 '희 · 노 · 애 · 락이 발동하기 전에 중(中)을 구한다는 학설(喜怒哀樂未發前求中之說)'을 논한 것에 대한 비판을 보충하고, 결론으로 끝에서는 양명학의 이단적 성격을 규정하여 엄중하게 배척하는 입장을 밝히는 체제로 구성되어 있다.

먼저 양명학의 세 가지 핵심이론에 대한 변론을 보면 다음과 같다.

(1) '심즉리'

한원진은 '심즉리' 3글자를 왕양명의 '이치를 논한 종지(論理宗旨)'라 하고, 왕양명의 모든 말이 이 한 구절에 의거하여 연역해서 설명한 것이요, 여기서 착오가 됨을 알면 모든 것이 착오가 아닌 것이 없음을 알 수 있다고 하였다. 또한 '치양지' 3글자를 양명학의 '학문하는 종지(爲學宗旨)'라 하고, 여기에 어긋남이 있어서 학문의 종지가 이미 어긋났으니 문장이나 사업이나 입신(立身)이나 행기(行己)에 미루어 보면 어긋나지 않은 것이 없음을 알 수 있다고 하였다. 그리고 '지행합일'을 왕양명의 '학문을 논한 종지(論學宗旨)'라 하고, 오로지 심술의 사특하고 편벽됨에서 나왔으며, '심즉리'나 '치양지'의 설이 단지 소견의 가리워짐에 연루된 것과 같지 않다고 지적하였다.[24] 곧 '심즉리'·'치양지'·'지행합일'의 세 가지 핵심이론을 양명학의 이치에 대한 이론(論理), 학문하는 방법(爲學), 학문에 대한 이론(論學)의 핵심적 체계로 파악하고 있으며, '심즉리'와 '치양지'는 인식의 착오로 주장하는 것이고, '지행합일'은 심술의 사특하고 편벽됨에 따라 주장하는 것이라 규정하여 양명학의 핵심이론에 대한 비판의 기본입장을 밝히고 있는 것이다.

그는 "이른바 '심즉리'란 이른바 '심즉불(心卽佛)'이니, 불교의 본래면모이다.〔왕양명이 「양지음(良知吟)」에서 '사람의 마음마다 공자가 있다' 하고, 또 '마음에 따라 생각하는 바는 옳고 그름이 저절로 구별되며, 한 생각도 일으키지 않는 것이 예지이다'라고 말하였으니, 이것이 곧 '심즉불'이라는 설이다〕"[25]라고 하여, '심즉리'를 불교의 '심즉불'과 동일시함으로써 양명학을 근본적으로 유교의 가르침이 아니라 불교와 일치하는 것으로 규정하고 있다.

여기서 그는 양명의 '심즉리설'이 유교의 성인이 말씀한 것과 다름을 지적하면서, "인심은 위태롭고, 도심은 미약하다(人心惟危, 道心惟微)"는 순임금의 말을 들어, "'인심'은 이미 이치로 볼 수 없다는 것이요, '도

---

24) 『南塘集』, 권27, 26-28, '王陽明集辨', "心卽理三字, 卽陽明論理宗旨, 自是而爲千言萬語, 皆依此一句推演說去, 於此知其錯, 則可知其無往不錯矣, … 致良知三字, 卽陽明爲學宗旨, 而所差在是, 學之宗旨旣差, 則推之文章事業立身行己, 無一不差, 亦可知耳, … 知行合一, 又是陽明論學宗旨, 然此之爲說, 專出於心術之邪僻, 而非如心卽理致良知之說, 只坐於所見之蔽也."

25) 『南塘集』, 권27, 26-27, '王陽明集辨', "所謂心卽理者, 所謂心卽佛, 釋氏本來底面目也.〔陽明良知吟曰, 箇箇人心有仲尼, 又曰, 從心所思, 是非自別, 不作一念謂之睿, 此卽心卽佛之說也.〕"

심' 이라 말한 것은 '도' 가 아닌 마음이 있다는 것이다"라 하고, 공자가 "안회는 그 마음이 석 달 동안 '인' 을 어기지 않는다(回也其心三月不違仁)"라 하고, "70세가 되어서 마음이 하고자 하는 바를 따라도 법도를 넘지 않는다(七十而從心所欲, 不踰矩)"라고 한 말을 들어, "마음이 과연 이치라면 마음이 곧 '인' 이요 법도인데, 또 어찌 '인' 을 어기는 때가 있으며 법도를 넘는 근심이 있겠는가? 마음이 과연 이치라면 무릇 마음이 있는 것은 마음이 하고자 하는 바를 따르면 이치가 아님이 없을 터인데, 어찌 성인과 범인에 다름이 있으며 성인이 마음을 따르는데 또 어찌 70세의 때를 기다릴 것인가? … 불교와 육상산만이 마음을 지선(至善)으로 여겼으나, 우리 성인은 이렇게 말한 일이 없다. 왕양명은 비록 주자를 불신하였지만 어찌 요순과 공자 · 맹자를 불신하였던가?"[26]라고 하였다. 곧 마음은 '도' 나 '인' 또는 법도(矩)와 일치시킬 수 없다는 것이 성인의 마음에 대한 인식이므로 마음을 이치라 보는 것은 성인의 말씀에 어긋나는 것으로 비판하고 있는 것이다.

(2) '치양지'

한원진은 '치양지' 에서 비판의 초점이 '양지' 개념의 인식에 있음을 주목하고 있다.

> 그 어긋난 것은 '치양지' 에 있는 것이 아니라 이루는 바가 '양지' 가 아니라는 데 있다. 『대학』의 '치지(致知)' 도 단지 옳은 것을 옳다 하고 그른 것을 그르다 하며 선을 선하게 여기고 악을 미워하는 '지' 이니, 공자 문하에서 이루는 바도 '양지' 가 아님이 없다. 다만 왕양명이 '양지' 를 말하면

26) 『南塘集』, 권27, 27, '王陽明集辨', "人心旣不可作理看, 而謂之道心, 以其有非道之心也, … 心果是理, 則心卽仁也, 卽矩也, 又安有違仁之時, 踰矩之患也, 心果是理, 則凡有心者, 從心所欲, 無非是理, 安有聖凡之不同, 而聖人從心, 又何待於七十時耶, … 獨釋氏陸氏以心爲至善, 而吾聖人未嘗如此說, 陽明雖不信朱子, 獨不信堯舜孔孟耶."

> 서 '마음의 허령(虛靈)한 명각(明覺)이 곧 이른바 본연의 양지이다' 라고 하니, 그렇다면 이른바 '양지' 는 곧 불교에서 말하는 '영각의 지(靈覺之知)' 요, 맹자의 이른바 '인의의 양지(仁義之良知)' 가 아니다.[27]

여기서 그는 '치양지' 라는 용어 자체는 『대학』의 '치지' 와 동일한 의미로 받아들일 수 있다고 인정한다. 다만 왕양명이 말하는 '양지' 의 개념은 마음의 '허령한 명각' 으로 불교의 '영각의 지(靈覺之知)' 와 같은 것이요 맹자의 '인의의 양지' 와 다르다는 것이다. 이 점에서 그는 나흠순이 왕양명의 '양지' 개념을 변론한 것에 대해서, 그 소굴이 있는 곳을 포착하였지만 단지 '양지' 는 '천리' 가 아님을 변론하였을 뿐이요, 이루는 바가 '양지' 가 아니라는 점에 미치지 못한 한계가 있음을 지적하였다.[28]

그는 왕양명의 '양지' 개념이 불교와 일치하는 이유도 밝히고 있다.

> 이 '지' 를 이루면 비록 천지에 충만하더라도 역시 기질의 작용을 따르는 것에 불과하며 천리가 행하는 것이 아니다. … 불교의 말이 일마다 이러하고 구절마다 같으면서 다른데, 그 다른 것은 지각을 '성(性)' 으로 인식하는 데 있고, 왕양명이 '천리' 와 '양지' 의 설을 말하는 것도 일마다 이러하고 구절마다 같으면서 다른데, 그 다른 것은 마음을 이치로 인식하고 지각을 양지로 인식하는 데 있으니, 불교와 같은 '도' 이다.[29]

---

27) 『南塘集』, 권27, 27-28, '王陽明集辨', "其所差不在於致良知, 而在於所致非良知也, 大學致知, 亦只致其是是非非善善惡惡之知, 則吾聖門之所致, 亦未嘗非良知也, 但陽明之言良知曰, 心之虛靈明覺, 卽所謂本然之良知, 然則其所謂良知者, 卽是釋氏靈覺之知, 而非孟子所謂仁義之良知也."

28) 『南塘集』, 권27, 26, '王陽明集辨', "整菴之辨良知, 固已捉得其窩臟所在處, 然只辨其良知之非天理, 而未及乎其所致之非良知."

29) 『南塘集』, 권27, 28, '王陽明集辨', "致此之知, 雖復充天塞地, 亦不過爲循氣質之用, 而非天理之所行也, … 釋氏之言事事是句句同然而不同, 其不同乃在於認覺爲性, 陽明之言天理良知之說, 亦事事是句句同然而不同, 而其不同亦在於認心爲理, 認覺爲良知, 則

곧 그는 왕양명의 '양지' 개념을 '지각(虛靈明覺)'의 '지'라고 파악하여 '천리'가 아니라 '기질'의 작용이라 규정하여 잘못된 것이라 보았다. 따라서 그는 왕양명의 '심즉리'도 기질을 이치라 인식하는 것으로 지각을 '양지'로 인식하는 것과 같은 맥락임을 지적하고, 바로 이 점에서 불교가 지각을 '성'이라 인식하는 것과 일치하는 것이라 비판하고 있다.

(3) '지행합일'

한원진의 '지행합일설'에 대한 비판의 초점은 이론적 모순에 두는 것이 아니라 심술의 의도가 사특함에 두고 있다.

> 그 사특한 마음에 근본하여 지름길을 좋아하고 속히 이루고자 하며 번거로운 것을 싫어하고 편리한 것을 취하였다. 이치를 궁구하는 학문을 모두 폐지함으로써 이른바 직접적이며 간단하고 쉬운 것을 구하고자 하고, 이에 별도의 종지를 세워서 앞 사람의 말을 깨뜨리지 않으면 스스로 그 학문을 수립할 수 없다고 여겼다. 그러므로 '지행합일'의 설을 창안하여 '지'가 '행'에 깃들어 있어서 '지'의 공부를 별도로 가서 구할 수 없다고 여기고, 드디어 『대학』의 '격물 · 치지'도 '행'의 일로 만들어 한 구절도 '지'의 일을 만들지 않았다. 그 밖에 공자 문하에서 말씀한 '지'와 '행'의 공부가 명백히 나누어져 말하여진 것은 역시 그 까닭은 알지 못하고, 하나같이 몰아다가 그 설(지행합일설)에 붙여서 천하와 후세로 하여금 그 학문을 감히 다시 의론하지 못하게 하니 그 거리낌이 없음이 심하다.[30)]

其與釋氏同道."

30) 같은 곳, "本其邪心, 好徑欲速, 厭煩取便, 欲遂盡廢窮理之學, 以求其所謂直截簡易者, 而不於此別立宗旨, 以破前言, 則又無以自樹其學, 故創爲知行合一之說, 以爲知寓於行, 不可別去求知的工夫, 遂將大學格物致知, 亦作行的事, 無一句做知底事, 其他聖門所說知行工夫明白分言者, 亦非不知其然, 而一例驅率, 以附其說, 欲使天下後世不敢復議其學, 其爲無忌憚甚矣."

곧 그는 왕양명의 '지행합일설'을 견해의 착오가 아니라 사특한 심술이 드러나 있는 것이라 보고 있다. 그 사특한 심술이란 '궁리(窮理)' 공부의 단계나 순서 지키기를 싫어하여 간단하고 편리한 지름길로 빨리 이루기 위해 '지'를 '행'에 내포시켜, 사실상 '지'의 '궁리' 공부를 없애 버리고 말았다는 것이다.

2) 양명학 비판의 과제

한원진은 양명학의 기본주제를 '심즉리'·'치양지'·'지행합일'의 세 가지 이론으로 집약시키고 이를 비판함으로써 양명학의 소굴을 깨뜨리고 뿌리 뽑을 수 있다고 판단하였다. 그리고 그는 왕양명의 저술 가운데 「대학문」·「답나정암서」·「답고동교서」를 비롯하여 『전습록』에서 수양론에 관련된 논의 등을 주목하여 조목별로 정밀하게 비판하였는데, 여기서 제시한 양명학 비판의 과제를 주제별로 분류해 본다면, 먼저 그가 제시한 양명학의 세 가지 기본주제에 관련한 문제를 비롯하여, 『대학』의 해석에 관한 여러 문제, 수양론과 관련된 문제, 양명학에 대한 전반적 비판론의 문제로 나누어 확인할 수 있다.

(1) '심즉리'

왕양명이 "세상의 유학자들은 이치를 바깥으로 인식하고 사물을 바깥으로 인식하면서 '의(義)'가 바깥이라는 설을 맹자가 일찍이 물리쳤음을 알지 못한다"[31]고 언급한 데 대해 한원진은 다음과 같이 반박하고 있다.

> 나의 마음으로 사물의 이치를 궁구하니, 사물의 이치가 이미 이르러 나

31) 『傳習錄』, 卷中, '答羅整菴書', "世之儒者, 認理爲外, 認物爲外, 而不知義外之說, 孟子蓋嘗闢之."

> 의 '지'가 저절로 이루어진다. 이것을 '마음 바깥에 이치가 없고, 마음 바깥에 사물이 없다'는 것이다. 이제 사물의 이치에 대해 금지하여 구하지 못하게 하면 이것이 진실로 이치를 바깥으로 인식하고 사물을 바깥으로 인식하는 것이요, 이른바 '의'가 바깥이라는 것인데, 도리어 이것으로 남을 꾸짖으니 어찌 가소롭지 않겠는가.[32)]

곧 사물의 이치를 궁구하여 마음의 이치를 밝히지 않고, 마음을 이치라 하여 사물의 이치를 거부하면 도리어 이치와 사물을 바깥에 버려두고 마는 결과를 초래하는 것이라고 역설적인 비판을 하고 있는 것이다.

또한 왕양명이 "사물에 나아가 이치를 궁구하는 것은 곧 일마다 사물마다에 나아가 이른바 정해진 이치를 구하는 것이니, 이것은 내 마음으로 사물 속에서 이치를 구하는 것으로 마음과 이치를 갈라서 두 가지로 삼는 것이다"[33)]라고 언급한 것에 대해 한원진은 복희가 우러러 하늘의 형상(象)을 살피고, 굽어서 땅의 법도(法)를 살펴서 8괘(八卦)를 그린 사실을 들어서, "만약 반드시 내 마음에서 사물의 이치를 구해야 하고 사물에서 구할 수 없는 것이라면 복희는 어찌 그 마음에서 구하지 않고 굽어보며 우러러보아 관찰하고 멀리 사물에서 취하고 가까이 몸에서 취하는 데서 구했겠는가?"[34)]라고 하여, 사물에 나아가서 이치를 구하는 것이 성인의 경우에도 필수적인 것이었음을 강조함으로써, 마음에서만 이치를 구하려는 것은 성인의 모범을 믿지 않고 불교를 따르려는 것이라 비판하고 있다.

---

32) 『南塘集』, 권27, 32, '王陽明集辨', "以吾之心, 窮物之理, 物理旣格, 吾知自致, 此之謂心外無理, 心外無物也, 今於物理, 禁不使求之, 則是眞認理爲外, 認物爲外, 而所謂義外者也, 反以此呵人, 豈不可笑哉."

33) 『傳習錄』, 卷中, '答顧東橋書', "卽物窮理, 卽就事事物物上, 求其所謂定理也, 是以吾心求理於事物之中, 析心與理而爲二矣."

34) 『南塘集』, 권27, 36, '王陽明集辨', "若必求物理於吾心, 而不可求於物, 則伏羲何不求之於其心, 而求之於俯仰觀察遠取近取耶."

왕양명은 "'성'의 본체는 원래 선도 없고 악도 없는 것이요, 발용에서는 원래 선을 할 수도 있고 악을 할 수도 있다" 하고, 또 "선도 없고 악도 없는 것은 마음의 본체이다"[35]라고 하였는데, 이에 대해 한원진은 "왕양명이 '성'을 논함은 한결같이 고자(告子)와 같고, 「대전(大傳: 繫辭傳)」과 『맹자』에서 '성'을 말한 것은 모두 선(善)으로 말하였다. 왕양명이 명목으로는 공자 · 맹자를 높이면서도 그 '성'을 논함에서는 도리어 고자를 따르고 공자 · 맹자를 따르지 않으니, 이것은 소견이 가려져 학문을 강론하지 못한 것일 뿐이다. 왕양명은 '심'을 '성'으로 인식하였으므로 그 '심' · '성'을 단지 같은 것으로 논하여, 마음이 사물에 아직 감응하지 않아서 선 · 악이 드러나지 않으므로 이것을 보고서 선도 없고 악도 없다고 여긴 것이다"[36]라 하였다. 그것은 '심즉기(心卽氣)' · '성즉리(性卽理)'를 내세우는 주자학의 입장에서 왕양명이 '심'과 '성'을 동일시하여 '심'을 이치라 보는 견해는 사실상 '기(氣)'를 '이(理)'라고 보는 견해라고 비판한 것이다. 바로 이 점에서 한원진은 "왕양명이 말하는 '심즉리'는 바로 '기(器)'를 '도(道)'라고 인식하는 것이다"[37]라고 하였던 것이다. 또한 왕양명이 '성'을 선도 없고 악도 없다고 주장한 것은 선 · 악의 현상적 분별을 넘어선 본체를 가리키려고 한 것이겠지만, 한원진은 선도 없고 악도 없는 현상은 기질로서 마음이 아직 사물에 감응하여 발동하지 않은 '미발(未發)'의 상태를 가리키는 것이요, 본체로서 순수한 선인 '성'이 될 수 없다는 것이요, 동시에 맹자의 근본명제인 '성'이 선하다(性善)는 '성' 개념에 위반되며, 오히려 고자의 '성무선악설(性無善

---

35) 『傳習錄』, 卷下, '黃省曾錄', "性之本體, 原是無善無惡的, 發用上, 原是可以爲善可以爲不善的. … 無善無惡, 是心之體."

36) 『南塘集』, 권27, 43, '王陽明集辨', "陽明論性, 一與告子同, 大傳孟子言性, 皆以善言, 陽明名尊孔孟, 而其論性, 却從告子, 不從孔孟, 此則所見之蔽而坐於學之不講耳, 陽明認心爲性, 故其論心性, 只是一般, 而心之未感於物, 善惡未形, 故見此以爲無善惡."

37) 『南塘集』, 권27, 47, '王陽明集辨', "陽明言心卽理, 卽是認器爲道."

惡說)' 과 일치하는 것으로 비판하는 것이다.

(2) '치양지'

왕양명은 "내 마음의 '양지'는 곧 이른바 '천리'요, 내 마음의 '양지'의 '천리'를 일마다 사물마다에서 이루면, 일마다 사물마다 그 이치를 얻는다"[38]고 하였는데, 이에 대해 한원진은 "'양지'는 '천리'와 상대시켜 말하면 마음이요 이치가 아니다. '양지'를 '천리'라고 하는 것은 역시 '심즉리'의 설이다. 그러나 ('양지'를) '인욕'과 상대시켜 말하면, '양지'는 곧 '천리'가 발현한 것이요 '인욕'이 행한 바가 아니다. 그러므로 이 '양지'를 이루는 것은 또한 이치를 따르는 학문을 잃지 않는 것이다. 다만 왕양명의 이른바 '양지'는 '양지'의 참된 것이 아니므로 이단의 학문을 면하지 못할 뿐이다"[39]라고 하였다. 여기서 그는 '양지' 개념을 '천리'가 아니라 '천리'가 발현한 마음의 양상으로 제시함으로써, 왕양명이 '양지'를 '천리'와 동일시하는 것은 '심즉리설'에 근거하는 것이라 지적하며, 그것은 마음을 '천리'로 보는 이단의 견해에 빠진 것이라 규정하여 비판하고 있는 것이다.

따라서 그는 왕양명이 "마음의 허령 · 명각(虛靈明覺)함이 곧 이른바 본연의 '양지'이다"[40]라고 언급한 데 대해, "왕양명이 선학을 하는 것은 다만 이 한 마디로 실상을 다 드러내었다"[41]고 하여, 마음의 '허령명각(虛靈明覺: 靈覺)'에는 공 · 사(公私)나 사 · 정(邪正)의 분별이 있는 것이

---

38) 『傳習錄』, 卷中, '答顧東橋書', "吾心之良知, 卽所謂天理也, 致吾心良知之天理於事事物物, 則事事物物, 皆得其理矣."

39) 『南塘集』, 권27, 37, '王陽明集辨', "良知與天理對言, 則心而非理也, 其以良知爲天理者, 盖亦心卽理之說也, 然若與人欲對言, 則良知卽是天理之所發, 而非人欲之所行矣, 故致此良知, 亦不失爲循理之學, 而但陽明所謂良知, 非良知之眞, 故不免爲異端之學耳."

40) 『傳習錄』, 卷中, '答顧東橋書', "心之虛靈明覺, 卽所謂本然之良知也."

41) 『南塘集』, 권27, 39, '王陽明集辨', "陽明之爲禪學, 只此一語首實盡矣."

라 보기 때문에 마음에서 '천리'가 발현되는 '양지'일 수 없고 이 때문에 왕양명의 '양지' 개념이 잘못된 것으로 인식하며, 선(禪)불교에서 말하는 '영각(靈覺之知)'과 동일한 것으로 비판하고 있다.

또한 왕양명은 '양지'란 방 · 원(方圓)이나 장 · 단(長短)을 헤아리는 규구(規矩)나 척도(尺度)와 같은 것이라 하고, 순(舜)임금이 부모에게 아뢰지 않고 아내를 얻은 것은 순임금이 어떤 전범에 의거한 것이 아니라 '양지'로 판단한 것임을 들어 마음의 '양지'가 판단의 기준임을 제시하였다.(「答顧東橋書」) 이에 대해 한원진은 "성인은 타고날 때부터 알고 있으니 옛 일을 상고하지 않았지만, 배워서 아는(學知) 이하의 사람은 반드시 옛 것을 상고해야 한다. … 저울(權衡)과 자(尺度)는 비록 나에게 있지만 가볍고 무거움과 길고 짧음은 사물에 있으므로, 반드시 사물에 나아가 달아 보고 난 다음에라야 그 가볍고 무거움을 알며, 반드시 사물에 나아가 재어 본 다음에라야 그 길고 짧음을 안다. … 사물에 나아가 이치를 궁구하는 것이 곧 나의 '양지'를 이루는 방법이요, 앉아서 '양지'를 지키고서는 사물의 이치가 저절로 밝아지는 일이 없으며, 또한 이치를 궁구하는 데 힘쓰지 않고서 나의 '지'가 저절로 이루어지는 일은 없다"[42]고 하였다. 곧 그는 성인이 옛 훈계를 상고하지 않고 판단하였다고 하여 옛 훈계나 경전이 폐지되어야 하는 것이 아님을 지적하여, 자기 마음의 양지만으로 판단할 수는 없음을 강조하였다. 앉아서 '양지'만 지키고 사물에서 이치를 궁구하지 않으면 공허한 망상 속에 빠져들어 '본심(本心)'까지 잃게 된다고 경계하고 있고, 바깥의 사물을 거부하고 안으로 마음만 추구하는 것은 바로 불교의 학풍임을 지적하여 비판하고 있

---

42) 『南塘集』, 권27, 39-40, '王陽明集辨', "聖人生知, 故不待稽古, 學知以下, 則必待稽古, … 權衡尺度雖在我, 輕重長短則在物, 故必卽物而權然後, 方知其輕重, 必卽物而度然後, 方知其長短, … 蓋卽物窮理, 卽所以致吾之良知也, 未有坐守良知而物理自明者, 亦未有不務窮理而吾知自致者也."

는 것이다.

(3) '지행합일'

왕양명은 "사람이 반드시 먹고 싶은 마음이 있은 다음에 먹을 줄을 아니, 먹고 싶은 마음은 곧 '의(意)' 요 곧 '행' 의 시작이다"[43]라고 하였는데, 이에 대해 한원진은 "먹을 것이 있음을 알기 때문에 먹고 싶은 마음이 있는데, … 이제 도리어 먹고 싶은 마음이 있기 때문에 먹을 줄을 안다고 뒤집어 말하였다. … 아직 먹지 않았을 때 먼저 먹을 것이 마땅히 먹을 것인지를 안다" 하고, 이에 따라 " '지' 가 '행' 에 앞서서 일의 시작이 되고, 이미 먹고 나서 그 맛이 좋은지 나쁜지를 아니… '지' 가 '행' 에 뒤따라 일의 끝이 된다. 이것은 '지' 의 한 가지 덕이 모든 일의 시작과 끝으로 '덕' 의 융성함이 되는 것이다. 왕양명은 이 이치를 못 보고 '지' 가 모든 일의 끝이 되는 것만 우연히 보고서 '지' 와 '행' 이 하나로 합한다고 고집하니, 또한 거칠고 경솔함이 심함을 보여 준다. 일이 아직 '행' 해지지 않았을 때 먼저 '지' 가 있고 일이 이미 경과하고서도 '지' 가 오히려 있으니, 이것은 '지' 가 '행' 에 앞서기도 하고 뒤따르기도 하는 것으로 한 가지 일이 될 수 없는 것이다"[44]고 하였다. 이처럼 한원진은 '지' 와 '행' 의 관계에서 '지' 는 '행' 에 앞서는 경우와 뒤따르는 경우가 있음을 제시하여, '지' 의 덕이 일의 전체를 관통하는 것으로 강조하면서, 왕양명이 '지행합일설' 을 제시한 것은 '지' 가 '행' 에 뒤따르는 경우

43) 『傳習錄』, 卷中, '答顧東橋書', "人必有欲食之心, 然後知食, 欲食之心, 卽是意, 卽是行之始矣."

44) 『南塘集』, 권27, 34-35, '王陽明集辨', "知有食故有欲食之心, … 今反倒說有欲食之心故知食, … 未食而先知食之當食, … 知之先於行而爲事之始也, 旣食而知其味之美惡, … 知之後於行而爲事之終也, 此知之一德, 終始萬事而爲德之盛者也, 陽明未見此理, 偶見得知之終萬事者, 而執以爲知行之合一, 亦見其粗率之甚也, 事未行而先有知, 事已過而知猶在, 此知之所以前後於行而不得爲一事者也."

만을 보고서 무리하게 이론을 세운 오류에 빠진 것으로 비판하고 있다.

또한 왕양명은 『중용』에서 말한 '학 · 문 · 사 · 변 · 행(博學 · 審問 · 愼思 · 明辨 · 篤行)' 을 해석하면서 "'학' 은 곧 '행' 이요, '문' 은 곧 '학' 이며 곧 '행' 이요, '사' 는 곧 '학' 이며 곧 '행' 이요, '변' 은 곧 '학' 이며 '행' 이다"[45]라 하여 '지행합일설' 의 입장에서 '학' 과 '행' 이 일치함을 주장하였는데, 이에 대해 한원진은 '학' 의 의미가 다양함을 구분하여, '학' 을 '지' 로 말한 경우는 '널리 배운다(博學)' 는 '학' 의 뜻이고, '행' 으로 말한 경우는 '생각하지만 배우지 않는다(思而不學)' 는 '학' 의 뜻이고, '지' 와 '행' 을 아울러 말한 경우는 '배우고 때로 익힌다(學而時習)' 는 '학' 의 뜻으로, 가리키는 경우가 다르니 한 가지로 혼합해 말할 수 없음을 지적하여 왕양명이 '학' 을 '행' 과 일치시켜 '지행합일' 을 주장하는 것을 비판하였다. 한원진은 또 "성인이 이미 '생지(生知)' 와 '안행(安行)', '학지(學知)' 와 '이행(利行)', '곤지(困知)' 와 '면행(勉行)' 으로 '지' 와 '행' 을 나누어 상대시켜 말하였으며, 또한 반드시 먼저 '언' 을 말하고 뒤에 '행' 을 말하였으니, '지' 와 '행' 은 각각 한 가지 일로서 선후가 있다"[46]고 하였다. 그만큼 그는 『중용』에서 인용된 공자의 말씀을 근거로 '지' 와 '행' 은 다른 일이요, 선후가 구별되며, 합하여 말할 수 없는 것임을 강조하여, 왕양명의 '지행합일설' 이 성인의 말씀에도 어긋나고 사실에도 맞지 않는 것이라 비판하고 있다.

(4) 『대학』 해석

왕양명은 자신의 이론적 기반을 정립하면서 『대학』을 중시하여 「대학

45) "學卽是行矣, 問卽學也卽行也, 思卽學也卽行也, 辨卽學也卽行也."

46) 『南塘集』, 권27, 37-38, '王陽明集辨', "學有專以知言者, 此所謂博學是也, 有專以行言者, 思而不學之學是也, 有兼知行而言者, 學而時習之學是也, 當觀其所指之如何, 不可一例混說, … 聖人旣以生知安行學知利行困知勉行, 分知行對說, 而又必先言知後言行, 則知行之各爲一事而有先後."

문(大學問)」 한 편을 저술하였는데, 한원진은 여기서 다루어진 『대학』의 구본(舊本: 古本) 문제와 '명덕(明德)'·'친민(親民)'·'지선(至善)', '8조목'의 해석 문제를 검토하여 비판하고 있다.

먼저 왕양명은 『대학』 구본의 글이 명백하고 공부를 논함이 쉽고 간명한데 주자가 『대학장구(大學章句)』에서 구본의 단락을 바꾸어 놓고 빠진 곳이 있다고 보충하며 글자가 잘못된 것이라 하여 고친 것을 비판하였다.(「答羅整菴書」) 이에 대해 한원진은 주자가 단락을 바꾸거나 빠진 것이 있다고 보거나 틀린 글자가 있다고 보면서 그 이유를 명백하게 밝혔는데, 왕양명은 뜻이 명백하다고 할 뿐 왜 주자를 비판하는지 이유를 밝히지 못하였다고 지적하면서, "왕양명이 구본을 회복하는 것은 단지 주자의 설을 깨뜨리고자 하는 것이요, 본래 그 문장과 공부법이 어떠한지를 논하지 않았다. 그러므로 그 말한 것에는 또한 통하는지 통하지 않는지 성립하는지 성립하지 않는지를 다시 돌아볼 겨를이 없었다"[47]라고 하여, 왕양명이 주자의 『대학』에 대한 수정과 보완을 충분히 반박하지 못하고 단지 주자의 학설을 깨뜨리기 위해 억지로 주장한 것으로 설득력이 없다고 비판하였다.

다음으로 『대학』 3강령에서 '명덕'의 개념에 대해 왕양명이 "대인(大人)이 천지 만물로 일체를 삼는 것이 '명덕'이다"(「大學問」)라고 언급한 데 대해, 한원진은 "천지 만물을 일체로 삼는 것은 '인자(仁者)'의 일이요, '인(仁)'이 '인' 되는 까닭은 여기에 있지 않으니, 이것으로 '명덕'을 삼으면 스스로 일찍이 사물에서 구하고 내 마음에서 구하지 않는다고 꾸짖었던 바를 면하지 못한다"[48]라고 하였다. 그것은 한편으로 작용으로서

47) 『南塘集』, 권27, 31, '王陽明集辨', "大抵陽明之復舊本, 只要以破朱子之說, 本不論其文詞工夫之如何, 故於其所言者, 亦不復暇顧其通不通成不成矣."

48) 『南塘集』, 권27, 29, '王陽明集辨', "以天地萬物爲一體, 仁者之事也, 仁之所以爲仁, 不在於此, 以此爲明德, 自不免於其所嘗譏求之於事物而不求之於吾心者也."

의 '애(愛)' 와 본체로서 '애' 의 이치(곧 '인')를 분별하지 못하는 혼동처럼, 본체인 '명덕' (곧 '인')과 그 작용인 '천지 만물을 일체로 삼는 것' 을 분별하지 못하는 체 · 용의 혼합으로 비판한 것이요, 다른 한편 '명덕' 을 '천지 만물' 이라는 사물의 세계에서 인식하여 왕양명 자신이 이치를 바깥의 사물에서 구한다는 비판조목에 스스로 걸려 들고 있다는 이론적 일관성의 결여를 비판하고 있는 것이다.

또한 '명덕' 과 '친민' 의 문제에 대해 왕양명은 "'명덕' 을 밝히고자 하는 자는 지나치게 높은 데 힘쓰니 과실이 허망하고 공허하며, 백성과 친하고자 하는 자는 비천함에 빠지니 과실이 권모술수이다"[49]라고 언급하였다. 이에 대해 한원진은 "'애(愛)' 의 이치가 '인' 이 됨을 모르고 '애' 의 시행을 '인' 으로 삼아, 천지 만물에서 '명덕' 을 구하고 내 마음에서 구하지 않으면, 이것이 이른바 지나치게 높은 데 힘쓰며 과실이 허망하고 공허한 것이다"라 하여, '명덕' 에 치우친 폐단은 바로 왕양명 자신이 체 · 용의 분별을 잃고 '명덕' 을 천지 만물에서 찾기 때문에 발생하는 것이라 비판하고, 이어서 "'명명덕' 이 '친민' 에 있다 하여 '친민' 을 '명명덕' 의 일로 삼으니, 그 공부하는 자리가 단지 '친민' 에 있기를 요구하며, '친민' 의 근본이 '명덕' 에 있음을 알지 못하면, 이것이 이른바 비천한 데 빠져 과실이 권모 · 술수라는 것이다"[50]라고 하여, '친민' 에 치우친 폐단은 '명명덕' 과 '친민' 을 일치시키면서, '친민' 의 근본으로서 '명덕' 을 밝히지 못하는 왕양명 자신의 주장에서 오는 폐단이라 비판하였다. 곧 왕양명의 비판을 왕양명 자신의 입장에 적용시켜 비판하고 있는

49) 『王陽明全集』, 권26, '大學問', "欲明明德者, 鶩於過高, 失之虛罔空寂, 欲親其民者, 溺於卑瑣, 失之權謀知術."

50) 『南塘集』, 권27, 29-30, '王陽明集辨', "不知愛之理爲仁, 而以愛之施爲仁, 求明德於天地萬物, 而不求之於吾心, 則是所謂鶩於過高而失之虛罔空寂者也, 以明明德爲在於親民, 而親民爲明明德之事, 要其工夫做處, 只在於親民, 而不知親民之本於明德, 則是所謂溺於卑瑣而失之權謀知術也."

것이다.

'지선'에 대해, 왕양명은 "사람들이 '지선'이 내 마음에 있다는 것을 모르고 밖에서 구하여, 일마다 사물마다 모두 정해진 이치가 있다고 여긴다"[51]고 하여, '지선'을 밖에서 구하느라 분열과 혼잡이 생겨서 일정한 방향을 모르게 되었다고 강조하였다. 이에 대해 한원진은 "'지선'이 사물에 있으니, 이것은 이치가 안팎이 없는 것이요 선도 안팎이 없는 것으로, 안과 밖이 진실로 한 가지 일이 된다. 만약 안에 있는 것을 옳다고 여겨 취하고 밖에 있는 것을 그르다고 여겨 버린다면 안과 밖이 곧 둘로 갈라지는 것이다. … 앞에서는 '명덕'을 사물에서 구하여 내 마음에서 구할 줄을 모르더니, 뒤에서는 '지선'을 내 마음에서 구하여 사물에서 구할 줄을 모르니, 이것은 모두 본·말이 끊어지고 안팎이 전혀 달라지며, 분리되고 막혀서 말이 성립되지 않고 도리가 이루어지지 않는다"[52]라고 하였다. 이처럼 그는 왕양명이 '명덕' 개념은 밖에서 구하려 하고, '지선' 개념은 안에서 구하려 하여, 안과 밖을 한쪽만 취하고 다른 한쪽을 버리는 일은 단절과 분리에 빠진 것이라 규정하여 말이 안 되고 도리에 맞지 않는다고 비판하고 있는 것이다. 바로 '둘이면서 하나다(二而一)'라는 명제처럼 개념의 구분을 분명하게 하면서 서로의 소통을 파악하고자 하는 주자학의 입장에서 보았을 때, 양명학이 분별을 거부하고 통합을 내세우는 것을 한원진은 개념의 혼동으로 규정하는 것이다. 그리고 양명학이 사물과 마음의 일치를 추구하거나 마음의 근원성을 강조하는 것은 사물에 나가 버리거나 마음에 사로잡혀 버리는 한쪽에 치우친

51) 『王陽明全集』, 권26, '大學問', "人惟不知至善之在吾心, 而求之於其外, 以爲事事物物, 皆有定理也."

52) 『南塘集』, 권27, 30, '王陽明集辨', "至善之在事物也, 此則理之無內外, 善亦無內外, 而內外眞是爲一事矣, 若以在內者爲是而取之, 在外者爲非而棄之, 則內外便成兩截矣, … 前以明德求之於事物, 而不知求於吾心, 後以至善求之於吾心, 而不知求於事物, 是皆本末衡決, 內外判異, 分離乖隔, 不成說話, 不成道理矣."

견해로 규정하여 비판하는 관점을 보여 준다.

'8조목'에 대해 왕양명은 "'신(身)'·'심(心)'·'의(意)'·'지(知)'·'물(物)'은 단지 하나의 사물이요, '격(格)'·'치(致)'·'성(誠)'·'정(正)'·'수(修)'는 단지 하나의 일이다"[53]라고 하였다. 이에 대해 한원진은 "'격물'·'치지'는 과연 하나의 일이니, '격물' 이외에는 다시 '치지'의 일이 없다. 그러므로 『대학』에서 '치지는 격물에 있다'고 말하였지만, 그 다른 조목은 각각 하나의 일이 있고 각각 그 공부를 이루니, 특히 그 공부는 서로 의지하고 서로 원인한다. 그러므로 '이렇게 하고자 하면 먼저 이렇게 한다'고 말하였다"[54]고 하여, '격물'과 '치지'는 하나의 일로 일치시킬 수 있지만, 그 밖의 '성의'·'정심'·'수신'은 각각의 일과 공부가 있기 때문에 『대학』에서 무엇이 앞서고 무엇이 뒤에 오는지 차례에 따라 말한 것임을 지적하여, 왕양명이 하나의 일로 통합시키고 있는 것은 경전의 뜻에 어긋나는 것이라 비판하고 있다.

(5) 수양론

한원진은 왕양명의 언급에서 연평(延平 李侗)의 '마음이 아직 발동하기 이전에 중(中)을 구한다'는 설에 대해, "사람으로 하여금 시시각각으로 아직 발동하기 이전의 기상(氣像)을 구하여 눈을 바르게 하여 이것만을 보고, 귀를 기울여 이것만을 듣게 하였다"(『傳習錄』, 卷上, '陸澄錄') 하고, '중(中)'을 구하는 공부에 대해 "고요할 때 '인욕'을 버리고 '천리'를 간직하며, 활동할 때 '인욕'을 버리고 '천리'를 간직한다"(同上) 하며, "계구(戒懼)의 생각은 어느 때나 쉬는 때가 없다"(『傳習錄』, 卷上, '薛侃錄') 하고, 또 "생각마다 '양지'에서 체인(體認)한다"(『王陽明全集』,

53) 『王陽明全集』, 권26, '大學問', "身心意知物, 只是一物, 格致誠正修, 只是一事."

54) 『南塘集』, 권27, 31, '王陽明集辨', "格物致知, 果是一事, 格物之外, 更無致知之事, 故大學曰致知在格物, 其他條目, 各是一事, 各致其功, 而特其工夫, 相資而相因, 故曰欲如此, 先如此."

권5, '與黃勉之書')는 구절을 인용하고, 그는 이 구절들에 대해서 "아침부터 저녁까지, 그리고 젊어서부터 늙어서까지 단지 '마음이 이미 발동한 것(已發)' 이요 잠깐 사이라도 마음이 아직 발동하지 않은(未發) 상태에서 '존양(存養: 存心 · 養性)' 하는 때가 없음을 볼 수 있다. … 단지 여기서 마음이 없는(無心) 자리의 공부를 볼 수 있으니, 밖으로는 이미 학문을 강론하고 이치를 궁구하는 일을 폐지하고, 안으로는 또 마음을 붙들어 간직하며 성품을 배양하는 공부가 없으니, 이른바 몸과 마음의 공부란 과연 무슨 일을 하는 것인가?"[55]라고 하였다. 그것은 양명학은 미발(未發)의 때에서도 생각하고 활동하는 작용과 곧바로 연결시킴으로써, 마음을 간직하고 성품을 배양하는 '존심 · 양성(存心養性)' 의 공부가 확보되지 않았음을 지적하는 것이다. 이에 따라 그는 양명학에서는 단지 '마음이 없는 자리의 공부(無心地工夫)' 만 있을 뿐이라 규정하며, 나아가 밖으로 학문의 강론과 이치의 궁구라는 대상적 공부를 폐지할 뿐만 아니라, 안으로 마음을 붙들어 간직하고 성품을 배양하는 '조존 · 함양(操存 · 涵養)' 의 내면적 수양공부도 결여하고 있다고 비판하고 있다.

왕양명은 주자가 『대학』의 신본(新本: 주자의 『대학장구』; 왕양명의 舊本과 상대시킨 것)에서 '격물장(格物章)' 을 '성의장(誠意章)' 앞에다 두고서 '경(敬)' 자를 첨부하여 문제를 해결하려고 하였지만 근거가 없으며 구본(舊本)대로 '성의(誠意)' 를 주장으로 삼으면 '경' 자를 첨부할 필요가 없다고 지적하여 주자의 『대학장구』 체제를 비판하였다.(『傳習錄』, 卷上, '薛侃錄') 이에 대해 한원진은 "왕양명은 일찍이 '경' 에 말이 미치지 않았으며, 여기에서 또 '경' 자의 보충을 배척하였으니, 여기서 곧 '조존 · 함양' 의 공부가 없음을 보여 준다. 만약 스스로 '조존 · 함양' 의 공부가

55) 『南塘集』, 권27, 42, '王陽明集辨', "觀此數說, 可見其自朝至暮自少至老, 只是已發, 更無一時半刻未發存養之時矣, … 只此可見其無心地工夫, 外旣廢講學窮理之事, 內又無操存涵養之功, 所謂身心之學者, 果做甚事."

있다고 하면, 곧 스스로 '경'이 폐지될 수 없음을 알 것이다. … 왕양명은 이미 옛 전적(古訓)의 강구를 폐지하였고 또 자기의 실지공부를 결여하였으니 '경' 자를 인식하지 못했기 때문이다"[56]라고 하였다. 곧 그는 왕양명이 '조존 · 함양' 하는 공부로서 '경'의 수양론적 의미를 인식하지 못한 것이라 비판함으로써, 주자의 『대학장구』 체제의 정당성을 뒷받침하고 있는 것이다.

3) 양명학에 대한 이단 비판의 논리

한원진은 양명학에 대해 전면적으로 이단이라 규정하여 철저히 비판하는 도학 정통론의 입장을 밝히고 있다. 그는 "불교로부터 육상산이 되고, 육상산으로부터 왕양명이 되니, 육상산을 변론하기는 불교보다 어렵고, 왕양명을 변론하기는 육상산보다 어렵다. 무릇 뒤에 나온 것은 그 설이 한층 더 이치에 가깝기 때문이다. 우리 '도'에 해로움은 이에 이르러 더 심할 수가 없으니, 이것은 변론이 없을 수 없다"[57]고 하여, 불교에서 육상산을 거쳐 왕양명으로 전개되어 나오면서 이치가 더욱 정교해져 비판하기가 더욱 어려워지고, 유교의 '정도'에 대한 해악도 더욱 심해지기 때문에 양명학을 비판하지 않을 수 없다고 강조한다.

그는 특히 왕양명이 「답고동교서(答顧東橋書)」의 끝에서 근본을 뽑아내고 근원을 막겠다는 '발본색원(拔本塞源)'을 논의한 데 대해, "주자의 학문에 대해 발본색원을 말하니, 비통하고도 괴롭다. 이것은 사람에게

---

56) 『南塘集』, 권27, 43, '王陽明集辨', "陽明未嘗說及敬字, 於此又斥敬字之補, 只此便見其無操存涵養之功, 如自有操存涵養之功, 卽自知敬之不可廢矣, … 陽明旣廢古訓之講求, 又欠自己之實功, 所以不識敬字."

57) 『南塘集』, 권27, 26, '王陽明集辨', "盖自釋氏而爲陸氏, 自陸氏而爲王氏, 而辨陸氏難於釋氏, 辨王氏難於陸氏, 盖其後出者, 其說愈益近理故也, 吾道之害, 至此而莫甚焉, 則此不可以無辨也."

적용시켜 볼 때 죽여야 할 사람이라고 말하는 것이 아니고 무엇이겠는가? 이단을 변론하고 사설(邪說)을 막는 데는 바로 모름지기 발본색원해야 하는 것이니, 나는 다시 (왕양명에 대해) 발본색원을 논하고자 한다"[58]고 하여, 왕양명이 주자학의 문제점을 제기하면서 발본색원하겠다는 주장에 대해 격렬한 분노를 표출하면서 이단을 발본색원하여야 하는 것이니, 자신은 양명학에 대해 도로 발본색원하겠다는 의지를 천명하고 있는 것이다.

여기서 그는 '이단' 의 조건을 다음과 같이 규정한다.

> 학문이란 반드시 마음을 주장하니, 마음은 하나이다. 무엇으로 '이단' 과 '정학' 을 구별하는가? 역시 '이' 와 '기' 의 분별에 있을 뿐이다. 마음은 몸을 주장하고, 성품은 마음에 갖추어 있으니, 마음은 '기' 이고 성품은 '이' 이다. 그러므로 마음을 다스리는데 성품을 주장으로 삼으니 '이' 로써 '기' 를 주재하는 것이 우리 유가의 학문이 하늘에 근본하는 까닭이다. 마음에 근본하여 성품에 어둡고 '기' 로써 '이' 를 소멸시키는 것은 '이단' 의 학문이 하늘을 회피하는 것이다. 불교는 '영각(靈覺)' 을 '성' 으로 삼고, 육상산은 '인심' 을 '지선(至善)' 으로 삼으니, 이것은 모두 마음을 성품으로 인식하는 것으로 함께 '이단' 으로 돌아간다.[59]

그것은 심성론에서 '심즉기' · '성즉리' 를 주장하는 주자학의 입장을 '정학' 으로 확인하여, '심즉리' 를 주장하는 것은 '심' 을 주재로 삼아 '성' 의 주재성을 폐지하는 것으로 '이단' 에 떨어진다는 것이요, 불교와

---

58) 『南塘集』, 권27, 44, '王陽明集辨', "謂其於朱子之學, 拔本而塞源也, 噫亦痛矣, 斯非所謂人得以誅之者耶, 辨異端闢邪說, 正須於拔本塞源, 則吾請復爲拔本塞源之論也."

59) 같은 곳, "夫學必主於心, 而心則一也, 何以有異端正學之別也, 亦在乎理與氣之分而已矣, 心主於身, 性具於心, 而心卽氣也, 性卽理也, 是故治其心而主乎性, 以理而宰氣者, 吾儒之學, 所以本乎天也, 本乎心而昧其性, 以氣而滅理者, 異端之學, 所以遁乎天也, 釋氏以靈覺爲性, 陸氏以人心爲至善, 此皆認心爲性而同歸於異端也."

육상산이 바로 '심즉리'의 입장에 서 있는 '이단'의 대표적 사례라는 것이다.

이에 따라 그는 양명학의 '심즉리'에 기반한 '치양지' 개념의 '이단'적 성격을 다음과 같이 규정하고 있다.

> 왕양명의 학문은 오로지 '치양지'를 주장으로 삼는데, 이른바 '양지'는 곧 불교에서 '영각의 지'요 맹자가 말한바 '인의의 양지'가 아니니, 역시 기질의 작용을 따르고 천지의 진실에 어두운 것에 불과하다. 이것은 또한 육상산의 심인(心印)을 얻은 것이요, 불교의 의발(衣鉢)을 전하는 것이다. (왕양명의) 학문이 주장하는 바는 곧 '기'에 있으니, 그 발현한 언어와 문장은 공적으로 이름을 내는 사업에서 드러나는 것이요 진실로 천리에 순수하지 못하고 인욕에서 많이 발현되는 것이다.[60]

이처럼 그는 왕양명의 '양지' 개념이 맹자의 말과 달리 육상산과 불교를 계승하는 것임을 확인하고, 양명학은 '심즉리'를 표방하지만 마음이 '기'인 만큼, '기'를 주장하는 것이요, 따라서 왕양명 자신이 '양지'의 작용을 소진(蘇秦)·장의(張儀)의 지모와 술수에서 찾고 있는 것처럼 그 언어나 문장이 결국 '인의'의 도리가 아니라 '공리(功利)'의 추구로 드러나는 것이라 비판하고 있다.

한원진은 왕양명의 행적이 오로지 권모·술수를 추구하여 문인에게 가족을 죽이는 것이 공을 세우는 것이라 하였던 것은 오기(吳起)가 아내를 죽여 장수가 되려고 하였던 마음씀이요, 용병(用兵)의 행적에도 문인을 세작(細作: 간첩)으로 파견하는 등 거짓과 속임으로 가득 차 있다고

---

60) 같은 곳, "陽明之學, 專以致良知爲主, 而所謂良知, 卽是釋氏靈覺之知, 而非孟子所謂仁義之良知, 則亦不過爲循氣質之用而昧天理之眞也, 此又得陸氏之心印而傳釋氏之衣鉢者也, 學之所主, 旣在於氣, 則其發之言語文章, 見諸勳名事業者, 固宜不純於天理而多發於人慾矣."

비판하며, 그 후학 중 이지(李贄)가 『장서(藏書)』를 지어 혹세무민(惑世誣民)하다가 책이 불태워지고 결국 자결하였던 경우를 들기도 하였다. 나아가 한원진은 왕양명의 언행과 문장이 '이단'에 빠지는 사실을 극심하게 비판하면서, "그 논의는 편벽되어 주자의 학문을 홍수나 맹수의 재앙에 견주고, 진시황이 경전을 불태운 사실에 대해 공자가 『시경』·『서경』을 깎아 내어 편찬한 뜻을 얻은 것이라 한다. 그 문장이 펼쳐진 바는 종횡으로 열기도 하고 닫기도 하며 허풍을 치고 속여서 사람으로 하여금 바르게 볼 수 없게 하니, 이것은 모두 장의와 소진의 교묘한 작용이고 소식(蘇軾)의 수단일 뿐이다. 우리 성인의 문파에서는 이러한 규모는 일찍이 없다"[61]고 하였다. 곧 주자를 정면으로 배척하며 진시황을 긍정하는 태도에 대한 배척과 더불어 그 문장을 속임수요 술수로 보고 성인의 학풍과는 전혀 다른 것임을 역설하고 있다.

또한 그는 왕양명의 평생 언행이 서로 부합되지 않고 스스로 모순을 일으키는 사실을 지적하면서, '구이지학(口耳之學)'을 꾸짖지만 그 자신은 하루도 심지(心地)의 공부가 없고, '양지'를 말하지만 스스로 '구이지학'에 빠지며, '공리지학(功利之學)'을 배척하지만 스스로 도의에 상반되는 계교를 일삼아 '공리지학'을 면하지 못하고 있다고 비판한다. 따라서 그는 왕양명을 전반적으로 규정하여, "그 사람됨은 손무(孫武)·오기(吳起)요, 그 학문은 육상산이요, 그 변론은 소진(蘇秦)·장의(張儀)요, 그 문장은 소식(蘇軾)이다. 한 가지만 여기에 있다 하더라도 혹세무민하기에 넉넉한데 하물며 이 몇 사람을 겸하여 있는 자는 어떠하겠는가? 이로써 드러내어 한 세상을 흔들어 대니 누가 기어서 따르지 않겠는가? 이로써 한 번 소리쳐 원근이 향응하고 두 번 외치니 사해가 구름처럼 모여

61) 『南塘集』, 권27, 45, '王陽明集辨', "其言議之頗僻, 則以朱子之學, 而比之於洪水猛獸之禍, 以始皇之焚書, 而謂得孔子刪詩書之意, 其文章之所發, 則縱橫捭闔, 譸張譎怪, 使人不可正視, 此皆儀·秦之妙用, 子瞻之伎倆耳, 吾聖人門庭, 未嘗有如此規模也."

들었다"[62]고 하였다. 이처럼 그는 왕양명이 '정도'에 어긋난 공리(功利)로 손무 · 오기의 사람됨과 육상산의 심학과, 소진 · 장의의 변론과, 소식의 문장까지 두루 갖추어 한 세상을 미혹시키자, 온 세상 사람들이 모여들어 큰 세력을 이룬 그 위협적인 영향력을 심각하게 주목하고 경계하여 비판하고 있는 것이다.

이에 따라 양명학의 해독을 강조하여, "스승과 벗들이 인증하는 것이 미치고 괴이하며 어리석은 습속이 아님이 없음은 『전습록』에서 볼 수 있다. 스승이 전한 것을 굴려 가니 천하에 가득하게 되어, 드디어 의리는 날로 어두워지게 되며 인욕은 넘쳐흘러 마침내 천하의 큰 혼란을 이루었다. 오랑캐가 이를 이용하니 끼치는 해독이 더욱 혹독하여 오늘에도 그치지 않으니, 백성에게 재앙이 됨은 어찌 홍수나 맹수가 몸을 빠지게 하고 잡아먹는 정도에 그칠 뿐이겠는가? 애통하고도 슬프다. 불행하게 그 학문이 우리나라에 유입되어 경전을 훼손하고 성인을 모독하는 습속은 그 마음을 많이 전해 받았으며, '양지'의 문호가 수립되어 역시 그 인물이 있으니 세상의 도덕에 근심됨은 말로 할 수가 없다"[63]라고 하였다. 여기서 한원진은 먼저 왕양명의 문하에서도 인륜에 어긋나는 괴이한 습속이 있을 뿐만 아니라, 둘째 단계로 그 학맥이 이어가면서 천하에 가득 차게 되어 큰 혼란을 일으켰고, 셋째 단계로 오랑캐인 청조(淸朝)에 계승되어 오늘에까지 해독이 홍수나 맹수보다 심하다고 강조함으로써, 그만큼 양명학의 해독으로 주자학이 위기에 놓이게 되었음을 심각하게 인식

62) 『南塘集』, 권27, 46, '王陽明集辨', "大抵總而論之, 其人則孫 · 吳也, 其學則象山也, 其辯則儀 · 秦也, 其文則子瞻也, 有一於此, 亦足以惑世而誣民, 况兼是數子之資而有之乎, 况勳名事業, 震輝人耳目, 又能有數子之所未有者乎, 以是標擧而揮動一世, 其誰不匍匐而歸之乎, 是以一喝而遠近響應, 再呼而四海雲合."

63) 같은 곳, "師友證印, 無非狂怪之癡習, 傳習錄, 可見也, 轉相師傳, 遍滿天下, 遂使義理日晦, 人慾横流, 卒致天下大亂, 夷狄乘之, 而遺毒餘烈, 猶至今未已, 其爲生民之禍, 豈特止於洪水猛獸之溺其身食其外而已哉, 噫亦痛矣, 不幸其學流入東國, 毁經侮聖之習, 多傳其心, 良知門戶之立, 亦有其人, 則世道之憂, 可勝言哉."

하고 있음을 보여 준다. 그러고 나서 넷째 단계로 양명학이 불행하게 우리나라에 유입되어 주자학의 경전해석을 비판하는 당시 조선 사회의 학풍이 양명학을 많이 받아들인 것이라 지적하고, 또한 양명학을 주장하는 인물이 있음을 주목하여 위기의식을 절실하게 강조하고 있다. 한원진이 이미 우리나라에서 정제두가 양명학을 표방한 사실을 알고 있는지 분명하게 확인할 수는 없지만, 국내에 양명학의 문호를 수립한 인물이 있다는 사실은 분명하게 알고 있음을 보여 준다.

이러한 인식을 전제로 한원진은 자신이 양명학을 비판해야 하는 당위성을 밝히고 있다. 곧 "(왕양명의) 학문하는 것은 안으로 선학(禪學)이요 밖으로 패도(覇道)이니, 근본과 원천이 있는 바도 이와 같을 뿐이다. 그러나 앞에서나 뒤이어서 (왕양명의 학문을) 논변한 것은 모두 심장과 간을 찾아내어서 끊어버릴 수 있는 수단이 못 되어 공격하는 데 힘을 얻을 수 없어서 (왕양명의) 학설은 시간이 지날수록 널리 행해지게 되니 이것이 또한 더욱 한스럽다. 세상에 어진 군자가 이를 걱정하지 않을 수 없으니, 나의 (양명학에 대한) 발본색원의 논의에 대해 응당 지나치다고 여기지 않을 것이다"[64]라고 하여, 한마디로 양명학의 성격을 '내선외패(內禪外覇)'로 규정하고, 그동안 양명학에 대한 비판론들이 모두 근본적 비판이 못 되어 오히려 양명학을 더욱 번성하게 했음을 지적하고, 자신의 양명학 비판은 양명학을 '발본색원' 하겠다는 근원적 비판임을 강조하고 있다.

64) 같은 곳, "盖其爲學, 內禪外覇, 本源所在, 如是已矣, 而前後辨者, 皆未有探取心肝底劊子手段, 故攻之不能得力, 使其說愈久而愈行, 此又重可恨也, 世有仁人君子不怒然於斯者, 於吾拔本塞源之論, 當不以爲過也."

5. 한원진의 양명학 비판이 지닌 특성

17세기 말 18세기 초의 양명학에 대한 비판이론은 정제두의 양명학 주장을 둘러싸고 박세채 문하의 소론계열 학자들이 서로 토론을 해 가며 전개한 것이 하나의 중심을 이루고 있다면, 18세기 초에 등장한 또 하나의 양명학 비판론은 토론이 아니라 주자학의 입장에서 자신의 저술을 통해 양명학에 대한 비판이론을 제기하는 양상을 보여 준다. 두 번째 경우로 들 수 있는 박세채 문하의 소론계열 학자인 송징은은 주자학과의 차이점을 확인하여 비판하는 비교적 차분한 비판이론을 전개했다면, 송시열 학맥의 노론계열 학자인 한원진은 양명학의 이론적 비판에 그치는 것이 아니라 양명학의 이단적 성격을 드러내어 적극적으로 배척하는 모습을 보여 주고 있다.

한원진의 양명학 비판론은 크게 두 단계로 나타나는데, 첫 단계는 27세 때(1708) 퇴계의 양명학 비판론인 「전습록논변」에 대한 보완과 수정을 통해 더욱 엄격한 비판이론을 수립하는 단계이고, 두 번째 단계는 56세 때(1737) 『왕양명전집』을 전반적으로 검토하고 나서 자신의 양명학 비판론을 체계적으로 정립하여 「전습록변」을 저술하는 단계이다.

한원진의 양명학 비판론이 지닌 특성을 몇 가지로 집약시켜 보면 다음과 같다. 첫째, 양명학의 핵심과제를 '심즉리' · '치양지' · '지행합일'의 3주제로 확인하고 있는 것이다. 『대학』의 해석에서 '친민'의 문제를 비롯한 '3강령'이나 '8조목'의 문제를 다루고 있기는 하지만, 중심주제를 선명하게 집약시킴으로써 양명학의 기반을 근본적으로 비판하는 데 초점을 맞추고 있다. 따라서 양명학의 중요한 쟁점으로 제기되는 '격물'의 해석에 대해서도 거의 관심을 보이지 않고 있는 것이 사실이다.

둘째, 한원진의 양명학 비판론이 추구하는 쟁점을 한층 더 집약시켜 본다면 '심즉리'를 근본과제로 인식하고 있다는 점이다. 그것은 주자학의 '심즉기' · '성즉리'의 심성론에 근거하여 왕양명의 '심즉리설'을 용납하지 않는 것이다. 따라서 왕양명의 '양지'도 '천리'가 아니라 '지각'이라 규정하여 거부하고 있고, '심즉리'를 부정하는 입장에서 '양지'가 '심'으로서 '영각지지(靈覺之知)'이지 '인의지지(仁義之知)'가 아님을 밝히는 데 주력하고 있다. 그는 특히 왕양명의 '지행합일설'을 '지'의 고유한 공부과정을 무시하는 것이라 배척하면서, '지행합일설'이 근본과 원천의 문제가 아니라 왕양명의 심술의 문제로 비판하는 입장을 제시하고 있다.

셋째, 선행하는 양명학 비판론의 한계를 인식하고 한 단계 심화하여 비판한다는 입장을 밝히고 있다. 그는 퇴계의 양명학 비판을 보완하는 차원에 머물지 않고, 수정하여 재비판하기도 한다. 곧 퇴계는 '지행합일'에 대한 비판에서 '형기(形氣)'에서는 '지행합일'이 가능하지만 '의리'에서는 배우지 않으면 알 수 없고 힘쓰지 않으면 할 수 없다고 하여 '지행합일'이 불가능하다고 비판하였는데, 한원진은 이를 뒤집어 '양지'·'양능'의 경우 의리에서 '지행합일'이 가능하지만, '형기'에서는 '지행합일'이 불가능함을 논증함으로써, 퇴계의 양명학 비판 이론을 재검토하여 재비판하기도 하였다. 또한 그는 나흠순이 왕양명의 '양지' 개념을 비판한 내용에 대해서도 재비판하고 있다. 곧 나흠순은 단지 왕양명의 '양지'에 대해 '천리'가 아님을 변론하는 데 그치고 있어, 왕양명의 '양지'가 맹자의 '양지'와 다르다는 점을 비판하지 못하는 한계가 있음을 지적하였다. 그만큼 한원진은 자신의 왕양명 비판이 한 단계 나아가는 근본적 비판임을 밝히고 있다.

넷째, 왕양명을 기본적으로 '이단'임을 선명하게 부각시키는 것이 바로 그 자신의 양명학 비판론이 추구하는 기본 입장임을 밝히고 있다. 그는 왕양명의 학문과 언행의 전반을 '내선외패(內禪外霸)'로 규정하여 '심즉리'를 중심으로 하는 왕양명의 이론체계는 육상산을 이은 것이요 선불교와 일치하는 것으로 규정하며, 왕양명의 행적과 용병(用兵)을 비롯한 치도(治道)의 공적은 패도(霸道)의 권모술수라고 규정하였다. 따라서 그는 왕양명을 손무(孫武) · 오기(吳起) · 소진(蘇秦) · 장의(張儀) · 소식(蘇軾) 등의 경우처럼 주자학의 '왕도'에 어긋나는 '패도'의 인물이요, 혹세무민하는 '이단'으로 규정하고 있다.

다섯째, 양명학의 세력이 강성함을 경계하고 주자학의 위기의식에서 철저한 비판과 배척의 필요성을 역설하고 있다. 그는 중국에서 양명학이 확산되어 세상을 어지럽힌 사실과 더불어 우리나라에도 양명학이 유입되어 뿌리를 내리고 있는 사실을 인식하고, 위기의식을 강하게 밝혀 근본적 비판의 중요성을 강조하였다. 이에 따라 그는 양명학의 폐단이 홍수나 맹수보다 위험함을 강조하면서, 뿌리를 뽑아 내고 근원을 막아야 한다는 양명학의 '발본색원(拔本塞源)'이 자신의 양명학 비판론의 과제임을 밝히고 있다.

한원진의 이러한 양명학 비판론은 어디까지나 주자학의 정통성을 지키는 '호교론(護敎論)'의 입장에서 양명학의 이론을 비판하고 이단으로 규정하여 배척하는 것이다. 따라서 그의 비판론에서는 왕양명의 이론이 제시하는 논리적 일관성이나 지향하는 의도에 대한 이해나, 이에 따른 주자학 전통의 문제점에 대한 성찰의 태도는 전혀 보여 주고 있지 않다. 그만큼 일방적 비판과 배척이라는 한계를 드러내고 있는 것이 사실이다. 그러나 당시 주자학에 대한 신념을 기반으로 양명학을 비판한 이론들 가운데 한원진의 양명학 비판론이 가장 체계적이고 정밀한 이론을 갖추고 있고, 강경한 비판태도를 뚜렷이 제시하고 있음을 주목해야 할 것이다.

4_ 근대적 변혁과 양명학

1. 근대적 변혁과 양명학의 등장

한국 양명학의 전개과정에는 두 개의 우뚝한 봉우리가 있다. 앞에는 17세기 말 18세기 초에 정제두(霞谷 鄭齊斗, 1649-1736)가 양명학적 신념을 정립하고 체계화하였던 사실이요, 뒤에는 20세기 초에 박은식(朴殷植)과 정인보(鄭寅普)를 비롯한 인물들이 조선 사회의 붕괴와 식민지배라는 역사적 격변의 상황에서 유교사상의 개혁을 위한 새로운 모색으로 양명학을 표방하였던 사실이다. 정제두의 앞에는 16세기 이후 양명학의 초보적 이해와 수용 및 비판적 논의가 있었던 단계요, 정제두의 뒤에는 18 · 19세기 동안 정제두의 학맥인 강화학파(江華學派)에서 미미하게 양명학의 이해가 유지되었던 경우와 18세기 후반에 이익(星湖 李瀷)의 학맥인 성호학파(星湖學派)의 진보적 일파인 신서파(信西派) 계열 권철신(權哲身) · 이기양(李基讓)을 중심으로 양명학에 대한 적극적 수용 입장을 보여준 두 흐름이 이어졌다.

따라서 20세기 초의 근대적 변혁과정에 양명학이 새롭게 활력을 가지고 등장하는 과정을 이해하기 위해서는 그 시대적 요인과 더불어 그 앞 시대 양명학적 상황의 여건도 주목할 필요가 있다. 곧 18 · 19세기 조선 후기 양명학은 강화학파가 미약하게 명맥을 이어가고 18세기 후반에 일시적이지만 성호학파 안에서 소수 학자들이 주자학에서 벗어나 새로운 사유방식을 탐색하는 과정에서 양명학이 활발하게 수용되었던 두 흐름이 있었다면, 20세기 초 양명학의 새로운 등장에서도 두 흐름이 확인되고 있다. 곧 박은식이 성호학파의 소수 학자들 경우처럼 이 시대에 적응하기 위한 유교개혁의 새로운 사유방법으로서 양명학을 수용하고 표방하였던 사실이고, 정인보는 강화학파의 마지막 계승자 역할을 담당하였던 사실이다. 20세기 초 양명학을 표방하거나 적극적 이해태도를 보였던 인물들의 대부분은 자강운동(自强運動)을 벌였던 이른바 애국계몽사상가들이 대부분이요, 이들은 조선시대의 양명학을 계승하는 데는 전혀 관심이 없고, 오히려 당시 중국과 일본에서 시대변화에 적응하는 데 양명학이 능동적 역할을 하고 있는 사실에서 큰 충격을 받고 양명학에로 관심을 돌리기 시작하였던 경우라 할 수 있다.

20세기 초 근대적 전환기의 양명학은 개혁사상의 기반으로 양명학을 표방하거나 강화학파의 계승으로 양명학을 정립하는 경우 양쪽 모두에서 대중계몽운동과 민족의식을 고취하고 있는 공통성이 보여진다. 실제로 정인보의 경우를 보면 양명학의 입문과정에서는 학맥으로 강화학파의 계승자가 되었고, 그 스스로 강화학파의 인물과 행적에 깊은 관심을 기울였음을 확인할 수 있지만, 결과로서 보면 그가 강화학파의 학문적 특성을 계승하였던 것이 아니라 이 시대의 상황에 대응하는 논리를 양명학에서 찾고 있었다는 점에서는 다른 인물들의 경우와 차이점이 없는 것이 사실이다.

이 시대 양명학의 등장에서 드러나는 가장 중요한 특징적 면모의 하나는 양명학을 통한 사회개혁의 방법을 찾는 수준에서 나아가 양명학을 종교적 신념으로 표출시키려고 시도하였던 사실이다. 박은식이 중심이 되어 조직하였던 '대동교(大同教)'는 유교개혁사상과 종교조직운동의 기반을 양명학으로 정립하고 있다는 점이 매우 특징적이다. 실제로 이 시대의 양명학 표방이 그다지 성공적인 결과를 거두었던 것은 아니다. 그러나 20세기 초 사회변동과 더불어 유교전통이 심각한 변화의 진통을 겪는 과정에서 양명학이 변혁의 방향에 새로운 가능성으로 크게 주목되었다는 사실 그 자체가 이 시대 양명학이 처한 가장 중요한 조건으로 의미가 있다.

20세기 초 양명학의 등장과 전개양상의 이해는 두 단계로 나누어 볼 수 있다. 곧 첫 단계에서는 1910년대 전후 자강사상의 한 흐름으로 양명학이 자리잡아 가는 양상을 이해하는 과제가 제기되고, 둘째 단계에서는 1930년대 전후 일제의 식민지배체제가 정착된 이후 당시의 지식인들 속에 양명학의 이해가 어떻게 변하고 있는지를 확인하는 것이 또 하나의 중요한 과제로 제기된다. 바로 이 점에서 20세기 초 양명학이 보여 주는 다양한 양상들 가운데, 유교개혁론에서 종교적 신념기반으로 제기되거나, 자강운동에서 실천정신으로 주목되거나, 민족정신의 고취를 위한 '조선얼'의 각성으로 강조되는 단계에서 양명학의 역할과 한계를 유의할 필요가 있다. 이러한 첫 단계의 문제점을 인식한다면 둘째 단계에서 양명학이 신념으로서의 기능을 잃고 지식체계의 한 부분으로 자리잡아 가고 있는 현상을 명확하게 이해할 수 있게 될 것이다.

2. 18 · 19세기 양명학의 계승

1) 강화학파의 양명학 계승

정제두는 61세 때(1709) 강화도로 이주하면서 양명학의 문호를 열었다. 그의 문인과 그 후학으로 학맥이 이어가면서 '강화학파'가 성립하여 양명학을 계승하여 갔던 것이다. 18 · 19세기의 강화학파의 학맥은 사승관계로는 지속적으로 이어졌지만, 실질적으로 그 학풍에서 양명학의 심화가 이루어졌다고 보기는 어렵다.[1] 오히려 정제두의 확고한 신념과 정밀한 이론체계에는 거의 못 미치는 수준으로, 양명학에 대한 어느 정도 신념이나 호의적 이해태도를 지녔다 하더라도 공개적으로 주장하지는 못하였고, 겨우 단편적 문제에서 미미하나마 양명학적 견해를 제시하고 있는 것이 보일 뿐이다. 강화학파 학인들의 대부분은 학문활동에서 양명학에 대한 관심을 안으로 감추거나 접어두고 실학의 영역을 개척하는 등 다양한 영역에 종사하고 있었던 것이 사실이다.

(1) 이광신 형제와 가학(家學)의 계승

이광신(恒齋 李匡臣, 1700-1744) · 이광명(李匡明) · 이광사(圓嶠 李匡師, 1705-1777)는 종형제간으로 정제두의 문인이며, 이광려(月巖 李匡呂, 1720-1783)는 재종형인 이광사에게서 배웠는데, 이들의 가계(家系)에서 강화학파의 학맥이 20세기 초까지 가장 뚜렷하게 이어져 갔던 사실을 볼 수 있다.

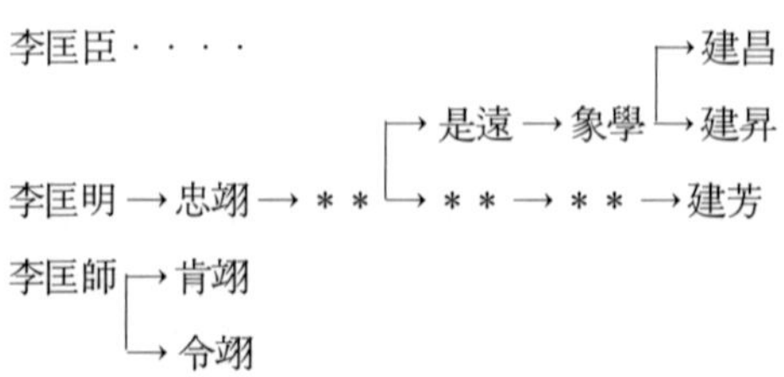

李匡呂〔鄭東愈〕 〈'＊＊'표는 강화학파 학맥에서 언급되지 않는 인물임〉

---

1) 유명종, 『성리학과 양명학』(연세대학교 출판부, 1994)의 제3부, 4장 '강화학파의 양명학'에서는 恒齋 李匡臣, 圓嶠 李匡師, 月巖 李匡呂, 燃藜室 李肯翊, 信齋 李令翊, 宛丘 申大羽, 椒園 李忠翊, 玄同 鄭東愈, 石泉 申綽, 蕉泉 鄭文升, 鄭箕錫, 沙磯 李是遠, 李象學, 寧

이광신은 서재의 벽에다 써 붙인 글에서 왕양명의 말인 "학문은 마음을 따라 미묘한 자리에 들어가는 데 힘쓰면 저절로 독실하고 빛날 것이다"(「與黃宗賢」)라는 구절을 인용하였으며, 「의주왕문답(擬朱王問答)」을 저술하면서 주자학과 양명학의 연결점을 찾는 데 관심을 기울였던 것으로 보인다. 이러한 그의 양명학적 입장은 다음과 같이 그가 정제두를 위해 지은 제문(祭文)에서 잘 드러나고 있다.

> 왕양명과 선생(정제두)의 학문이 사물을 떠나서 끊고 문자를 벗어나 생략하고 지견(知見)을 장애라 하고 깨우침(了悟)을 궁극처로 삼는다면 주자를 배신하였다 하여도 옳고, '이단'이라 하여도 또한 옳을 것이다. 그러나 왕양명의 학문으로 말하면 다만 한 조각 '양지'에서 홀로 전해지는 것에 오묘하게 결합되는 것이 아니요, 또다시 경전의 해석을 상고하여 징험하고 의리를 정밀하게 연구하며, 사무를 포섭하고 문장에 발휘하였으니, 그렇다면 공적(空寂)에 들었다고 할 수 없음이 확실하다.

이처럼 그는 양명학이 주자학과 모순된 것이 아님을 변명하고 있는 것이다. 그는 또한 더 나아가 주자학과 양명학의 종합과 소통을 주장하는 절충론적 입장을 다음과 같이 밝히고 있다.

> 왕양명과 주자의 나누어짐은 대개 '격물(格物)'의 해석에 근원한다. … 양명학을 주장하는 자는 주자에 대해 사물을 앞세우고 본원(本源)을 뒤로 미루며 자신을 돌이켜보는(反身) 요령이 없고 지리한 병통이 있다고 하며, 주자학을 주장하는 자는 왕양명에 대해 본원에만 오로지 충실하여 사물을 버리고 이치를 궁구하는(窮理) 공부가 없이 지름길로 뛰어넘는 폐단이 있다고 한다. 이에 대해 나는 그렇지 않다고 생각한다. … 이미 학문에

齋 李建昌, 耕齋 李建昇, 滄江 金澤榮, 蘭谷 李建芳의 17명을 열거하고 있는데, 史學·正音·書畵·詩文·實學에 창의적인 경지를 개척한 것으로 지적하고 있다.

뜻을 두고 있다면 '궁리(窮理)' 와 '성신(誠身)' 의 두 가지 공부는 양쪽 다 하지 않을 수 없다.[2]

이광사는 경전해석에서 선유(先儒)의 견해를 그대로 따르지 않은 점이 많았고 스승인 정제두의 평소 정밀한 의리와 특이한 견문을 받들어 섬겼다는 지적이 있는 정도이고, 그의 양명학에 대한 구체적 이해내용은 알 수가 없다.[3] 이광신 · 이광사의 다음 세대인 이긍익(燃藜室 李肯翊, 1736-1806) · 이영익(信齋 李令翊, 1738-1780) · 이충익(椒園 李忠翊, 1744-1816)은 강화학파의 2세대 계승자들이다. 이긍익은 우리 역사 연구에서 조선 후기 실학파가 이룬 대표적 작품의 하나인 『연려실기술(燃藜室記述)』을 저술하였다. 그러나 이긍익의 저술에서는 양명학에 대한 이해의 자취를 찾기는 사실상 어렵고, 이영익과 이충익의 경우에서 양명학에 대한 언급을 찾아볼 수 있다.

이영익은 이충익에게 보낸 편지에서, "그대는 '양지를 이루어(致良知) 성의(誠意)를 한다' 하고, 나는 '본말을 바로잡아(格本末) 성의를 한다' 고 하는데, 이것은 모두 신독(愼獨)과 성찰(省察)에서 오로지 공부하고자 하는 것이다. 사물에서 이치를 구하는 것은 오히려 바깥을 힘쓰는 것이라 말하는 것이니, 그 '학문한다' 는 명칭은 절실히 묻고 일상에서 유추하는 것으로서 조금도 들뜨고 잡박함이 없는 것이 어찌 아니겠는

2) 鄭寅普, 『陽明學演論』(6. 조선양명학파). 鄭寅普는 李匡臣의 이러한 입장에 대해 明末 劉宗周의 입장과 유사함을 지적하고, 모순에 빠질 위험이 있음을 경계하고 있다.

3) 李匡呂, 『李參奉集』, 권3, 34, '圓嶠先生墓誌', "公於諸經四書, 多不能曲從先儒, 尊事鄭霞谷先生平日精義異聞." 鄭寅普는 『陽明學演論』(6. 조선양명학파)에서 李匡呂의 李匡師를 위한 祭文 속에는 李匡師가 왕양명의 '致良知說' 에 합치하지 않았다는 언급을 인용하고서, 전후 맥락을 검토해 보면 李匡師가 왕양명의 핵심 주제인 '致良知' 를 거부한 것이 아니라고 확인하였다. 그러나 『李參奉集』(권3)의 「圓嶠先生墓誌」에는 '致良知' 에 대한 언급이 전혀 없는 것으로 보아, 鄭寅普가 인용한 李匡呂의 「圓嶠先生墓誌」는 『李參奉集』에 수록된 것과 다른 것임을 짐작할 수 있다.

가?"[4]라고 하여, 주자학의 바깥을 힘쓰는 공부와 달리 양명학이 내면의 '성의(誠意)' 공부를 지향하는 것임을 확인하고 '성의' 공부의 방법에 대한 토론이 두 사람 사이에 벌어지고 있었음을 보여 준다.

또한 이영익은 "이치를 체득하고 의리를 집약함은 우리가 말하는 학문이요, 먼저 사물에서 구하는 것은 우리가 민망하게 여기는 폐단이다. … 우리들은 학문이란 사물에서 구할 수 없음을 이미 알기에, 그래서 드디어 사물을 소홀히 여긴다. 이른바 마음에서 구한다는 것은 늘 '실리(實理)'를 쌓기는 어려운데 '광경(光景)'이 먼저 드러나니, 끝내는 마음을 쓸 곳이 없는 데 이르러 도리어 시문(詩文)과 잡기(雜技) 속으로 달려가게 되는 것이 걱정이다"[5]라고 하여, 양명학의 '마음'을 중시하고 '사물'을 소홀히 하는 태도가 일으킬 수 있는 폐단에 대해 심각한 성찰을 하고 있다. 바로 이 점에서 이영익은 안균(山農 顔鈞)을 거쳐 이지(卓吾 李贄)로 이어가는 이른바 양명좌파(陽明左派)에서 심각한 폐단이 일어나고 있음을 인식하고, 양명학에 대한 신념을 밝히면서도 그 한계에 대해서 적극적으로 인식하는 자세를 보여 주고 있다.

이충익은 이영익보다 양명학에 대해 더욱 독실한 신념이 있었던 것으로 보인다. 이충익은 재종형인 이영익의 「가전(家傳)」에서 "내(이충익)가 일찍이 왕양명의 '치양지설'을 좋아했는데, 선생(이영익)이 말하기를 '왕양명의 학문은 들뜨고 높아서 선(禪)에 물들었으니 모름지기 주자를 배우는 것이 바르다'고 하였다. 나는 오랜 뒤에서야 그러함을 믿었다"[6]

4) 李令翊, 『信齋集』, 冊2, 43, '與虞臣', "子則曰, 致其良知, 而誠此意, 吾則曰, 格其本末, 而誠此意, 是皆欲專功於愼獨省察之際, 以求理事物, 猶謂之騖外也, 其爲學之名, 豈不切近篤實, 無一分浮雜之理哉."

5) 李令翊, 『信齋集』, 冊2, 42-43, '與虞臣', "體理集義, 吾輩所說之學也, 先求事物, 吾輩所憫之弊也, … 吾輩則既知學可不求之物, 故遂慢忽事物, 所謂求之心者, 則每患實理難積, 光景先露, 終至無所遊心, 反馳騖於詩文雜技之中."

6) 李忠翊, 『椒園遺稿』, 冊2, '從祖兄信齋先生家傳', "忠翊嘗喜王氏致良知之說, 先生曰, 王氏之學, 浮高染禪, 須學晦菴爲正, 忠翊久而後, 信其然."

고 언급한 사실을 보면, 강화학파 제2대에서는 양명학에 대한 이해가 유지되면서도 다른 한편으로 양명학의 문제점을 인식하고 주자학으로 관심을 되돌리고 있는 일면을 엿볼 수 있다. 이광려의 문인으로 정동유(玄同 鄭東愈, 1744-1808)도 "본래 하나의 『대학』인데, 주자는 '격물'을 '궁리'라 하고, 왕양명은 '치지'를 '치양지'라 하였다. 주자학을 하는 자는 오직 '궁리'를 『대학』으로 보고, '치양지'도 『대학』이 됨을 믿지 않으며, 양명학을 하는 자는 오직 '치양지'를 『대학』으로 보고, '궁리'도 『대학』이 됨을 믿지 않는다"[7]라고 하여, 주자학과 양명학이 각각 치우친 견해를 고집하여 끝없는 논쟁에 빠져서 헤어나지 못하고 있음을 지적하였다. 그만큼 강화학파의 후학들 사이에서는 주자학과 양명학의 대립적 인식이 아니라, 조화와 종합을 추구하는 입장을 보여 주는 것이 하나의 중요한 특성이라 할 수 있을 것이다.

(2) 강화학파의 또 다른 계보들

이광신 형제들의 집안에서 가학으로 전승되었던 것이 강화학파의 가장 큰 계보라고 한다면, 그 밖에도 정제두의 직손들과 외손들의 계보가 있고, 뚜렷한 계승은 없어도 중요한 위치를 지니는 인물들도 있다.

鄭齊斗 → 鄭厚一 → 志尹 → 述仁 → 文升 → 箕錫 → 元夏 〔霞谷直孫〕
　　→ (壻)申大羽 → 申綽 〔霞谷外孫〕
金澤秀 → 〔기타〕

정제두의 직계 자손들로 아들 정후일(鄭厚一) 이후로 4대손 정문승(蕉

7) 鄭東愈, 『晝永編』(下), "本一大學, 而朱子以格物爲窮理, 王陽明以致知爲致良知, 爲朱學者, 惟見窮理之爲大學, 而不信致良知之亦爲大學焉, 王學者, 惟見致良知之爲大學, 而不信窮理之亦爲大學."

泉 鄭文升, 1788-1875)과 5대손 정기석(鄭箕錫, 1813-1889)의 활동이 드러나지만 양명학에 대한 이해내용은 알 수가 없는 형편이다.

정제두의 외손집안으로 정후일의 사위인 신대우(宛丘 申大羽, 1735-1809)와 그 아들 신작(石泉 申綽, 1760-1828)에서도 양명학의 뚜렷한 인식은 찾기 어렵다. 신대우는 정제두의 문집을 편찬하는 과정에도 참여하였고, 「하곡정선생신도표(霞谷鄭先生神道表)」를 짓는 등 정제두의 행적과 사상에 관한 이해가 깊었을 것으로 짐작된다. 신작은 고증학자로 큰 비중을 지닌 인물이지만, 양명학에 대한 이해의 자취를 확인하기는 어려운 형편이다.

정제두의 제자로 김택수(金澤秀)는 그 인물에 대한 기록을 찾기 어려운데 정제두의 문인 가운데 양명학에 가장 깊은 인식을 가졌던 인물로 정인보가 주목하였다. 김택수는 정제두를 위한 제문에서 "물(物)이 격(格)함에 지(知)가 이름은 '의성(意誠)' 에서 밝고, 심(心)과 리(理), 지(知)와 행(行)은 '일병(一竝)' 에서 밝고, 지지(知止) · 지선(至善)은 '재기(在己)' 에서 밝고, 이간(易簡)과 박약(博約)은 '불이(不貳)' 에서 밝고, 덕성(德性)과 문학(問學)은 '일치(一致)' 에서 밝았노라. 날로 사물에 섭(涉)함에 곧 '양지' 에로 돌리어, 그 시비를 헤아려 일일이 극치(克治)하니 '심' 은 이로써 정(正)하고 '신(身)' 은 이로써 수(修)하니, 학(學)하는 정맥이요, 성(聖)되는 진수(眞髓)이다. 앞서는 양명(陽明)이요 뒤로는 선생이 일체 등염(燈燄)으로 더욱 빛나고 더욱 밝았다"[8]라고 하였다. 김택수의 이 제문에 대해 정인보도 "견지가 걸특(傑特) · 탁절(卓絶)하다" 하고, 이광신보다 한 단계 높은 것으로 지적할 정도로, 정제두의 양명학의 특성을 깊이 체득하고 간결하게 집약해 주고 있다는 점에서 양명학의 이해가 상당한 수준에 이르렀음을 엿볼 수 있다.

18 · 19세기 강화학파를 전반적으로 개괄해 보면 정제두의 깊은 학문

8) 鄭寅普, 『陽明學演論』(6. 조선양명학파) '金澤秀' 條.

적 성취 이후 사실상 계승이라기보다는 명맥의 유지 수준이라 할 수 있고, 그나마 내면에서는 양명학을 계속 호의적으로 이해하고 있다 하더라도 표면으로는 거의 양명학을 외면하는 것으로 보일 정도이며, 한쪽에서는 주자학과 양명학의 종합 내지 조화론을 주장하여 주자학 정통의 비판적 입장을 벗어나려 시도하고 있는 것으로 보이기도 한다. 이런 의미에서 정제두 이후 그의 학문이 강화학파로 계승되었던 18 · 20세기는 양명학의 발전기(發展期)라기보다 표면에서 감추고 숨겨 버리는 퇴장기(退藏期)라 할 수 있을 것이다.

2) 성호학파의 양명학 인식

이익(星湖 李瀷, 1681-1763)은 조선 후기 실학의 거장으로서 주자와 퇴계의 정통성을 확인하면서도 서학(西學)을 비롯하여 도학 정통에서 벗어난 다양한 학문조류에 폭넓게 관심을 보였던 열린 정신을 가졌던 인물이다. 그는 양명학에 대해 기본적으로 비판하는 입장에서 관심을 보이고 있다. 곧 유성룡이 북경에 갔을 때 왕양명과 진헌장(白沙 陳獻章)을 명나라 유학자의 종주(宗主)로 삼는다는 말을 듣고, "진헌장은 도(道)를 본 것이 정밀하지 못하고, 왕양명은 낯만 바꾼 선학자(禪學者)이다"라고 비판한 사실을 언급했으며,(『星湖僿說』, 권9, '西厓斥僧道') 그 자신도 명나라 200년 동안의 유학자에 대해 "백사(白沙: 陳獻章)와 왕양명의 무리는 모두 선가(禪家)의 풍미를 면하지 못하였고, 오직 설경헌(薛敬軒: 薛瑄)이 순수하고 정대하다"[9]라고 하여, 유성룡과 같은 견해를 밝히고 있다.

또한 그는 퇴계가 "왕양명의 학술이 자못 어긋나서, 그 마음이 강하고 사나워 자기만 제일이며, 그 변론은 장황하고 찬란하여 사람으로 하여금 현혹되어 소신을 상실하게 만드니, 인의(仁義)를 해치고 천하를 어지럽

9) 『星湖僿說』, 권20, 56, '丘文莊', "如白沙陽明之類, 皆未免禪味, 獨有薛敬軒爲純正."

히는 것이 반드시 이 사람이 아니라고는 못하겠다"고 비판한 언급을 인용하면서 "우리나라에서 이미 퇴계를 제향하지 않을 수 없는 이상 왕양명 또한 병향(竝享)될 수 없다는 것도 너무도 분명하다"[10]고 하여, 왕양명에 대한 비판적 입장을 확인하고 있다. 그러나 그는 왕양명의 '십가패법(十家牌法)'을 소개하면서 그 효과를 인정하고 또 그 폐단도 경계하는 입장을 보여 주고 있다.(『星湖僿說』, 권15, '十家牌') 또한 그는 왕양명의 '지행합일설'에 대해서도 "'학(學)'은 몸으로 배우는 것이 있고 마음으로 배우는 것이 있으니, '학'은 다 '행(行)'이라 할 수 있다. 그러나 효·제(孝弟) 같은 것은 몸의 '행'이요, 독서궁리 같은 것은 마음의 '행'이다. 이에서 말미암아 밝게 살피는 데에 이르면 바야흐로 '지(知)'가 되는 것이니, '행'이 '지'보다 먼저가 될 것도 같다"고 하여, '지행합일설'이 성립하는 측면을 인정하면서, "능히 독서하고 궁리하는 것은 '지'의 이치가 먼저 통하는 것이다. 혹은 먼저 알고 먼저 깨달은 자가 있어서 지도하여 하도록 하거나, 혹은 자기가 이와 같이 합당하게 하도록 스스로 깨달을 수 있어서 독서하고 궁리할 수 있다면, 어찌 '지'가 '행'에 앞서는 것이 아니겠는가?"[11]라고 하여, 기본적으로 '선지후행(先知後行)'을 주장하는 주자학의 입장을 확인하고 있다. 그만큼 이익은 양명학에 대해 비판적 입장을 분명히 하고 있음을 보여 준다.

이익 자신은 양명학에 대해 비판적 입장을 분명히 밝히고 있지만 그의 학맥인 성호학파에서는 주자학 정통론에서 벗어나기 시작하여 마침내는 서학을 수용하는 데까지 이르렀던 이른바 '신서파(信西派)'에 속하는 인물인 권철신(鹿菴 權哲身, 1736-1801)과 이기양(伏菴 李基讓, 1744-1802)의 경우처럼 양명학을 어느 정도 적극적으로 수용하려는 태도가

---

10) 『星湖僿說』, 권9, 23, '王陽明', "東人旣不能不祀退溪, 陽明之不可幷享亦明矣."

11) 『星湖僿說』, 권18, 10, '知行合一', "其能讀書窮理者, 知之理先通也, 或有先知先覺者, 導使爲之, 或渠能自覺得合當如此, 乃能去讀書窮理, 豈非知先於行乎."

있었음이 주목된다. 성호학파의 양명학 수용문제에 대해서는 정밀한 연구성과가 있다.[12)]

성호학파에서 가장 먼저 양명학에 연관되는 인물은 이익의 조카인 이병휴(貞山 李秉休, 1710-1776)로 보인다. 그는 주자의 정통을 고수하는 입장에서 벗어나 자유로운 비판정신을 가졌던 인물이다. 그는 "옛날에 성인의 학문은 천리를 밝히고 인욕을 막는 데 불과했다. … 이른바 '이단'이라 하는 양주 · 묵적 · 노장 · 불교의 무리는 비록 성인의 학문과 달랐지만 역시 인의를 배우지만 어긋난 것일 뿐이다. 어찌 일찍이 이욕을 주장하였겠는가? 오늘날의 학자는 그렇지 않으니 '도학'의 명목을 가장하여 이욕의 사사로움을 조장하고, 시비를 어지럽히며, 거리낌 없이 멋대로 말하니, '이단'의 죄인이라 말할 만하다. 그 해독이 말로 다 할 수 없는 것이 오늘날 학술의 폐단의 하나이다"[13)]라고 하여, 당시 도학의 위선적 학풍을 지닌 학자를 '이단'의 죄인이라고까지 극심하게 비판하였다.

이병휴는 주자의 『대학장구(大學章句)』 체제를 따르지 않고, 『고본대학(古本大學)』을 받아들이면서 이언적(晦齋 李彦迪)의 견해라 밝히고 있다.[14)] 그러나 사실상 『고본대학』을 표방한 것은 왕양명의 기본입장이기도 하다. 또한 그는 제자인 이기양에게 보낸 편지에서 "「경(經)」에서 '명

12) 徐鍾泰, 「성호학파의 양명학 수용: 伏菴 李基讓을 중심으로」, 『한국사연구』(66), 한국사연구회, 1989 ; 「鹿菴 權哲身의 양명학 수용과 그 영향」, 『국사관논총』(34), 국사편찬위원회, 1992 ; 「李秉休의 '外朱內王'의 유교사상」, 『역사와 사회』, 현암사, 1997.

13) 李秉休, 『貞山雜著』(徐鍾泰, 「李秉休의 '外朱內王'의 유교사상」에서 재인용, 이하 같음), 10책, '論學術之弊', "古者聖人之學, 不過明天理而防人欲, … 所謂異端如楊墨老佛之類, 雖異於聖人之學, 亦學仁義而差耳, 何嘗主利欲耶, 今之學者則不然, 假道學之名, 而齊其利欲之私, 貿亂是非, 放言不諱, 可謂異端之罪人, 而其害有不可勝言, 此今學術之弊一也."

14) 李秉休, 『貞山雜著』, 7책, '答尹丈書', "秉休數十年前, 讀大學一書, 有箚疑一篇, 近復刪潤, 成一家言, 要其大旨, 則以戴記古本爲主, 此晦齋意也."

덕을 천하에 밝힌다' 고 하였는데, 「전(傳)」 속에서 살펴보니 그 밝히는 것이란 '효 · 제 · 자(孝弟慈)' 에 불과하다. 그러므로 내 생각에는 '효 · 제 · 자' 의 종류가 곧 이른바 '명덕' 이다"[15]라고 하여, 주자의 '명덕' 해석과는 달리하여 『대학』의 '명덕' 을 '효 · 제 · 자' 로 해석하였다. 여기서 '효 · 제 · 자' 를 '명덕' 으로 파악하고 있는 경우는 왕양명과 조선시대 양명학을 대표하는 정제두(霞谷 鄭齊斗)의 언급에서도 확인할 수 있다.[16] '명덕' 을 '효 · 제 · 자' 로 해석하는 것은 이병휴에서 비롯하여 권철신을 거쳐 정약용(茶山 丁若鏞, 1762-1836)으로 이어지며 성호학파의 신서파에 계승되고 있음을 보여 준다. 이처럼 이병휴의 견해가 왕양명과 연결되는 접점을 찾아볼 수 있지만, 그렇다고 그를 '외주내왕(外朱內王)' 이라 하여 속으로는 양명학자라고 확인하기도 어려워 보인다.[17]

이병휴와 동문인 안정복(順菴 安鼎福, 1712-1791)은 양명학을 비판하는 입장을 확고하게 정립하였으며, 당시 성호학파의 후배인 권철신과 이기양이 양명학의 견해에 대해 적극적으로 긍정하는 입장을 보였을 때, 이들에 대해 비판의 견해를 분명하게 제시하였다. 안정복의 양명학에 대한 비판은 성호학파 안에서 당시 서학에 대한 수용과 비판의 입장이 대립하여 논쟁을 일으키는 와중에 이와 더불어 양명학에 대한 논변도 일어나고 있었음을 보여준다. 다만 이병휴를 제외하고 권철신 · 이기양 등 양

---

15) 李秉休, 『貞山雜著』, 7책, '答李士興書', "經云, 明明德於天下, 而察於傳中, 其所明之者, 不過孝弟慈, 故愚意孝弟慈之類, 卽所謂明德也."

16) 『王陽明全集』, 권26, '大學問', "實與之爲一體, 而後孝之明德始明矣, … 實與之爲一體, 而後弟之明德始明矣."
『霞谷集』(160-373??), 권13, '大學說', "大學一篇之道, 孝弟慈而已也, 其本則至善是耳, 其親民之德, 明德之實, 止至善之爲者, 孝弟仁敬是已, 是明德親民止至善之實事."

17) 徐鍾泰는 「李秉休의 '外朱內王' 의 유교사상」에서 李秉休를 '外朱內王' 이라 규정하고 있지만, 필자는 李秉休의 마음속에서 양명학을 중심으로 유교사상을 정립하였다기보다는, 그가 주자학의 틀에서 벗어나 독자적 사유를 하기 시작하는 계기에 양명학의 영향을 일부분 받았을 가능성을 인정하는 정도에 머물고자 한다.

명학을 수용하였던 성호학파의 인물들 경우에 저술이 남아 있지 않아 구체적 내용을 알기는 어렵지만, 이들의 양명학적 견해에 대한 비판론이 담긴 안정복의 편지를 통해 이들이 지닌 양명학에 대한 이해의 성격을 대략의 윤곽이나마 엿볼 수가 있다.

먼저 권철신은 이익의 문인으로 젊어서는 선배인 안정복과 교류가 깊었다. 권철신이 안정복에게 왕양명의 '치지설(致知說)'이 옳다고 주장하자, 이에 대해 안정복은 권철신에게 보낸 편지(1766)에서 다음과 같이 비판하고 있다.

> 마음에는 앎(知)의 이치가 있기 때문에 사물의 이치를 궁구할 수 있으니, 내 마음이 아는 이치와 사물에 흩어져 있는 이치가 합하여 하나가 되는데, 하필 곧바로 마음이 이치라 해석하고 또 마음이 아는 것을 '양지(良知)'라 할 것인가. 사람의 기질은 같지 않아 성인의 마음은 진실로 모두 '양지'의 본연함에서 나오지만, 중인(衆人)의 마음은 기질이 타고 있어서 치우치고 막힌 데로 흘러 그 마음의 앎이 '인욕(人欲)'에서 나오는 것이 많다. 양명의 이 설은 '인욕'을 '천리(天理)'로 인식하는 것이니 그 흐름의 폐단은 말로 할 수 없다.[18]

여기서 안정복은 왕양명의 '격물치지설'뿐만 아니라 이에 연관된 양명학의 기본이론인 '심즉리설'과 '치양지설'까지 주자학의 입장에서 엄격하게 비판하였다. 그 비판의 요지를 한마디로 요약하면 양명학을 '인욕을 천리로 인식한다'고 규정함으로써, 근본전제의 인식에서 뒤집어진 오류에 빠졌다는 비판이다.

---

18) 『順菴集』, 권6, 5-6, '答權旣明書', "盖心有知之理. 故能窮物理. 則吾心所知之理. 與散在物上之理. 合而爲一. 何必直訓心爲理. 又以心之所知爲良知. 夫人之氣質不同. 聖人之心則固皆出於良知之本然. 而衆人之心則爲氣所乘. 流於偏塞. 其心之知. 多出於人欲. 陽明此說. 認人欲爲天理. 其流之弊. 可勝言哉."

또한 안정복은 권철신에게 보낸 편지(1768)에서 권철신이 번번이 주자의 『대학장구』 체제와 달리 『고본대학』을 내세우고, '격치장(格致章)'을 주자가 보망(補亡)한 것도 필요 없다는 등을 주장하는 사실에 대해, 이러한 견해를 왕양명의 견해라 몰아붙이지 않고 주자학 안에서 옛 유학자들이 이미 많이 논의해 왔던 사실임을 지적해 주고 있다. 덧붙여 그는 주자학의 입장에서 독서태도를 지키도록 요구하고 새로운 견해를 경솔히 내세우는 것을 경계하여, "이제 오랫동안 오로지 정밀한 공부를 쌓지 않고서, 지나가며 보다가 새로운 뜻이 가슴에 떠오르면, 급히 '이것이 옳고 저것은 그르다'라고 하는데, 그것이 학문에 나아가는 공부에 무슨 이익이 있겠는가? 그대가 '의리의 두뇌'라고 말하는 것도 이러한 곳에 있지는 않을 듯하다"[19]고 하여, 주자학을 정밀하게 연구하지 않고 경솔하게 새로운 의리(新義)를 내세우는 학문태도를 경계하는 데 주력하고 있음을 보여 준다. 그만큼 안정복의 관점에서는 권철신이 양명학의 주장에 동조하고 있는 현상은 자신의 학문적 기반으로 확립한 것이 아니라, 단지 새로운 사유방법이나 지식체계를 좋아하는 경박한 풍조의 표출이라 보고 있는 것으로 보인다.

다음으로 이기양은 안정복에게 '지'와 '행'의 문제를 제기하면서 '행'이 중하다는 입장을 밝혔는데, 안정복은 이기양에게 보낸 답장(1765)에서, "편지 속의 '지'·'행' 두 글자는 학자가 공부해야 할 첫머리의 것이다. 그 선후(先後)를 논하면 '지'가 비록 앞서지만 그 귀결을 말하면 '행'이 중요하다. … 보내준 편지에 '행'을 중하다 하였으니, 10에 8·9분은 얻은 것 같다"[20]고 하였다. 이기양이 '지·행'에서 '행'의 중요성을 강조하자, 안정복은 이를 인정하면서도 공부의 순서에서는 주자학적

19) 『順菴集』, 권6, 15, '答權旣明書', "今無積累專精之工, 而客見新義橫在肚間, 率爾曰此是而彼非, 其於進學之工, 有何益, 而公所謂義理頭腦, 似不在此等處矣."

20) 『順菴集』, 권8, 7-8, '答李士興', "書中知行二字, 最是學者工夫, 論其先後則知雖居先, 語其歸宿則行爲重焉, … 來書以行爲重, 似得其八九分矣."

입장인 '선지후행(先知後行)'이 정당하다고 역설하고 있는 것이요, '지 · 행' 문제를 왕양명의 '지행합일론'으로서 논의하였던 것은 아니었다.

그러나 이기양은 안정복에게 보낸 편지에서 『중용』 첫 장의 '미발(未發)'에 대한 해석에서 정자 · 주자의 견해와 상반된 주장을 제시하였던 일이 있었고, 또 권철신에게 보낸 편지에서 "'경(敬)'은 '선(禪)'으로 흐르기 쉽고, '격치(格致)'는 입과 귀 사이의 학문으로 흐르기 쉽다(敬易流于禪, 格致易流于口耳)"고 말하였고, 권철신도 이에 동조하였던 사실이 있었다.[21]

안정복은 이기양이 '미발'을 새롭게 해석한 데 대해, 이기양에게 보낸 답장(1769)에서, "이러한 곳(미발의 문제)에 이르면 의리를 위한 큰 두뇌이니, 이것이 잘못 해석되면 잘못되지 않는 곳이 없을 것이다. 정자 · 주자는 뒤에 나온 성인인데 이들을 따르지 않으면 누구를 따르겠는가? 이렇게 하여 그치지 않는다면 그 말류의 폐단은 거리낌이 없는 소인으로 흘러들 것이다"[22]라 하여, 정자 · 주자를 따르지 않으면 소인의 지경에 떨어지고 말 것이라는 정통론의 권위적 비판입장을 밝히고 있다. 또한 안정복은 이 편지에서 이기양이 정자가 제시한 '경' 개념과 주자가 제시한 '격치'의 해석에 대해 그 폐단을 말한 것에 대해서도, "이것은 두 문호(정자 · 주자) 말류의 폐단을 가리켜 말한 것이다. 그대가 그 폐단을 알았다면 마땅히 정자의 '경'에 힘써서 하나를 주장하고 밖으로 나감이 없게 하여 고요함(靜)에 치우치지 않게 할 것이요, 주자의 '격치' 공부에

21) 이 사실은 『順菴集』, 권8, '答李士興書'(己丑)에서 논의되고 있을 뿐만 아니라, 같은 해에 안정복이 이병휴에게 보낸 편지(『順菴集』, 권4, '答李景協書'(己丑))에서도 논의하면서 이기양 · 권철신의 학풍에 대해 깊은 우려를 밝히고 있으며, 안정복의 문인 황덕길이 편찬한 「順菴先生行狀」에서도 언급되고 있다.

22) 『順菴集』, 권8, 8, '答李士興書', "至若此等處, 爲義理大頭腦, 此爲錯解, 將無所不錯矣, 程朱是後來聖人, 此而不從, 將誰從乎, 若此不已, 其流之弊, 將流于小人之無忌憚."

힘써서 수레의 두 바퀴나 새의 양쪽 날개처럼 번갈아 닦고 나란히 나아가 한쪽에 떨어지지 않는다면, 이것이 아마 지극한 것이다"[23)]라고 하였다. 이처럼 안정복은 이기양이 주자학의 체제에서 벗어나는 주장을 심화시켜 가고 있는 사실에 대해 깊이 우려하면서 주자학의 정통성을 지킬 것을 역설하였던 것이다. 정자의 수양론으로서 '경'이나 주자의 공부론으로서 '격치'에 대해서 그 말류에 폐단이 있음을 인정하면서도 그 폐단을 극복하는 방법을 주자학 밖에서 찾는 것이 아니라, 정자와 주자의 본래 정신을 실현하는 것에서 찾고 있다. 이처럼 당시 성호학파 안에서는 주자학의 틀에서 벗어나려는 권철신·이기양 등 '신서파' 쪽의 입장과 주자학의 정통성을 더욱 견고하게 수립하기를 요구하는 안정복 등 '공서파' 쪽의 입장이 갈라지고 있었는데, 바로 이 분열의 계기에서 그 첫머리에는 양명학이 개입하였던 것이고, 뒤에서는 천주교신앙문제가 개입하였던 것이라 할 수 있다.

나아가 안정복은 한정운(素菴 韓鼎運, 1741-1819)의 경우도 양명학에 심취해 있는 사실을 알고 경계하는 편지(1775)를 보내면서, "좋은 글이 매우 많은데 『양명집(陽明集)』은 왜 보는가? … 잡서(雜書)를 닥치는 대로 보면 반드시 중독될 것이다. 나도 일찍이 그(왕양명의) 글을 보았는데 천지를 놀라게 하는 의론이 사람의 넋을 빼앗고 간담을 서늘하게 하였다. 그래서 당시 사람들이 휩쓸려 따라갔으니 매우 두려운 일이다. … 이 사람(왕양명)의 '심즉리'·'치양지'·'지행합일'이라는 말은 모두 정자·주자의 말과 상반되니, 근본이 한 번 어긋나면 어긋나지 않는 것이 없다"[24)]라고 하여, 안정복 자신이 왕양명의 글이 지닌 흡인력을 이미 경

23) 같은 곳, "此皆指兩門末弊而言, 公如知其弊, 則當用力於程子之敬, 主一無適, 而不偏於靜, 致功於朱子之格致, 車輪鳥翼, 交脩幷進, 不落一偏, 斯已至矣."

24) 『順菴集』, 권8, 5, '答韓士凝書', "好書至多, 陽明集何以觀之乎, … 泛覽雜書, 則其中毒必矣, 鄙人亦嘗觀此書矣, 其驚天動地之論, 有可以奪人魄而慴人膽者, 是以當世之人, 莫不靡然向從, 甚可畏也, … 此人心理也及致良知知行合一之語, 皆與程朱背馳, 根本一

험하였으나, 왕양명의 이론이 주자와 모든 면에서 상반되고 있어서 그 저술을 읽는 일이나 그 말을 좋아하는 것을 경계해야 한다고 간곡하게 말하고 있다. 그만큼 안정복은 양명학의 확산에 대한 위기의식을 절실하게 느끼고 있었던 것이다.

안정복은 천주교를 비판한 저술「천학문답(天學問答)」속에서도 양명학에 대한 비판의 입장을 다음과 같이 밝히고 있다.

> 왕양명은 유학을 크게 주창하였으나, 그 실지는 '이단'이다. 그래서 그 문도인 안산농(顔山農)은 하나의 '욕(欲)' 자로 법문(法門)을 삼았고, 하심은(何心隱)은 하나의 '살(殺)' 자로 종지(宗旨)를 삼았다. 모두 '우리 선생의 양지학(良知學)은 마음을 스승으로 삼으니, 마음에서 나오는 것은 모두가 양지이다. 나는 내 마음에서 나오는 것을 따르겠다' 고 말하였다. 끝내는 남만(南蠻)과 연결하여 반란을 일으키다가 주살(誅殺)당하였다. 이로써 말하면 학자는 마땅히 학문하는 첫머리를 잘 변별해서 이러한 말류의 폐단을 살펴야 한다.[25]

안정복의 경우에도 이미 양명좌파의 안균(顔鈞. 字 山農)과 하심은(何心隱)의 학설과 행적에 대한 관심을 통해 양명학 비판론을 뒷받침하고 있는 사실을 보여 준다.

당시 성호학파에서 이병휴의 학풍에 연결되는 권철신 · 이기양을 비롯하여 한정운 등의 소수 인물들 사이에서 1760-70년대에 양명학의 이해가 확산되고 적극적 수용태도가 드러나는 사실을 확인할 수 있다. 이에

蹉, 無所不錯矣."

25) 『順菴集』, 권17, 11, '天學問答', "王陽明大倡儒學, 而其實異端, 是以其徒顔山農者, 以一欲字爲法門, 何心隱者, 以一殺字爲宗旨, 皆曰我先生良知之學, 以心爲師, 心之所出, 皆良知也, 我則從吾心之所出, 末乃與南蠻連結作亂被誅, 以此言之, 學者當卞於爲學原頭而察此末流之弊也."

대해 안정복이 가장 적극적으로 비판론을 제시하였던 것이 사실이다. 그러나 성호학파의 '신서파' 계열 인물들이 주자학으로부터 벗어나는 자율적 사유를 추구하는 매우 유동적인 사상적 탐색과정에서 양명학을 새로운 학문방법으로 수용하였던 것이 사실이나, 양명학을 중심체계로 수립하였던 것은 아니다. 따라서 권철신 · 이기양 등을 양명학자라고 하기는 어렵고, 양명학을 적극적으로 이해하고 자신의 사상체계 속에 활용하였던 인물들이라 할 수 있을 것이다. 양명학에 대한 이들의 논의는 18세기 후반에 일시적으로 활발하게 일어났지만, 역시 19세기로 넘어오면서 계승된 자취를 확인하기는 어렵다. '신서파'의 계승자로 19세기 전반에 활동하였던 정약용의 경우에도 「치양지변(致良知辨)」에서 양명학의 근본주장을 반박하는 입장을 밝혔으며, 단지 왕양명의 견해를 자신의 논거로서 비교적 자유롭게 활용하는 면모를 보여 주고 있는 정도이다.

3. 1910년대 전후 자강운동과 양명학 인식

1) 박은식의 유교개혁론과 양명학

(1) 양명학으로의 전환과정

20세기 초 조선 왕조의 몰락 직전 시대적 격동 속에 한편으로 조선 사회의 체제교학이었던 주자학에 대한 비판적 성찰이 제기되었으며, 다른 한편으로 유교 이념 자체로부터의 이탈이 광범하게 일어나고 있었다. 이러한 사회적 혼란과 사상적 동요가 격심하게 일어나는 상황 속에서 유교 이념의 개혁을 통해 사회변혁을 추구하였던 인물 가운데 양명학을 유교 개혁의 방향으로 선택한 가장 두드러진 인물이 바로 박은식(白巖 · 謙谷 朴殷植, 1859-1925)이다. 그는 황해도 황주(黃州) 출신으로 30대까지 주자학의 전통에 젖어 있었지만, 40세 때(1898)부터 시대변화에 따른 유교개혁의 당위성을 인식하면서 자강사상(自强思想)으로 전환하여 주로 언론과 교육운동을 통해 활동한 애국계몽운동가이다.

박은식은 조선 사회의 주자학 전통이 초래한 폐단을 성찰하면서 유교 이념의 새로운 활력을 찾기 위한 개혁의 방향을 탐색하다가, 바로 조선 사회의 주자학 체제에 억눌려 제대로 펼쳐 보지도 못했던 양명학을 발견해 내고 이를 다시 끌어 내어 개혁의 새로운 발판으로 삼고자 하였다.[26)] 그가 양명학에 관심을 갖게 된 데에는 두 가지 이유가 있었다. 우선 외적 동기로 당시 중국과 일본에서 양명학이 근대적 변화 속에서 적극적인 역할을 한다는 사실이 자극을 주었던 것으로 보인다. 그리고 내적으로는 그 자신의 신념에 변화가 일어났기 때문이었다. 이러한 사실은 그가 1909년 일본양명학회 주간(主幹)에게 보낸 편지에서 밝히고 있는 것처럼, "마침 몇 년 전에 질병으로 문을 닫고 한가롭게 누워 있을 때 왕양명의 학설을 얻어 보니, 그것은 곧바로 마음속 깊이 은미한 곳에서 공부하는 것으로, 정밀하고 절실함을 극진히 깨달은 것이었다"[27)]고 한 언급에서 잘 드러나고 있다.

그가 양명학을 유교개혁의 이론적 기반으로 받아들이기 시작한 확실한 시기는 알 수 없지만 대략 추정해 보면 47세 때(1905) 이후로 짐작된다. 1909년 일본양명학회에서는 서북학회(西北學會) 회장으로 활동하던

---

26) 19세기 말 20세기 초 유교개혁사상은 ① 양명학을 통한 개혁론—朴殷植, ② 주자학 기반 위에서의 개혁론—李承熙 · 宋基植, ③ 今文經學的 개혁론—李炳憲, ④ 후천개벽론적 개혁론—金一夫 등 다양한 양상을 찾아볼 수 있다. 금장태, 『유교개혁사상과 이병헌』(예문서원, 2003)의 제5장 '유교개혁론의 양상과 이병헌의 유교복원론' 참조. 이 절에서 박은식에 관한 기술은 금장태, 『한국근대의 유학사상』(서울대학교출판부, 1999)의 제5장 '한국근대의 유교개혁사상' 에 수록된 내용을 약간 수정 보완한 것이다.

27) 『朴殷植全書』 下(단국대학교 출판부), 1975(이하 '『朴全』(下)' 로 줄임), 236쪽, 「再與日本哲學士陽明學會主幹東敬治書」, "偶於年前, 因微疾閉門閒臥之際, 得閱姚江學說, 其直從心髓隱微處下工者, 儘覺精切矣."

그에게 학보(學報; 일본양명학회 학보의 정확한 명칭은 미확인) 13호를 보내왔고, 이를 계기로 그는 일본양명학회 주간에게 두 차례 편지를 보내면서 자신의 양명학에 대한 이해와 관심을 명확하게 밝혔던 일이 있다. 그는 일본양명학회 주간에게 보낸 편지 속에서 자신이 주자학을 존숭하다가 친우들의 진노와 괴이하게 여김을 돌아보지 않고 하루아침에 변신하여 양명학을 주창하게 된 이유를 '네 가지 소감(四種感覺)'으로 제시하고 있다.

첫째, 왕양명의 간단하고 직접적인(簡易直截) 학풍이 시대현실에 적합하다는 판단이다. 박은식은 "지금 세계의 진화는 날로 새로워지기를 그치지 않고, 인간의 사무는 극심하게 번거로움이 날로 심해지고, 학술이 복잡하고 더욱 많아지는데, 우리 인간의 지혜와 역량은 유한하여 백 년의 세월이 한계이다. 이러한 시대를 만나서 철학에 종사하고 인도(人道)의 근본을 수립하고자 하는 자는 간이직절한 가르침이 있으니, 실로 (번거로운 주자학에) 힘을 기울일 겨를이 없다"[28]고 밝혔다. 그것은 급변하는 사회와 지식이 폭증하는 시대에서 주자학의 번거로운 지식체계에 빠져 있다가는 시대변화에 적응할 수 없게 될 것이라는 문제점을 인식하고, 양명학의 간결한 가르침이 시대적으로 적합하여 이러한 문제를 해결할 수 있으리라 보는 것이다.

둘째, 주자학으로 침체된 우리나라 학풍에 변화를 일으켜 새로운 활력을 불어넣어야 한다는 요구이다. 그는 "근래에 이르러서는 혹 입과 귀로 읊고 말하기를 부지런히 하여 스스로 터득한 견해가 조금 있거나, 혹 변함없이 간직하여 지키며 거두어들여 신칙하기도 하지만 활발한 생각이

28) 『朴全』(下), 237쪽, '日本陽明學會主幹에게(公函한 傳文)', "方今世界之進化, 日新不已, 人事之繁劇日甚, 學術之複雜愈多, 而吾人智力有限, 百年之光陰有涯, 當此時代, 欲從事於哲學, 樹人道之根本者, 有簡易直截之法門, 則實無暇致力焉者."

29) 『朴全』(下), 238쪽, '日本陽明學會主幹에게', "至于近日, 或矻矻於口耳誦說, 而少自得之見, 或斷斷於持守斂飭, 而乏活潑底意, 漸見士氣不昌, 人文不振, 是不可不稍變而新之者."

모자라 점차 사기(士氣)가 번창하지 못함을 드러내고 인문(人文)을 널리 펴지 못하니 이는 조금 변화시켜 새롭게 해야 하지 않을 수 없는 것이다"[29]라고 언급하였다. 그만큼 당시 조선시대를 이끌어 갔던 도학-주자학의 학풍이 활기를 잃고 말았으므로, 양명학으로 변혁함으로써 새로운 활력을 불러일으킬 필요성이 절실하다는 확신을 밝히고 있는 것이다.

셋째, 사회적 혼란이 극심한 시대에 대중을 통합하고 사회기강을 수립하기 위해 교육의 기준을 새롭게 세워야 한다는 것이다. 그는 "사회의 풍속과 교화가 어지러워진 지 이미 오래되었고 기강이 허약하게 가라앉으면서 갖가지 이설(異說)이 틈을 타고 분출하여 높이 타오르고 의기양양하며 서로 경쟁하여 유인하니, 일반 백성들은 저쪽에 가입하기도 하고 이쪽을 탈출하기도 하여 마침내 정해진 방향이 없으니, 대중의 지향을 무엇을 가지고 하나가 되게 하며, 풍속과 기강을 무엇을 가지고 정돈할 것인가. 이러한 시대에 특별히 양명학을 주창하여 교육계에 하나의 붉은 깃발을 세운다면 그 밝게 빛나고 뜻이 큰 정신은 곧 무너지고 빠져든 인심을 거의 구제할 수 있을 것이다"[30]라고 밝혔다. 도학정통의 권위가 무너진 사회적 혼란 속에서 대중의 정신적 동요와 혼돈이 극심한 상황을 극복하고 새로운 통합질서를 구축하기 위해 양명학을 교육의 기준으로 수립함으로써 대중의 통합과 사회적 질서를 확립하겠다는 입장을 제시하고 있다.

넷째, 물질문명이 고도로 발달하면서 도덕이 퇴락하는 현실에서 양명학의 '양지' 개념이 절실하게 요구된다는 것이다. 그는 "도덕을 밝히고 강상(綱常)을 유지하여 백성에게 행복을 주고자 한다면, '양지'의 학설이야말로 어두운 거리의 불빛이 아니겠는가. 특별히 드러내어 밝히지 않

30) 같은 곳, "社會之風化久已淆雜, 元氣寖以虛弱, 各種異說, 乘隙而奮, 層焰吐氣, 競相誘引, 一般民族, 入彼出此, 迄無定向, 則衆志何由而一乎, 風紀何由而整乎, 于斯時也, 特倡王學, 立一赤幟於教育界, 則其光明磊落之精神, 庶可以救陷溺之人心者."

을 수 없다"[31]고 지적하였다. 이처럼 그는 당시 학술의 진보와 물질문명의 경쟁적 발달에 따라 도덕의 학문과 평화의 근본이 뒤로 밀리는 사회적 문제점을 인식하고, 이러한 당시 사회의 새로운 문제점을 해결하기 위한 방법으로서 양명학의 '양지' 개념을 표방하고자 하였던 것이다.

박은식은 자신의 사상적 기반을 양명학으로 확립하는 과정에서 특히 일본 양명학에서 상당한 영향을 받았던 것으로 보인다. 그는 두 번째 일본양명학회 주간에게 보낸 편지에서 "양명은 공자와 맹자를 활용하는 학자요, 귀국(일본)의 여러분은 또한 양명을 활용한 학자이다. 그러므로 유신(維新: 명치유신)의 호걸들은 다수가 양명학파이니, 그 실제 효용을 발전시킨 것은 중국보다 훨씬 뛰어났다. 하물며 오늘날에 이르기까지 계속하여 귀회(일본양명학회)가 더욱 밝혀 갔으니 정신교육에 보탬이 됨을 어찌 헤아릴 수 있겠는가. 귀국은 이미 서양의 물질로 국력을 크게 떨치고, 또한 동아시아의 철학으로 백성의 도덕을 배양하여, 문명사업을 완전하게 도모할 수 있었으니, 이것은 과연 어떤 역량인가"[32]라고 일본의 양명학이 발휘하는 시대적 역할에 찬탄과 흠모의 입장을 밝혔다. 이처럼 그는 자신의 계몽운동과 사회개혁의 과제에서 양명학을 기반으로 삼고자 하면서 일본을 하나의 성공사례 및 모범으로 받아들이고 있었음을 보여 주고 있다. 여기서 그는 양명학의 정신이 타인의 학설에 의지하지 않고 자신의 몸과 마음에서 찾아 스스로 터득하는 것임을 강조하면서, 서양 학문인 물리학을 예로 들어 서양인이 물질을 발명하는 탁월한 능력은 타인의 학설에 의존하지 않고 실질에 나아가 연구하여 스스로 터득하는

31) 같은 곳, "欲明其道德, 維持人極, 以貽生民之幸福, 則良知之學, 亦昏衢之燭耶, 是不可不特爲揭出而昌明之者."

32) 『朴全』(下), 236쪽, '再與日本哲學士陽明學會主幹東敬治書', "盖陽明是活用孔孟之學者也, 貴國諸賢, 又活用陽明之學者也, 故維新豪傑, 多是姚江學派, 其實效之發展, 優於支那者遠甚, 况至今日繼以貴會之益加昌明, 則其有裨于精神教育者, 何可量也, 貴國旣以西洋物質大振國力, 又以東亞哲學培養民德, 文明事業, 克圖完全, 是果何等力量耶."

것이라 하여, 양명학의 정신이 서양과학의 방법과 소통하는 것임을 지적하였다. 또한 그는 바로 이러한 양명학의 정신은 『대학』에서 말하는 "자신을 속이지 말라(毋自欺)"와 『중용』에서 말하는 "자신에 돌이켜 참되게 하라(反身而誠)"는 구절에서 분명하게 찾아볼 수 있는 것임을 확인하고 있다.

박은식은 자신의 유교적 신념을 양명학으로 받아들이면서, 양명학의 체계적 인식을 위해 『왕양명실기(王陽明實記)』(1910)를 저술하였다. 이때 그는 장지연에게 이 책의 서문을 부탁하는 편지를 보내면서, 자신의 『왕양명실기』가 일본학자 다카세 다케지로(高瀨武次郎)의 『신양명연보(新陽明年譜)』·『양명상전(陽明詳傳)』을 비롯하여, 왕양명의 『전습록(傳習錄)』과 황종희(黃宗羲)의 『명유학안(明儒學案)』 등을 참조하여 저술한 것임을 밝혔다. 여기서 그는 왕양명을 도학가·군략가·정치가·기절가(氣節家)·문장가의 다양한 역량을 발휘한 인물로 높이 평가하고, 일본의 명치유신을 이끈 걸출한 인물들 중에 많은 수가 양명학파였으며, 중국의 학자에도 역시 양명학을 종지로 삼는 자가 많다는 사실을 지적하였다. 특히 그는 양명학의 지행합일론(知行合一論)이 시의(時宜)에 적합함을 강조하며, 나아가 서양의 철학자인 소크라테스나 칸트 및 버클리의 학설은 왕양명의 지행합일설과 부합하는 점이 있음을 지적하였다.[33] 이처럼 그는 일본과 중국의 개혁사상가들 중 양명학을 종지로 삼은 인물들이 많다는 사실과, 나아가 양명학의 '지행합일론'이 서양철학과도 상통하는 점이 있음을 강조함으로써, 양명학이 그 시대현실에 적합하다는 사실을 입증하고자 하였던 것이다.

그는 왕양명의 '치양지설(致良知說)'에서 '양지' 개념을 중시하여,

---

33) 『朴全』(下), 246쪽, '與韋菴書', "至于今日, 此學大昌于世, 日本維新豪傑, 多是王學派, 支那學家, 亦多宗王學, 以其知行合一論爲適於時宜也, 至於西洋哲學家, 梭格拉底·康德·比圭梨之學說, 亦與知行合一之旨, 暗相符合, 則更何疑於王學乎."

'양지'의 개념적 의미를 '저절로 주어진 밝은 지각의 앎(自然明覺之知)'이요, '순수하고 한결같으며 거짓됨이 없는 앎(純一無僞之知)'이며, '두루 행하여 중단됨이 없는 앎(流行不息之知)'이요, '널리 대응하고 막힘이 없는 앎(泛應不滯之知)'이며, '성인과 어리석은 자 사이에 틈이 없는 앎(聖愚無間之知)'이요, '하늘과 사람이 하나로 합치되는 앎(天人合一之知)'이라는 여섯 가지 의미로 분석하여 제시하고 있다. 또한 그는 하늘의 이치(天理)를 본체로 하는 '양지'와 공허하고 적막함(空寂)을 본체로 삼는 선(禪)불교의 '정지(淨智)' 개념 사이의 차이를 확인함으로써, 양명학을 선불교와 유사한 것으로 보려는 주자학의 비판적 시각에 대응하였으며, 나아가 인간에 '양지'가 있는 것을 하늘에 태양이 있는 것에 비유하여 '양지'의 중요성을 극진하게 강조하였다.[34)]

또한 그는 깨달음에 이르는 3가지 방법(入悟三種敎法)을 제시하면서, 언어상에서 얻는 지식적 깨달음인 '해오(解悟)'와, 의식 내면에서 대상이 있는 깨달음인 '증오(證悟)', 삶의 현실에서 일을 통해 연마하여 얻는 것으로 언어적 개념이나 관념적 대상이 없는 깨달음인 '철오(徹悟)'를 구별한다. 여기서 그는 특히 구체적 일에서 연마하는 사상마련(事上磨練)의 '철오'에서는 아는 것이 곧 행하는 것이요(卽知卽行), 활동함이 곧 고요함이며(卽動卽靜), 본체가 곧 공부요 공부가 곧 본체(本體卽工夫, 工夫卽本體)가 되니, 관념(空)이나 대상(物)에 사로잡히지 않는 주재자의 자리를 지키게 되는 것이라 본다.[35)] 이처럼 그는 양명학의 방법을 통해 현실의 사무와 실천에서 유리된 관념적 지식을 극복하고 현실과 실천에 입각하여 철저한 인식을 이루는 '철오'를 확립하고자 하고 있는 것이다.

그는 53세 때(1911) 중국으로 망명한 이후에 독립운동에 전념하면서 양명학을 기반으로 하는 유교개혁의 문제에 별다른 논의를 하지 못했던

34) 『朴全』(中), 48-49쪽, '王陽明實記'.

35) 『朴全』(中), 100-101쪽, '王陽明實記'.

것으로 보인다. 그러나 그는 '격물치지(格物致知)'를 해석하면서 사물에서 이치를 궁구하는 주자학의 '즉물궁리(卽物窮理)'와 '양지'를 실현하는 양명학의 '치양지(致良知)'의 쟁점에 대해 오랫동안 가슴 속에 의문을 간직해 오던 중, 67세 때(1925) 임시정부 제2대 대통령에 선출되기 며칠 전인 3월 16일 새벽 꿈 속에서 깨달음을 얻어 독자적인 해석을 하게 되었던 사실을 밝히고 있다.[36] 그만큼 양명학에 대한 관심은 항상 그의 머릿속을 떠나지 않았음을 엿볼 수 있게 한다. 여기서 그는 자신이 깨달은 '양지'의 뜻을 다음과 같이 밝히고 있다.

> 양지의 본능으로써 주재를 삼는 것이 근본에서의 요령이다. 양지의 본능은 영명(靈明)이요, 영명의 본바탕(原質)은 정결(淨潔)이다. 일체의 인생에 누가 양지가 없으리오마는 욕심의 장애(欲障)와 습관의 장애(習障)와 물질의 장애(物障)로 인하여 본래 밝음을 잃어버리기 때문에 항상 털어 내고 씻어 내는 공부로써 그 정결한 것을 보존하여야 광명이 자재(自在)한다. 그러므로 정결은 정정(定靜)으로써 얻는 것이다. 이렇듯 내가 여러 해 동안 품었던 의문점이 풀려서 양지의 가르침에 의거하게 되었다.[37]

그가 마지막에 깨달은 것은 마음을 고요히 하여 깨끗하게 해야만 욕심과 습관과 물질의 장애에서 벗어나 본래 주어진 '양지'의 밝음을 실현할 수 있다는 것이다. 그 깨달음의 내용이 특별하게 새롭지는 않지만 그가 만년에까지 마음속에 '양지'의 이해와 실천방법에 고심했다는 사실에서 그의 유교개혁사상이 양명학으로 끝까지 관철하였음을 확인할 수 있다.

---

36) 『朴全』(下), 196쪽, '學의 眞理는 疑로 좇아 求하라'.
37) 『朴全』(下), 199쪽, '學의 眞理는 疑로 좇아 求하라'.

(2) 유교의 종교적 각성과 양명학

박은식의 유교개혁론은 밖으로부터 밀려드는 서양의 새로운 지식체계로서 '신학(新學)'을 수용하는 문제와 안으로 조선 사회의 폐단을 개혁하기 위해 새로운 유교이념으로 '양명학'을 정립하는 문제로 집약해 볼 수 있다. 또한 그는 당시 서양 종교의 활력에 충격을 받으면서, 유교이념을 사회 속에 결집된 힘으로 구현하기 위해서는 종교적 신념을 각성시켜야 한다고 인식하게 되었다. 이러한 인식에서 그가 유교의 종교적 각성을 통해 유교를 종교단체로 재조직한 것이 '대동교(大同教)'이다. 그는 51세 때(1909) 이 '대동교'를 창립하여 종교부장으로 활동하였다.[38] 그는 이때 유교개혁사상의 기반을 양명학으로 확립하기 위해 심혈을 기울였다. 『왕양명실기(王陽明實記)』를 저술하였던 것도 유교개혁사상의 기준을 양명학으로 정립하기 위한 작업이었던 것으로 보인다.

박은식은 42세 때(1900) 『학규신론(學規新論)』을 저술하였는데, 그 가운데 '종교의 유지를 논함(論維持宗教)'이라는 한 편의 글을 수록하였다. 여기서 그는 먼저 "우리나라의 종교는 공자의 도(道)이다"라고 하여, 유교를 우리의 '국교'로 확인하는 선언을 하고 있다. 이처럼 그는 역사 속에서 담당해 온 유교의 적극적 역할을 중시하였고, 후세에 와서 유교가 극심하게 쇠퇴하는 현실의 상황을 외면하지 않았다. 곧 그는 "종교에 이르면 겨우 명목만 남았으니 국가의 원기(元氣)도 이로 말미암아 위축되었다"[39]고 하여, 특히 종교와의 연관 속에서 유교의 종교적 쇠퇴가 국가적 쇠퇴와 상응하고 있음을 지적하고 있다.

그는 「종교설(宗教說)」에서도 당시 사회의 당면과제 가운데 종교문제

38) 당시 '대동교'의 회장은 李容稙이 추대되었고, 장지연도 '대동교'의 편집부장으로 참여하였으나, 별다른 활동자취를 보이지 않고 있다. 실질적으로 '대동교'의 중심인물은 박은식으로 보인다.

39) 『朴全』(中), 29-30쪽, '學規新論: 論維持宗教', "韓之宗教, 夫子之道也, … 至於宗教, 僅存名目, 國之元氣, 亦由是而萎焉."

가 실제로 긴급하고 절실한 것임을 강조하였으며, 여기서 그는 '교(敎: 종교)'를 정의하여, "성인이 하늘을 대신하여 말씀을 정립하심으로써 만민을 깨우쳐 주는 것이다"[40)]라고 하여, 유교적 종교개념을 정의하였다. 그것은 성인의 말씀을 매개로 하여 위로 하늘의 명령을 받들고 아래로 대중을 교화하여 이끌어 간다는 것으로, 근원을 하늘에 두고 대중 교화를 임무로 제시하고 있는 것이다. 여기서 또한 그는 유교의 종교적 근거를 마음의 일치에 정립시켜, "천지와 만물은 한 근원에서 함께 나오니, 동해와 북해 사이로 떨어져 있어도 마음이 같고 이치가 같다. 성인은 내 마음이 같이하는 바를 먼저 얻은 자이니, 그러므로 그 같이하는 바를 미루어 가르침을 삼는다"[41)]고 밝혔다. 마음의 일치를 통해 성인과 나의 일치, 하늘과 성인의 일치를 확인함으로써 보편적 진실성을 확보하려는 입장은 바로 마음을 중심으로 하여 우주의 통일된 질서를 제시하는 양명학적 이해로 나아갈 수 있는 길을 열어 놓고 있다. 여기서 '마음이 같고 이치가 같다(心同理同)'고 인식하는 그의 마음 개념에서는 개인의 마음이 우주와 일체를 이루고, 동시에 모든 인간 사이에서도 서로 일치하기를 지향한다.

박은식은 1909년에 발표한 「유교구신론(儒敎求新論)」에서 유교개혁론의 핵심을 이루는 기본과제를 3조목으로 집약시켜 제시하고 있다. 여기서 그는 유교가 개혁하여 새로워지는 '개량구신(改良求新)'을 하지 않으면 융성할 수 없을 뿐만 아니라 결국은 멸망할 것임을 경고하면서, "차라리 여러 선배에게 죄를 받고 유림파의 노여움을 얻을지언정, 공자의

---

40) 『朴全』(中), 414쪽, '謙谷文稿: 宗敎說', "盖敎者, 聖人代天立言, 以牖萬民者也."

41) 같은 곳, "天地萬物, 同出一原, 東海北海, 心同理同, 聖人先得我心之所同然者, 故推其所同然者, 而爲之敎." 여기서 말한 '心同理同'이라는 언급은 모든 개체 사이에 서로 같은 보편적인 마음이 있다는 확인으로서, 바로 육상산의 마음 개념을 끌어들인 것이다. 『象山全集』, '年譜'(13세條), "宇宙便是吾心, 吾心卽是宇宙, 東海有聖人出焉, 此心同也, 此理同也, 西海有聖人出焉, 此心同也, 此理同也, 南海北海有聖人出焉, 此心同也, 此理同也."

도가 끝내 땅에 떨어지고 마는 것은 차마 볼 수 없다"[42]라고 하여, 당시의 보수적 유림과 맞서서 존망의 위기에 놓인 유교를 살려 내기 위해 유교개혁을 추구하겠다는 자신의 신념을 밝혔다. 그가 제시한 「유교구신론」의 3대 문제는 다음과 같다.

첫째, 유림파의 정신이 오로지 임금에로 지향하고 인민사회에 널리 미치려는 정신이 부족하다는 것이다. 이에 대해 그는 『예기』(「禮運」)에서 제시되는 공자의 대동(大同)의 의리와 『맹자』(「盡心下」)에서 "백성이 귀하고 사직은 그 다음이요 임금은 가볍다(民爲貴, 社稷次之, 君爲輕)"는 언급에서 보여 주는 맹자의 중민(重民)의 이론 속에 인민에게 널리 미치려는 정신이 있음을 확인하면서 그 실천을 요구하였다.

둘째, 공자가 천하를 두루 돌며 천하를 바꾸고자 하던 신념(主義)을 강구하지 않고, "내가 아동을 찾는 것이 아니라 아동이 나를 찾는다(匪我求童蒙, 童蒙求我.〈周易; 蒙卦〉)"라는 신념을 지키는 비활동적이고 소극적 태도를 가졌다는 것이다. 이에 대해 그는 16세기 말의 유학자 조헌(重峯 趙憲)이 율곡의 『격몽요결(擊蒙要訣)』을 가지고 여행길의 숙소에서도 지나가는 사람들에게 독서를 권하며 설명하였던 것처럼 혈성(血誠)과 활법(活法)으로 유교를 적극적으로 전파할 것을 강조하였다.

셋째, 우리나라 유교가 간단하고 쉬우며 직접적이고 절실한(簡易直截) 가르침을 요구하지 않고, 흩어지고 방만한(支離汗漫) 공부를 오로지 숭상함으로써 학풍과 학문방법이 어긋나게 되었다는 것이다. 이에 대해 그는 주자학의 방만하게 흩어진 방법을 벗어나서 양명학의 간단하고 절실한 요점의 방법을 개혁의 원리로 삼도록 요구하고 있는 것이다.[43]

---

42) 『朴全』(下), 44쪽, '儒敎求新論'.

43) 『朴全』(下), 46쪽, '儒敎求新論'. 여기서 박은식은 簡易直截한 방법을 제시한 유교의 가르침으로서, 『주역』에서 "쉽고 간단하나 천하의 이치를 얻는다(易簡, 而天下之理得矣.〈繫辭上〉)" 하고, 공자가 "하나로 꿰뚫는다(一以貫之〈里人〉)" 하고, 맹자가 "대체(大體)를 먼저 세운다(先立乎大者〈萬章上〉)" 하고, 程子가 "지키는 바가 간략하지 않으면 넘쳐

「유교구신론」에서 제시한 유교개혁의 3대 문제를 요약해 보면 첫째, 군주 중심을 벗어나 인민 중심에로의 전환이요, 둘째, 소극적 폐쇄성을 벗어나 적극적 전파활동을 추구함이요, 셋째, 산만한 주자학의 학풍을 벗어나 간단하고 절실한 양명학의 학풍을 기준으로 삼을 것을 밝힌 것이다. 다시 말하면 민주적 사회의식, 행동적 선교활동, 주체적 신념의 교리를 요구하고 있는 것이다. 이처럼 박은식은 「유교구신론」에서 유교개혁의 이론적 기반을 한마디로 양명학의 신념 위에 정립하고 있으며, 그만큼 양명학적 유교개혁론의 영역을 개척하였다고 할 수 있다.

박은식은 자신이 양명학적 신념을 확립하였던 시기에 뒤이어, 1909년 9월 '대동교(大同教)'라는 종교단체를 조직하였다. 같은 해 10월 10일(음력 8월 27일) 대동교의 종교부장인 그는 '공부자 탄신 기념회'에서 강연하면서 대동교의 연원과 종지 및 발전방법을 제시하였다. 여기서 그는 대동교의 종지를 밝히면서, "성인의 마음은 천지와 만물로 일체를 삼는 것이니, … 천지 · 만물을 일체로 삼는 어진 덕(仁)을 미루어 천하에 가르침을 세우되, 사람마다 고유한 본심의 밝음에 근거하여 열어 주고 이끌어 주어 그 신체(形體)의 사사로움과 물욕의 은폐를 다스리도록 하고 그 심체(心體)의 같음을 회복하도록 도와주면 천하의 사람들이 어진 덕에 함께 돌아가서 태평의 복락을 함께 누리게 되는 것이다"[44]라고 제시하였다. 그것은 마음을 본체로 우주 · 만물과 더불어 일체를 이루는 양명학의 유심론적 일체론이요, 분열과 혼란의 시대를 통합으로 이끌어 가기 위한 논리를 확인하는 것이라 할 수 있다.

또한 그는 "정심(正心) 공부는 정좌수렴(靜坐收斂)함에도 있고, 응사접물(應事接物)함에도 있다"[45]고 하여, 고요함을 좋아하고 활동함을 싫

흘러 공효가 없다(所守不約, 汎濫無功)" 하고, 范祖禹가 "학자는 반드시 요령을 아는 데 힘써야 하니, 요령을 알면 넉넉히 넓게 함을 다할 수 있다(學者必務知要, 知要則足以盡博)"고 하는 언급들을 들어보이고 있다.

44) 『朴全』(下), 59-60쪽, '孔夫子誕辰紀念會講演'.

어함(喜靜厭動)이 습관이 되어 인간의 감정과 일의 변화에서 연마함이 없는 도학자들의 주정적(主靜的) 학풍을 비판하고 있다. 그것은 한마디로 양명학에서 제시한 '치양지(致良知)'에 근거하는 것으로서, 그는 '양지'를 인간의 감정과 일의 변화(人情事變) 속에서 연마하는 이른바 왕양명의 사상마련(事上磨練) 공부를 강조하고 있는 것이며, 실용과 실천 속의 공부를 요구한다. 이와 더불어 앎을 앞세우고 실행을 뒤로 하는 선지후행(先知後行)의 도학적 입장을 거부하고, 앎과 행위가 일치하는 지행합일(知行合一)의 원리를 유일의 가르침(不二法門)으로 강조하였다. 이러한 양명학의 기본교설에 근거하여 마음의 주체적 중심을 확보하고 강한 마음과 현실세계를 일치시키며 실천적 활력을 발휘하는 동력을 확보하고자 유교의 종교개혁을 단행하였던 것이다.

2) 자강운동시기의 양명학 인식: 유인식 · 김원극 · 최남선 등

1910년 전후로 활동하던 유교지식인들 중 진보적 개혁사상가들은 자강운동 내지 애국계몽운동에 뛰어들었다. 이 시기 지식인들 가운데 박은식은 양명학을 유교개혁론의 근거로 확고하게 정립하고 표방하였지만, 다른 지식인들은 양명학에 호의적 태도를 가지고 있더라도 그다지 적극적인 면모를 보여 주지는 않았다. 아마도 그들은 양명학이 새로운 가능성으로 한국사회에 정립될 수 있으리라는 희망을 크게 갖지 않았기 때문일 것이다. 비록 그러하더라도 자강운동의 시기에 양명학에 대한 관심은 다양한 수준으로 나타났다. 이는 김택영(金澤榮) · 장지연(張志淵) · 유인식(柳寅植) · 김원극(金源極) · 최남선(崔南善)의 경우를 중심으로 찾아볼 수 있다.

45) 『朴全』(下), 60쪽, '孔夫子誕辰紀念會講演'.

(1) 김택영(滄江 金澤榮, 1850-1927)

김택영은 개성 출신의 유학자로서 강화학파의 이건창(李建昌)과 교유가 깊었으며, 특히 문장으로 명망이 높았던 인물이다. 그는 양명학을 적극적으로 옹호하지는 않았고, 양명학에 대하여 비판과 동조 양쪽 모두의 모습을 보여 주고 있다.[46] 예를 들어 그는 "왕양명은 '격물'을 '정심(正心)'으로 해석하였는데, '정(正)'자는 혹 그렇게 말할 수 있지만, '물(物)'자를 어찌 '심(心)'이라 할 수 있겠는가? 이것은 분명히 독단적인 억지의 설이다"라고 하여, '격물'의 해석을 반대하면서, 동시에 "오직 『중용』 수장(首章)의 해석은 얼마간 투명하다"[47]라고 하여, '미발(未發)'의 개념에 대한 왕양명의 해석에 동의하여 취사선택하는 입장을 보여 주고 있다.

또한 김택영은 개성 출신의 탁월한 학자로 김헌기(堯泉 金憲基)가 왕양명의 '치양지설'을 비판한 「치양지변(致良知辨)」을 저술하면서, "'양지'는 '기(氣)'요 '양지'가 '지(知)'하는 바는 '천리(天理)'인데, 왕수인(王守仁)은 '기'를 '리'로 잘못 인식하였다"[48]고 언급한 사실을 소개하였다. 이러한 '치양지'에 대한 주자학적 입장의 비판에 공감하고 있음을 의미하는 것이다. 그러나 김택영은 「고본대학사전(古本大學私箋)」(失傳)을 저술하였던 점을 보면 그가 주자학의 틀에 얽매이지 않고 왕양명의 『고본대학』 체제에 깊은 관심을 지녔던 사실을 엿볼 수 있다. 또한 그는 「격물해(格物解)」에서 '성의'를 앞세우는 『고본대학』의 입장을 해명하면

---

46) 유명종의 『성리학과 양명학』(연세대학교 출판부, 1994, 405-411쪽)에서는 '滄江 金澤榮의 同調'라는 항목 아래 김택영을 순수한 양명학도일 수가 없고 神韻派에 속하는 詩文家로 보는 입장을 밝히고, 양명학에 대해 비판하는 견해와 동조하는 견해가 같이 있음을 제시하고 있다.

47) 『金澤榮全集』(2), 『合刊韶濩堂集』, 권8, 6, '雜言(3)', "王陽明解格物爲正心, 正字容或有說, 物字安可謂之心, 此明是武斷牽强之說也, 惟中庸首章解, 稍似明透."

48) 『金澤榮全集』(5), 『重編韓代崧陽耆舊傳』, 권1, 8, '金憲基', "大槩以爲良知氣也, 良知之所知, 乃天理也, 而守仁誤認氣爲理云."

서, "'성의'는 '행(行)'의 선구가 된다. 무릇 '격물 · 치지'의 뜻은 이미 여기(성의)에 갖추어져 밝다. 그래서 증자가 「전(傳)」을 수립할 때 '격물 · 치지'를 버려두고 단지 '성의'로써 머리를 삼았다"[49]고 하여, 『고본대학』의 체제를 변호하면서 사실상 왕양명의 입장과 일치점을 보이기도 한다. 이런 점에서 보면, 김택영은 양명학의 견해를 부분적으로 수용하고 있지만 전체적으로는 여전히 주자학의 입장을 계승하는 경우라 할 수 있고, 그것은 주자학과 양명학의 경계를 대립적으로 인식하는 입장에서 벗어나 자유롭게 취사선택하는 입장을 제시하고 있는 것이라 하겠다.

(2) 장지연(韋菴 張志淵, 1864-1920)

장지연은 경북 상주(尙州) 출신으로 박은식과 더불어 언론을 통해 자강운동을 이끌어 갔던 중심 인물이다. 그는 박은식이 양명학에 기반하여 유교의 종교적 개혁운동으로서 '대동교'를 조직하였을 때 거기에 함께 참여하였지만, 양명학에 대한 구체적 입장을 분명하게 밝히는 저술은 없다. 다만 그는 최초로 한국 유학사를 서술한 『조선유교연원(朝鮮儒敎淵源)』을 저술하였는데, 이 저술 속에서 한국 유학사의 체계 속에 양명학의 자리를 만들어 주고 있는 사실이 주목된다.

장지연은 『조선유교연원』에서 조선시대 양명학의 문제로 「왕양명전습록변(王陽明傳習錄辨)」에서 퇴계가 양명학 비판론을 제시한 「전습록논변(傳習錄論辯)」을 인용하면서, 조선 사회에 양명학이 들어왔을 때 퇴계가 통렬하게 비판하였던 사실을 지적한다. 그러나 그는 바로 잇달아 장유(谿谷 張維)의 『계곡만필(谿谷漫筆)』에서 중국 학자들의 자유로운 학풍과 달리 우리나라에서는 학풍이 폐쇄적인 현실을 지적하여 "우리나라는 그렇지 못하여 악착스럽게 구속하여 전혀 지기(志氣)라고는 없고, 다

49) 『金澤榮全集』(2), 『合刊韶濩堂集』, 권7, 1, '格物解', "誠意爲行之先也, 夫格物致知之意, 已備明于此, 故曾子立傳, 舍格物致知而只以誠意爲首矣."

만 정주학(程朱學)이 세상에서 귀중하다고 듣고서 입으로 말하고 모습으로 존중한다. 이에 우리 동방의 학계가 구속되고 유학이 진보되지 못함을 볼 수 있다"[50]고 언급한 구절과, 이익(李瀷)이 『성호사설(星湖僿說)』에서 "양주와 묵적의 이단설이야 지금 남아 있지 않지만, 귀에 들리고 눈에 보이는 것은 도도하게 양주 · 묵적의 죄인이다. 참소와 탐욕으로 권세의 문에 나아가 아부하는 짓은 양주가 본다면 반드시 눈을 가릴 것이요, 뇌물과 탐학으로 자기 한 몸의 사복만 채우는 추태는 묵적이 듣는다면 반드시 귀를 막을 것이니, '위아(爲我)' 라든가 '겸애(兼愛)' 를 어느 겨를에 논하겠는가?"[51]라고 언급한 구절을 인용하고 있다. 그것은 주자학적 정통의 이단비판론이 요구되는 것이 아니라, 사실상 주자학 전통의 유교 지식인들이 허위와 위선과 탐욕에 빠져 이른바 '이단' 보다도 더 못한 해독을 끼치고 있는 사실을 성찰하기 위한 것이다. 그만큼 장지연은 퇴계의 양명학 비판을 인용하면서, 오히려 현실에서는 주자학에 대한 비판적 반성이 더욱 절실하게 요구되고 있음을 보여 주고 있다.

또한 장지연은 뒤이어 '정제두' 를 소개하면서, "만약 학문이 조금이라도 정주학과 다른 점이 있으면 시끄럽게 공격해 '이단' 으로 배척하였다. 그는 홀로 이런 데 마음을 쓰지 않고 전적으로 왕양명의 양지학을 강구하였다. … 조선의 학자 가운데 화담(花潭 徐敬德)은 장횡거의 학문을 칭술하였고, 하곡(霞谷 鄭齊斗)은 양명학을 칭술하였으니, 정주학 이외의 학문을 한 학자는 다만 이 두 학자가 있을 뿐이다"[52]라고 하여, 정제두가

50) 張志淵, 『朝鮮儒教淵源』(아세아문화사 영인본), 권2, 84쪽, "我國則不然, 齷齪拘束, 都無志氣, 但聞程朱之學, 世所貴重, 口道而貌尊之, 於此可以見吾東學界之拘束, 而儒學之不進也."

51) 張志淵, 『朝鮮儒教淵源』, 권2, 85쪽, "楊墨異說, 今無存者, 耳聆目視, 滔滔是楊墨之罪人也, 讒貪進趨, 承順喉氣於形勢之途者, 楊見之必掩目矣, 贓斂虐害, 不恤一己之外者, 墨聞之必塞耳矣, 爲我兼愛, 奚暇論哉."(『星湖僿說』, 권16, '人事門 · 楊墨僧徒' 에서 인용)

주자학의 정통주의적 입장에서 '이단'으로 배척을 당하면서도 동요하지 않고 양명학을 정립하였음을 밝히며, 서경덕과 정제두를 주자학에서 벗어나 독자적 학풍을 일으킨 대표적 경우로 들고 있다. 장지연 자신은 양명학에 대하여 별다른 호의적 이해태도를 보이고 있지 않지만, 조선 사회의 학문적 분위기가 통치원리를 담당하였던 주자학이 심한 정통주의와 폐쇄성에 빠져 학문의 자유로운 계발을 억압하고, 이익이 말하는 것처럼 후세로 내려올수록 '유문의 금고(儒門禁錮)'가 더 심해지는 것이 현실이었던 만큼, 그는 정제두의 양명학에 대한 신념과 학문적 성취를 더욱 소중하게 여기고 높이 평가하고 있는 것이다.

(3) 유인식(東山 柳寅植, 1865-1928)

유인식은 안동 출신의 영남도학자였는데 1903년 서울에 올라왔다가 자강사상가로 전환한 인물이다. 그는 일제의 침략으로 나라가 망하는 것을 목도하면서, 「태식록(太息錄)」을 지어서 조선 사회의 현실적 문제점을 통렬하게 성찰하고 문제해결을 위한 방법을 검토하였다. 여기서 그는 양명학에 대해 적극적으로 호의적 입장을 밝히고 있음을 보여 준다.

유인식은 「태식록」에서 우리나라의 폐습을 극복하기 위해 먼저 폐습의 원인을 성찰하면서, 조선 왕조가 멸망하게 된 원인을 정부와 유림의 부패에 있는 것으로 진단하고, 당면문제에 대한 책임이 오로지 유림에 있음을 확인하였다. 여기서 그는 조선 사회가 주자학의 학풍을 추종하면서 심각한 폐단을 초래하게 되었음을 지적하여, "'존덕성(尊德性)'과 '도문학(道問學)'은 마치 새의 양쪽 날개나 수레의 두 바퀴와 같으니 한쪽에 치우치거나 한쪽을 폐지할 수 없다. 그래서 주자는 육상산이 '존덕

52) 張志淵, 『朝鮮儒敎淵源』, 권2, 86쪽, "若學問少與洛閩有異, 則譁然斥之爲異端, 公獨不以爲意, 專以講究於姚江良知之學, … 朝鮮學者之內, 花潭稱橫渠學, 霞谷稱陽明學, 只此二家而已也."

성' 만을 오로지 주장한다고 하여 배척하였던 것이다. 만약 '도문학' 한쪽만 오로지 주장하여 '존덕성' 을 버린다면, 그 폐단은 도리어 육상산의 학풍보다 더욱 심할 것이다"[53]라고 하였다. 그만큼 주자학의 말류는 '도문학' 의 한쪽에 치우쳐 육상산보다 더 심한 폐단을 낳았음을 지적하고 있는 것이다.

또한 그는 우리의 주자학적 전통이 초래한 문제점을 지적하면서, "우리나라 학설은 단지 구이지학(口耳之學)만 일삼고 '성찰' 할 줄을 모르니, 교정하는 바도 용모나 말씨의 말단일 뿐이요, 분석하는 바도 글자풀이(訓詁)와 주석(箋註)의 사이에 있을 뿐이다. 마음을 다스리는 공부는 버린 것 같고, 세상을 경륜하는 도구는 막막하다. 국민의 큰 계책으로 말해도 알지 못하고, 세계의 형편으로 물어도 알지 못한다"[54]라고 하여, 주자학은 이미 폐단이 누적되어 이 시대에서 무기력한 것으로 폐지되지 않을 수 없음을 밝히고 있다. 여기서 그는 새로운 대안을 찾지 않을 수 없다. 이에 따라 그는 "명나라 가정(嘉靖: 世宗) 연간에 중국의 학계는 송 · 원의 말폐를 답습하여 폐단의 습관이 날로 심해졌다. 그래서 왕양명은 '양지' 의 설을 주창하고 육상산의 학풍을 오로지 주장하니, 그 후 중국 학자들은 모두 추존했다. 명 · 청 사이에 위대한 인물, 공적을 이룬 통달한 선비, 융성하고 빛난 사업을 이룬 사람 모두 왕양명의 계파에서 나왔다. 무릇 그 학문은 분발하여 떨쳐 나오며 직접적이요 명철하고 성실함은 우리나라의 지루하고 끌어다 붙이는 것과는 다르다"[55]고 하여, 양

53) 『東山全書』(下), 101쪽, '太息錄', "尊德性道問學, 如鳥翼車輪, 不可偏廢, 故朱子以陸氏之專主尊德性而斥之也, 若專主道問學一邊, 而遺却尊德性, 則其弊反有甚於陸學矣."

54) 같은 곳, "我國學說, 徒事口耳, 不知省察, 所檢押者, 容貌辭氣之末而已, 所剖析者, 訓詁箋註之間而已, 治心之工則蔑如也, 經世之具則茫然也, 語之以國民大計則不知, 問之以世界形便則不知."

55) 같은 곳, "有明嘉靖間, 中國學界襲宋元之末失, 弊習日滋, 故王陽明倡良知之說, 而專主陸學, 其後中國學者皆宗之, 明淸間偉人達士之勳業隆赫, 皆出王派, 大抵其學, 發揚蹈厲, 直捷明誠, 不似我國之支離附會也."

명학이 역사적으로 주자학의 폐단을 극복하였던 사례를 중국에서 찾고 있다. 또한 일본에서 '진취(進就)'를 주의(主義)로 삼으며 명치유신(明治維新)을 주도한 인물들이 바로 명나라가 멸망할 무렵 절강(浙江) 지방 선비들이 일본으로 망명하여 학설을 전파하였을 때 생겨난 양명학파로 추측하고 있다.[56] 이처럼 그는 일본의 '명치유신'을 이끌어 간 인물들이 진취적 정신을 지닌 양명학자로 인식하여, 양명학을 주자학에 대신할 수 있는 새로운 개혁사상의 기반으로 받아들이겠다는 입장을 보여 준다.

유인식은 당시 우리나라 유교 지식인의 모습을 점검하면서, 중년 이상은 그 사상이 부패하고 고질이 이미 깊어서 떨치고 일어나기를 기대할 수 없다고 진단하며, 기상이 활발하고 사상이 청신한 청년에게 새로운 시대의 희망을 걸었다. 이처럼 그는 기성세대의 변혁 가능성에 절망감을 느꼈던 것이다. 따라서 그는 '진화(進化)'의 원리와 '민권(民權)'의 주의(主義)가 시대정신이 되는 20세기 이후의 시대에서 옛 질서를 혁신하고 새로운 질서를 수립하기 위해서는 개혁의 책임을 담당할 선각자가 꼭 있어야만 함을 인식하고, 그 선각자의 선례로서 일본에서 명치유신을 이끌어 갔던 요시다 쇼오인(吉田松陰)과 이타가키 다이스케(板垣退助), 중국에서 만주정부(淸朝)를 무너뜨리고 민국(民國)혁명을 주도하였던 양계초(梁啓超)·강유위(康有爲)·손문(孫文)·황준헌(黃遵憲)을 들고 있다.[57] 그렇다면 그는 양명학을 새로운 유교개혁의 기반으로 받아들이는 입장을 밝히고 있으면서도, 양명학을 천명하는 것이 목적이 아니라, 새로운 시대에 적응하여 개혁을 성취하는 것을 목적으로 하고 있음을 분명하게 보여 주는 것이다.

유인식은 1919년 양계초의 시무학당(時務學堂)에서 내걸었던 「학기

56) 같은 곳, "嘗觀明史, 崇禎末浙江士者, 逃亂渤海, 皆入日本長崎, 大播學說云云, 今明治維新諸賢, 皆以進就爲主義, 必是王學派也."

57) 『東山全書』(下), 109쪽, '太息錄', "日本明治之維新, 由於吉田·坂垣, 中國之撲滅滿政府, 由於梁·康·孫·黃, 而儼然成一大民國, 此其已事之易見者也."

(學記)」를 참조하여 우리의 청년들이 배우는 데 필요로 하는 과제를 선정하여 15조의 「학범(學範)」을 제시하였는데, 여기서 그는 유학의 새로운 방향으로서 '심학(心學)'에 깊은 관심과 긍정적 이해를 보이고 있다. 곧 그는 "후세의 유학자(주자학자)는 '존덕성'을 버리고 (왕양명은) 선종(禪宗) 또는 육상산의 학풍(陸學)이라 지목하면서, 마음을 다스리는 데 전혀 어둡게 되어, 번쇄한 문장과 의리에 얽매어 근본은 잃어버렸다"[58]고 하여, 주자학의 공허하고 번쇄함을 철저히 비판하였다.

여기서 유인식은 중국 사상사에서 왕양명이 원·명 시대의 학술이 공허한 말에 빠지고 지엽적이고 고증적인 데 빠진 폐단을 극복한 역할을 크게 중시하여, "왕양명은 크게 휘둘러 한번 쓸어내고 하나의 학설을 주창하니, '치양지'요, '지행합일'이며, 오늘에까지 양명학은 천하에 두루 퍼져 있고, 정자·주자는 빼앗기고 말았다"[59]고 하여, 이미 양명학이 주자학을 완전히 대치하고 있는 상황으로 제시하고 있다. 그만큼 유인식은 주자학의 종국을 확인하고, 그에 대치할 수 있는 유학의 학풍으로 양명학의 위치를 확고하게 인식하고 있다. 실제로 1910년대 전후 자강사상가 가운데 박은식 다음으로 유인식이 강력하게 양명학을 표출시키고 있는 것은 사실이다. 그러나 그는 양명학의 역사적 역할을 중시하고 현재 일본과 중국에서 그 역할을 성공적으로 수행해 낸 사실을 인정하지만, 양명학을 기반으로 자신이 추구하는 개혁사상을 이론화하는 데까지는 나아가지 않았던 점을 유의할 필요가 있다. 그것은 서양문물이 주도하는 새로운 시대질서에 양명학이 어떻게 효과적으로 적응할 수 있는지에 대한 별다른 대답을 제시하고 있지 않다는 것을 의미한다.

---

58) 『東山全書』(下), 111쪽, '學範', "後儒遺却尊德性, 指爲禪宗, 目爲陸學, 全昧治心, 繳繞於零文瑣義, 而本原則亡矣."

59) 『東山全書』(下), 119쪽, '學範', "王陽明揮廓而一掃之, 倡出一學說, 曰致良知, 曰知行合一, 至于今王學遍天下, 而程朱被其簒奪."

(4) 김원극(金源極, 생몰년 미상)

김원극은 함경도 출신 유학자로 박은식에 이어 1910년에 『서북학회월보(西北學會月報)』의 주필을 맡았던 인물이다. 그는 『서북학회월보』(1-19)에 「왕양명학론(王陽明學論)」을 발표하여, 양명학을 윤리학으로 규정하고, 주자와 왕양명의 학설상 차이점을 주자의 '이기병존론(理氣倂存論)' 과 왕양명의 '이기합일론' 으로 제시하였으며, 왕양명의 학문은 바로 '심(心)' 을 밝히는 공부 이외에는 없다고 확인한다. 또한 그는 왕양명의 핵심 주장을 규정하여, "만사의 선 · 악을 바르게 함에는 오직 '양지' 외에는 없는지라, '양지' 가 곧 도덕의 표준이 된다" 고 하며, 왕양명이 사람의 '양지' 가 초목이나 와석(瓦石)의 '양지' 와 같다고 하는 것은 "불가(佛家)의 산천 · 초목이 다 불성(佛性)이라 함과 같으니, 이것은 불교 속에서 얻어온 학력(學力)이다. 그러므로 양명의 사고한 바와 같다면 사람만 도덕적 생물이 아니라 초목 · 와석도 또한 도덕적 사물이 될 것이니, 이것은 양명의 지식도 미치지 못한 자리라 할 것이다"[60]라고 하여, 왕양명의 '양지' 이론이 불교와 같은 점이 있음을 지적하고, 그 결과는 사물까지 도덕적 존재로 인정하게 되는 문제점이 있음을 지적하였다. 여기서 그는 양명학의 기본이론으로 '심즉리' · '치양지' · '지행합일' 을 담담하게 설명하면서 기본적으로 양명학에 호의적 입장에 서 있으면서도 양명학을 주창하는 것이 아니라 문제점까지 지적하는 객관적 입장에 서 있음을 보여 준다.

또한 그는 『서북학회월보』(1-20)에 「명대제유(明代諸儒)의 학설」을 실었는데, 여기서 그는 왕양명과 나정암 두 사람의 학설을 소개하고 있다. 우선 그는 왕양명의 '지행합일론' 의 근거는 '심즉리' 의 이론이라 지적하고 있다.

---

60) 『西北學會月報』(1-19), 17-19쪽.

> '심즉리'의 설로써 불가의 이른바 '마음 바깥에 별개의 법이 없다(心外無別法)', '삼계는 오직 한마음이다(三界惟一心)'라는 말에 말미암아 깨달은 것이라 하며, 또 선생이 문의(文義) 위에서 천착함을 몰아내고 자가심상(自家心上)에 체인함을 요구하여, '교외별전(教外別傳), 불립문자(不立文字), 직지인심(直指人心), 견성성불(見性成佛)'이라 하는 설과 동일하다. … 유 · 불(儒佛)의 이치가 왕왕 서로 부합함은 원래 당연한 이치이다. 선생이 우연히 진리가 있는 자리를 보고서 불교로부터 유가의 본령을 깨달아, 털끝만큼의 덜고 보탬이 없고, 유설(儒說)을 가미하였으니, 타산(他山)의 돌을 빌려서 자가의 옥을 연마함과 같다. 그 광명을 발휘함이 있을 뿐이다.[61]

이처럼 양명학의 '양지' 개념이나 '심즉리설'이 불교와 일치하는 것이요, 불교의 영향을 받아 유교의 진리를 드러낸 것이라는 해석은 김원극의 독특한 해석이라 할 수 있다. 그동안 주자학에서 양명학을 비판할 때는 모두가 입을 모아 양명학을 선학(禪學)이라 규정하였고, 정제두는 이러한 비판에 반박하면서 선학과 양명학이 본질적으로 다른 것임을 강조하였던 일이 있다. 그러나 김원극은 1910년에 와서는 양명학을 소개하면서 불교와 차별화시킬 필요가 없어졌다는 실정의 변화를 드러내고 있으며, 오히려 그는 불교와 연관성을 강조함으로써, "천지 사이에 '도'는 하나일 뿐이다"라고 주장하면서 유 · 불 융화론의 입장에서 양명학의 진실성을 확인하고 있음을 보여 준다.

(5) 최남선(六堂 崔南善, 1890-1957)

최남선은 1911년 자신이 간행하던 『소년』에 「왕학(王學) 제창에 대하

---

61) 『西北學會月報』(1-20), 17-18쪽. 『西北學會月報』(1-20)는 국립중앙도서관 소장본이다. 金源極의 논설을 비롯하여, 뒤에 서술할 薛泰熙의 저술과 논설 및 姜春山 · 崔南善의 논설 자료는 盧官汎 박사가 제공해 준 것으로 이 자리에서 감사를 표한다.

여」라는 글을 실었다. 최남선의 일생에서 양명학의 이해가 어떻게 전개되는지는 알 수 없지만, 이 한 편의 글에서 그는 새로운 시대의 희망으로 '양명학'을 주창하고 있음을 분명하게 밝히고 있다. 그는 조선 후기의 유학을 이끌어 가던 주자학자들에 대해 극심한 증오를 표현하여, "근 몇백 년 이래의 선인(先人)들은 온갖 광채 있는 일에는 궁극한 파괴자요, 이익 있을 일에는 궁극한 저알자(沮遏者)이었도다. … 사람에게 활기를 주고 세상에 의기(義氣)가 차게 할 만큼 힘 있는 것이면, '아이구 그것이 생겨나서 어떡하게' 하여, 싹이 나기 전부터 호미질을 하고, 줄기가 뻗기 전부터 도끼질을 하도다"[62]라고 하였다. 이 주자학자들은 자기의 주장과 다른 것은 무엇이나 '사문난적(斯文亂賊)'으로 몰아 파괴하였고, 마침내는 주자학자들의 독 이빨에 물린 유교 안의 사상이 왕양명의 '양지학'이라는 것이다.

그는 하나의 분파(派)나 하나의 종파(宗)에 구애받지 않고 기독교나 불교 등 어떤 종교나 어떤 윤리도 모두 받아들여 취사선택할 수 있다는 입장에서, 굳이 양명학을 제창하는 이유를 밝히고 있다. 곧 "더욱 빨리 이 무감각 무기력한 죽음의 구렁에서 꿈꾸는 사람의 마음을 감동시키고 힘을 고무하여 발동하게 하는 데 뚜렷한 효과와 확실한 징험이 있을 '양지'를 이루고, 거짓 행위를 제거하는 양명자(陽明子)의 발명에 대해서는 조금도 뜻하는 사람이 없는 듯하기로, 남들이 다른 약으로써 거기 해당한 병을 고치려 할 때에, 얼마 동안 우리는 이 약을 갈고 찧고, 뜸뜨고 구워서, 여기 해당한 부어오른 곳을 온전히 되살아나게 하고자 할 뿐이다"[63]라고 하여, '양지학'을 통해 무기력함에 빠진 사람의 마음을 격동시켜 일으키려 하고 있고, 다른 방법이 있다 하더라도 시대적 병통을 치유하

62) 崔南善, 「王學 提唱에 對하여」, 『소년』 제4년, 제2권(1911.5.15), 1쪽. *현대 어법에 맞추어 약간 고치고 풀었음.

63) 같은 곳, 6-7쪽.

는 방법에 남들이 잊어버리고 있는 양명학을 한번 시험해 보겠다는 뜻을 밝히고 있다. 그만큼 그는 양명학을 위해 양명학을 표방하는 것이 아니라, 우리 시대의 문제를 해결하는 효과적 방법의 하나로 양명학을 선택하여 표방한다는 입장을 밝히고 있는 것이다.

최남선은 왕양명을 '사문(斯文)'의 후맥(後脈)이요, '오도(吾道)'의 직통(直統)이라 전제하고, "왕자(王子)의 학(學)과 설(說)은 공정하고 넓으며 명쾌하고 통달하는(公溥快暢) 점에서 편하기 무선전신이요, 간명하고 직접적인(簡明直截) 점에서 빠르기 장안 큰 길(長安大道) 같음에랴. … 대개 가장 쉬운 길로 가장 많은 사람을 가장 옳은 곳에 가장 잘 인도하는 것이 가장 좋은 '도'이거늘, 왕자의 배움은 이 여러 가지 요건을 구비하였다 할 만함일세니라"[64]고 하여, 왕양명을 '왕자(王子)'라고 높이고, 왕양명의 학설이 지닌 가장 탁월한 점으로 '공부쾌창(公溥快暢)'함과 '간명직절(簡明直截)'함을 강조하였다. 그것은 바로 양명학이 명쾌하고 간명하여 쉽게 실천할 수 있는 길을 제시해 주는 것임을 중시하고 있음을 말한 것이다.

또한 그는 '정성(誠)'을 우주의 생명이 박힌 곳이라 하고, '세력(力)'을 우주의 동작이 나오는 곳이라 강조하면서, "왕자의 '학'은 … 아무에게든지 지극한 정성과 굳센 세력을 줌에는 과연 탁월한 무엇이 있다"라고 하여, 양명학이 '정성'과 '세력'을 제공해 주는 원천이 되는 것임을 강조하였으며, 이에 따라 그는 "정성과 세력 두 가지를 줄 수 있고 받을 수 있으면, 남이야 아무리 '매미가 울고 개구리가 시끄럽다(蟬鳴蛙噪)'고 하거나, '홍수가 흘러가고 파도가 닥쳐 온다(洪流奔波)'고 하더라도 이때에는 목숨의 신령한 흐름이니, 아무려나 하라고 해라. 우리는 우리가 바르다고 생각하는 길을 갈 것이다"[65]라고 하였다. 양명학이 '정성'

64) 같은 곳, 4-5쪽.

65) 같은 곳, 9-11쪽.

과 '세력'을 제공해 주는 것이라면, 사람들이 아무리 비웃거나 위협시하거나 상관하지 않고, 양명학이 바르다는 신념을 지키겠다는 것이다. 이처럼 최남선은 나라가 망하고 난 직후의 상황에서 새로운 희망의 길을 양명학으로 제시하였던 것이며, 그것은 양명학이 유일한 길이라는 신념이 아니라, 현실적으로 가장 유용한 길이라 판단하여 선택한 것임을 보여 주고 있다.

4. 20세기 초 양명학의 새로운 조류

1) 강화학파의 계승: 이건창 · 이건방 · 정인보

(1) 이건창(李建昌)과 이건방(李建芳)의 양명학 인식

강화학파는 19세기 말 이건창(寧齋 李建昌, 1853-1898)에 와서 양명학에 대한 인식이 새로운 활력으로 주장되고 있는 사실을 볼 수 있다.[66] 그는 성대영(成大永)에게 보낸 편지에서 청나라 고증학자 당경해(唐鏡海)의 저술인 「학안(學按)」에서 심학(心學)을 비판한 사실에 대하여 다음과 같이 반박하고 있다.

> 마음을 버리고 학문을 한다면 나는 이른바 '도'가 기왓조각이나 조약돌에 있다는 것인지 허공에 있다는 것인지 알지 못하겠다. … 진헌장(陳獻章) · 왕양명이 잡학(雜學)을 하였다면 또한 반드시 그렇게 할 까닭이 있겠지만, '심학'이라는 것을 어찌 배척할 수 있겠는가? 진실로 '심학'을 배척할 수 있다면 순임금의 '16자(人心惟危, 道心惟微, 惟精惟一, 允執厥

66) 劉明鍾(『성리학과 양명학』, 394쪽)은 李建昌의 문학적 성격을 "陽明派의 李卓吾와 公安派 혹은 淸代 袁枚 등 性靈派 文學과 통하는 것"이라 지적하고 있다.

> 中)'는 버려야 할 것이며, 『맹자』 7편은 폐기되어야 할 것이요, 정주학 여러 선생의 설에도 남을 것이 거의 없을 것이며, 오직 이른바 『이아(爾雅)』·『설문(說文)』의 학자인 다음에 '순유(醇儒)'가 될 수 있을 것이다.[67)]

그는 '심학'이 양명학의 입장일 뿐만 아니라, 경전과 주자학의 입장도 포함하는 것으로 제시하여 유교의 근본적 학문방법으로 '심학'을 확인하고 있는 것이다.

이건방(蘭谷 李建芳, 1861-1939)은 이건창의 3종제(三從弟)로서 20세기 초에 강화학파를 계승하여 활동하였던 인물로 정인보(鄭寅普)에게 강화학파의 학맥을 계승시켜 양명학을 크게 표방하는 길을 열어 주었다. 이건방은 「원론(原論)」 4편을 저술하였는데, 이 저술에서 그는 급격한 시대변동과 국가가 멸망하는 상황에서 양명학을 표면으로 전혀 내세우지는 않았지만, 양명학적 신념 위에서 급변하는 시대현실에 대처해야 할 방향을 제시하였다. 바로 이 점에서 그의 견해는 20세기 초의 역사적 상황 속에서 양명학적 시대인식과 대처방법을 가장 절실하게 드러내 준 것으로 주목될 필요가 있다.

곧 이건방은 당면한 시대를 무리(群)가 경쟁하고, 강자가 약자를 병탄하는 진화론적 법칙(天演之公例, 物競之原則)이 필연인 현실임을 직시하면서, 약(弱)하고 졸(拙)한 우리나라가 강자에게 병탄되어 멸망하지 않을 수 없음을 지적하고, 당시 조선 사회 지식인의 행동양상에 대해 개화파(開化派)를 '스스로 시무를 안다고 하는 자(自謂識時通務者)'들이라고 하여 모두가 경박하고 바른 행실이 없으며 진출하여 일 벌이기를 좋아하고 명분을 가장하여 이욕을 추구하고 외세를 빙자하여 위협하고 임금을

---

67) 李建昌, 『明美堂集』, 권9, 10-11, '上鉢山成吏部〔大永〕書', "舍心而爲學, 吾不知所謂道者, 其在於瓦礫歟, 其在於虛空歟, … 夫陳·王之爲雜學, 亦必有所以爲之故, 而其曰心學者, 何可斥也, 苟心學之可斥, 則是虞廷十六字可去也, 孟子七篇可廢也, 卽程朱諸先生之說, 存者亦幾希矣, 惟所謂爾雅·說文之學者, 然後得以爲醇儒矣."

현혹하여 권위를 차지하고서 드디어 외국인의 앞잡이가 되어 몰래 결탁하여 팔아넘기는 재앙을 초래하였다고 규정하였으며, 수구파(守舊派)는 '바른 의론을 한다는 선비(淸議之士)' 이지만 세계의 형편을 알지 못하고 지난날 관문을 닫고 자신을 지키는 것(閉關自守)을 최상의 의리(第一義諦)로 삼으면서, 동양과 다른 외국의 풍속과 종교나 문물제도를 따르는 무리들이 예법과 인륜을 무너뜨리는 일에 대해 일체 치지도외하고 그 까닭을 살피지 않으며, 해외의 사정에 깜깜하여 저들 열강의 진화가 날로 번성하고 정치와 법률이 밝게 닦여지며 군대가 확장되고 전신(電信)이나 철도의 교통과 산업이 발달하는데도 여전히 나태한 풍속을 고치지 않고, 허위를 꾸며 실리(實理)를 막아서 백성의 지식이 열리지 않고 사무가 확장되지 않아 멸망의 재앙을 스스로 재촉하고 있다고 규정하였다.[68]

여기서 그는 개화파를 '반란의 무리(亂逆之徒)' 라 하고, 수구파를 '도의를 지키는 선비(守道秉義之士)' 라 하면서, 국가가 멸망하는 까닭은 언제나 '반란의 무리' 에 있는데 도리어 '도의를 지키는 선비' 에게도 허물이 있음을 지적하여 양쪽 모두에 문제가 있다고 비판하였다.[69] 곧 '반란의 무리' 에 대해서는 사람들이 그 간사함과 흉악함을 알기에 믿지 않지만, '도의를 지키는 선비' 는 백성이 우러러보고 믿는데, 통상을 하는 처음에 옛 견해의 사사로움을 지키던 것을 버리고 공심(公心)과 공리(公理)로서 진실로 그 '도' 가 나라를 이롭게 하고 백성을 편하게 함이 있다면 우리의 나태함을 개혁하는 데 거리낌이 없고 저들의 흥하여 일어남을 본받으며, 우리의 부패와 게으름을 변혁하기를 아끼지 않고 저들의 쇄신

68) 李建芳, 『蘭谷存稿』(청구문화사 영인본), 권6, 5-6쪽(本書에 쪽수 표시가 없어서 임시로 본문의 쪽수를 붙임), '原論(上)', "自謂識時通務者類, 皆浮薄無行, 干進喜事, … 末乃憑藉外勢, 以恐喝威嚇, … 一種淸議之士, 未能深悉宇內形便, 惟以往日閉關自守, 爲第一義諦."

69) 같은 책, 7-8쪽, '原論(上)', "由前之說者, 亂逆之徒也, 由後之說者, 守道秉義之士也, … 吾所以均貶而同斥者何也."

을 본받아서 백성을 위해 주창하면 백성들이 믿고 따를 것이요, 분발하여 날로 '자강'의 길로 나가게 하였다면 국가의 재앙이 이 지경에 이르지 않았을 것이라는 지적이다.

이에 따라 이건방은 '도의를 지키는 선비'에서 '도'와 '의'가 무엇인지를 검토하였다. 곧 "'도'와 '의'의 실지는 물에 빠진 것을 건져내고 불에 타는 것을 구출해 주는 것보다 먼저 할 것이 없다. 지금 국가가 약하고 병든 지 오래되었는데 빈손으로 강적의 굳센 활과 예리한 칼을 감당하려고 한다면 구차스러운 '도'와 '의'로 과연 흉악한 칼날을 꺾고 포학한 불길을 제어할 수 있겠는가? … 하물며 이른바 '도'와 '의'란 것이 참된 '도'와 '의'가 아니라 거짓됨에서 나와 명목만 높다면, '도'를 파괴하고 '의'를 해치기에 족할 것이다"[70]라고 하여, '도의를 지키는 선비'가 내세우는 '도'와 '의'가 과연 진실한 것인지 거짓된 것인지를 재검토하기를 요구한다.

그는 '도'의 기준이 되는 '성인의 도'를 정의하여, "무릇 성인의 '도'는 보통사람의 경우와 달라서 고매하기를 구하지 않으며, 반드시 사람의 감정에 합치하기를 구한다. 그러므로 그 '도'가 됨은 명백하고 평이하여, 말로 하면 백성이 기뻐하지 않음이 없고 행하면 백성이 복종하지 않음이 없다"[71]고 하였다. 그만큼 '도'의 참된 모습은 번쇄한 관념체계 속에서 해명되는 것이 아니라 명백하고 평이한 것임을 강조하고, 초월적인 고매한 원리가 아니라 인간의 감정에 일치하는 것임을 강조하고 있다. 바로 이 점에서 주자학적 인식을 벗어나는 양명학적 의식의 바탕을 드러내고 있는 것으로 보인다.

---

70) 같은 책, 10쪽, '原論(上)', "夫道義之實, 莫先於拯溺救焚, 今國家之羸病久矣, 使之徒手而當烏獲之勁弩利刃, 則其區區之道義, 果有足以折其凶鋒而制其虐焰耶, … 況所謂道與義者, 未必眞道義, 而或出於假, 而爲名高, 則適足以賊道而害義也."

71) 같은 책, 11쪽, '原論(中)', "夫聖人之道, 不求異於人而爲高, 而必求以合乎人之情也, 故其爲道也, 明白坦易, 言而民莫不悅, 行而民莫不服."

이건방은 '심(心)' 개념을 재음미하면서, "무릇 마음은 하나인데, 혹 그 같음을 귀하게 여기고, 혹 그 위태로움을 염려하는 것은 어찌 다른 것이 있겠는가. 오직 그 같음을 잃었기 때문에 위태로워지는 것이다. 그 밝음을 은폐하고 그 선량함을 손상시키며, 근본 원칙에 어둡고 항상한 덕에 어그러지면 위태롭지 않음이 없고 혼란하지 않음이 없다"[72]고 하였다. 마음이 하나로 같음을 얻는다는 것은 바로 왕양명이 "성인의 마음은 천지 만물로 일체를 삼는다. … 성인은 이를(사람의 마음이 사사로움과 물욕으로 가려짐) 근심하여, 이 때문에 천지 만물을 일체로 하는 '인(仁)'으로 천하를 가르쳐, 모두가 그 사사로움을 극복하고 그 가리움을 제거하게 하여 마음의 본체가 같음을 회복하게 하고자 하였다"[73]라고 말하는 '천지 만물을 일체로 삼는' 성인의 마음이요, 성인의 회복하고자 하는 '마음의 본체가 같음(心體之同然)'을 가리키는 것이라 하겠다. 여기서 이건방은 '마음의 같음'을 질곡(桎梏)시키는 것이 거짓된 '도'와 '의'(假道義)를 말하는 것이라 하고, 참된 '도'와 '의'를 말하는 것은 '마음의 같음'을 따르는 것이라 대립시켜 파악하고 있음을 보여 준다. 그것은 바로 '마음의 같음'을 얻은 자는 약함을 강하게 변혁하고 국가의 치욕을 씻으며, 민생을 보전하는 참된 '도'와 '의'를 말할 수 있다는 것이요, "나라가 망하더라도 저들(서양)은 배울 수 없다(國雖亡, 不可以學彼也)"며 상투를 자르지 않거나(不剃髮) 양복을 입지 않은 것(不披緇)으로 몸을 깨끗이 지켰다는 수구파의 보수적 도학자는 '마음의 같음'을 잃은 자임을 말하는 것이다.

따라서 이건방은 누구나 그 악함을 알 수 있는 '반란의 무리'보다, 오히려 '도의를 지키는 선비'로 자처하는 도학자들이 그 거짓된 '도'와

---

72) 같은 책, 12-13쪽, '原論(中)', "夫心一也, 而或貴其同然, 或慮其危殆者, 豈有他哉, 惟失其同然, 故所以危也, 蔽其明而戕其良, 昧本則而悖常德, 則無之而不危, 無之而不亂也."

73) 『傳習錄』, 卷中, '答顧東橋書', "夫聖人之心, 以天地萬物爲一體, … 聖人有憂之, 是以推其天地萬物一體之仁以教天下, 使之皆有以克其私, 去其蔽, 以復其心體之同然."

‘의’로써 세상을 속이고 백성을 그릇되게 이끌고 있는 것을 신랄하게 비판하고 있다. 곧 도학자들이 주자를 끌어들여 자기를 추종하지 않는 자들은 주자를 배반한 죄인이라 몰아붙이는 행태를 비판하고, 나아가 주자학자들이야말로 주자의 죄인임을 지적하여, “참람하게 ‘대의(大義)’의 이론으로 조종(祖宗)에 휘호(徽號)를 덧붙이며, 지자(支子: 嫡長子가 아닌 자식)니 서자(庶子)니 하여 임금을 핍박하고(禮訟에서 西人禮說), 망령된 말을 ‘북벌(北伐)’에 칭탁하며, 명나라 황제를 사묘(私廟)에 제시하는 데 이르니(華陽洞 萬東廟의 경우), 성인을 속이고, 임금을 속이며, 분수를 범하고 둑을 넘은 것이다. 이는 진실로 주자의 죄인이요, 춘추의 죄인인데, 도리어 춘추의 존엄함을 옆에 끼고 주자의 중대함을 빙자한다”[74]고 하였다. 이건방이 조선시대 유교사상 속에서 주자학이 일으킨 폐단에 대해 얼마나 철저한 거부감과 엄중한 비판의식을 가지고 있었는지 잘 드러내 주고 있는 대목이다. 그러나 그는 주자학의 대안(代案)으로서 양명학을 제시하였던 것이 아니라, 주자학의 관념적 허위의식을 거짓된 ‘도’와 ‘의’를 말하는 것이라 하여, 이를 대체시켜야 할 참된 ‘도’와 ‘의’를 ‘마음의 같음(心同)’으로 제시한 것은 바로 변혁의 시대에 요구되는 사상의 방향으로 양명학을 암시하고 있는 것이라 하겠다.

(2) 정인보(鄭寅普)의 조선얼과 양명학

정인보(爲堂 鄭寅普, 1893-1950?)는 이건방에게 수학하여 강화학파의 학맥을 계승하여 20세기 전반 일제강점기에 양명학을 적극 표출시킨 인물이다. 20세기에 들어오면서 주자학의 전통은 여전히 강한 집단적 세력을 가지고 있었지만 사실상 주도적 역할을 상실하고 비판의 표적으로

74) 같은 책, 45-46쪽, ‘續原論’, “至於僭以大義之說, 加徽號於祖宗, 逼主上以支庶, 託妄言於北伐, 祀明帝於私廟, 誣聖罔上, 干分越防, 是固朱子之罪人也, 春秋之罪人也, 而乃反挾春秋之尊, 藉朱子之重.”

뒤바뀐 상황이었다. 따라서 1910년대 전후의 자강운동 시기에 활동하던 이건방은 주자학의 시대변화에 역행하는 양상을 '거짓된 도의(假道義)'라고 정면 비판할 수 있었던 것이며, 박은식은 양명학을 유교개혁의 기반으로 표방하기에 이르렀던 것이다.

정인보는 1930년대 전후의 일제강점기에 민족정신을 고취하며 양명학을 표방하였던 중심인물이다. 이런 점에서 자강운동기의 박은식과 일제강점기의 정인보는 20세기 초 양명학을 공개적으로 선포하고 주창한 두 축이라 할 수 있다.

정인보의 양명학 주창은 『양명학연론(陽明學演論)』을 1933년 동아일보에 연재하면서 선명하게 드러나고 있다. 『양명학연론』은 박은식의 『왕양명실기』(1910)와 더불어 20세기 초 양명학의 체계적 이해를 제시하였던 대표적 저술이다. 이 두 저술의 성격을 대조하여 보면, 우선 박은식의 『왕양명실기』는 왕양명의 말과 행적을 수록하고 구절마다 자세한 안설(按說)을 붙여놓은 왕양명의 전기(傳記)이다.[75] 이에 비해 정인보의 『양명학연론』은 크게 보면 양명학의 개설, 왕양명의 전기, 양명학의 핵심이론, 중국 양명학사 및 조선 양명학사에까지 걸치는 다양한 내용을 집약시켜 제시하고 있다.[76] 기본 체재만 보면 박은식은 왕양명을 본받아야 할 모범으로 표출시키기 위해 왕양명의 언행을 구체적으로 소개하는 데 치중하고 있다면, 정인보는 여기서 한 걸음 나아가 '양명학'과 '양명학사'를 간결하나마 체계화시킴으로써, 양명학을 학문 영역의 한 부분으로 정착시키고 있다.

75) 金泳鎬는 朴殷植의 「年譜」(『朴殷植全書』(下), 299쪽)에서 1910년 崔南善이 간행하던 잡지 『少年』에 『王陽明實記』를 전재하였으나, 불온서적이라 하여 압수되고, 이 때문에 『少年』誌도 폐간되었다고 하였는데, 왕양명의 傳記인 『王陽明實記』가 불온서적으로 판정된 이유를 확인하지 못하였다.

76) 「陽明學演論」은 1. 저술의 緣起, 2. 양명학이란 무엇인가, 3. 陽明本傳, 4. 「大學問」 · 拔本塞原論, 5. 陽明門徒 及 繼起한 諸賢, 6. 朝鮮陽明學派, 7. 後記의 7장으로 구성되어 있다.

정인보는 먼저 조선의 학문 전통을 성찰하면서, 조선에서 주자학의 학풍을 탐욕에 빠진 위선적 '사영파(私營派)'와 사대주의에 젖은 예속적 '존화파(尊華派)'의 두 흐름으로 규정하여 그 폐단을 비판함으로써 양명학이 요청되는 발판을 확보하고 있다.

> 조선 수백 년간 학문으로는 유학이요, 유학으로는 오직 정·주(程朱)를 신봉하였으되, 신봉의 폐단은 대개 두 갈래로 나뉘었으니, 하나는 그 학설을 받아 자가(自家) 편의를 도모하려는 '사영파'요, 하나는 그 학설을 배워 중화(中華) 적전(嫡傳)을 이 땅에 드리우자는 '존화파'이다. 그러므로 평생을 몰두하여 '심성'을 강론하되 '실심(實心)'을 얼러 볼 생각이 적었고, 일세(一世)를 휘저으며 도의(道義)를 표방하되 자신밖에는 보이는 무엇이 없었다.
>
> 그런즉 시대가 내려오고 풍속이 쇠퇴함을 따라 그 '학(學)'은 '허학(虛學)'뿐이요, 그 '행(行)'은 '가행(假行)'뿐이니, '실심'으로 보아 그 '학'이 '허(虛)'인지라 사사로운 계책(私計)으로 보아 '실(實)'이요, '진학(眞學)'으로 보아 그 '행'이 '가(假)'인지라 거짓 습속(僞俗)으로 보아 '실'이다.[77)]

여기서 그는 학문과 행실을 '공허함(虛)'과 '실질(實)', '거짓(假)'과 '진실(眞)'로 대립시키면서, 스승 이건방이 주자학을 '거짓 도의(假道義)'로 비판한 논리를 이어서, 주자학을 '허학(虛學)'이요 '가행(假行)'으로 규정하여 철저히 비판하였던 것이다. 그리고 양명학을 '실심(實心)'의 학문으로 확인함으로써, 과거의 공허하고 거짓된 주자학의 폐단을 극복하고, '실심'으로 민중의 복리(福利)를 도모할 것을 요구하고 있는 것이다. 여기서 정인보는 양명학의 근본적 성격을 '실심'으로 파악하

77) 『薝園 鄭寅普全集』(2)(연세대학교 출판부, 1983), 114쪽, '陽明學演論'. *원문의 한문투를 현대어로 약간 수정함.

여 정의하고 있다.

> 양명의 '학' 은 '심학' 이니, '심학' 이라 하면 '심' 을 대상으로 삼아서 고찰하는 것이 아닌가 할 것이다. 이것은 근세학술상 술어만을 아는 말이다. 양명의 '심학' 은 그런 것이 아니니, 곧 우리의 마음이 타고난 그 본밑대로 조그만 협사(挾詐: 간사한 마음을 품음)가 없이 살아가는 공부이다.[78]
>
> 양명의 '학' 이 곧 '심학(心學)' 이요, '심' 은 곧 '본심' 이요, 쉽게 말하자면 '본밑마음' 이다. '양지' 가 곧 이것이니, 양명의 이른바 '양지는 곧 마음의 본체라' 함이 이를 인(因)함이다. 그러므로 양명의 '학' 은 간이(簡易)하며 직절(直截)하여, '양지' 의 일점직혈(一點直血)로써, 거의 소멸되고 끊어지게 된 '심혼(心魂)' 을 도로 불러내자는 것이다.[79]

이처럼 그는 양명학이 마음에 관한 연구가 아니라, '본심' 곧 '본밑마음' 의 진심함을 회복하자는 '실심' 의 공부임을 역설하며, 이 '본밑마음' 으로서 '실심' 을 양명학의 체계에서는 '양지' 요, 우리 시대의 언어에서는 '심혼' 으로 제시하였다. 여기서 그는 양명학의 '실심' 으로서 '양지' 를 이루는 학문방법의 체계를 밝히고 있다.

> 양명의 '학' 이 크게 동체(同體)를 말하거나, 절실하게 후박(厚薄)을 말하거나, '명덕' · '친민' · '지지선' 을 말하거나 간에 정신은 오직 '치양지' 요, '치양지' 의 실지 착수하는 곳은 '격물' 이니, '물(物)' 에 '격(格)' 함이 없을진대 '지(知)' 를 '치(致)' 할 요로(要路)가 없고, '지' 가 없을진대 '물' 을 '격' 할 밑천이 없다. 그런즉 그중 문제되는 것이 이 '지' 이니, 우리

78) 같은 책, 124쪽.

79) 같은 책, 125쪽. 鄭寅普가 '實心' 을 '良知' 로 확인하면서 '心魂' 으로 지적하고 있는데, 그것은 그가 강조하는 '얼' 과 깊이 연관된 것으로 보인다. 그가 1935-1936년 동아일보에 연재한 「5천 년간 조선의 얼」에서 제기하고 있는 '얼' 은 민족정신으로서 '조선얼' 이며, 또한 '實心' 인 '良知' 요 '心魂' 으로 이해할 수 있을 것이다.

로서 어떠한 '지'가 '본심'의 '양지'인지 그 변해(辨解)를 어떻게 할까. 뜻있는 이는 의심하리라. … 별달리 '양지'를 고구(考究)할 생각을 말고, 저 홀로 저만 아는 속에 스스로 속이지 못할 곳이 있거든, 분명하거든 '양지'로 알라. 이를 깨달았자 그대로 바로잡지 아니하면 점점 조광(照光)이 흐려지나니, 속이는 그 '것'이 근절될수록 속일 수 없는 그 자체 점점 더 뚜렷할지라, 속이려는 '것'을 뽑아 속일 수 없는 그 자체를 완성함을 '치지(致知)'라 한다.[80)]

여기서 그는 양명학의 모든 문제는 '치양지'에 귀결되는 것이요, '치양지'를 착수하는 자리가 '격물'임을 제시하며, '치양지'의 '지', 곧 본심의 '양지'를 바로 "저 홀로 저만 아는 속에 속이지 못할 곳"이라 하여, 속이려는 거짓됨을 제거하여 속일 수 없는 진실을 드러내는 것이 바로 '양지'를 밝혀내는 방법이라 확인하고 있다. 그만큼 '양지'는 한 점 거짓도 없는 진실한 '실심'임을 역설하고 있는 것이다.

나아가 정인보는『양명학연론』에서 왕양명의 문인들과 청나라 때까지 계승된 양명학자들을 다양하게 소개하여 중국 양명학사를 개관하고 있으며, 특히 '조선 양명학파'를 다루면서 3유형으로 구분하는 분류체계를 제시하였는데 다음과 같다. ① 뚜렷한 저서가 있다든지 그렇지 않으면 그 언론에라도 분명히 증거할 만한 것이 있어서 바깥에서는 몰랐을지라도 양명학파라 하기에 의심 없는 이들. 최명길(遲川 崔鳴吉)·장유(谿谷 張維)·정제두(霞谷 鄭齊斗)·이광신(恒齋 李匡臣)·김택수(金澤秀)가 이에 속함. ② 양명학을 비난한 말이 있는데 전후를 종합하여 보면 이는 속이는 말이라 속으로는 양명학을 주장하던 것을 가릴 수 없는 이들. 이광사(圓嶠 李匡師)·이영익(信齋 李令翊)·이충익(椒園 李忠翊)이 이에 속함. ③ 양명학을 일언반구도 끌어들인 적이 없고 높이 받드는 바는

80) 같은 책, 133-134쪽.

주자에 있지만, 양명을 말하지 아니하되 그 평생 주장의 중심 되는 정신을 보면 두말할 것 없이 양명학임을 알 수 있는 이들. 홍대용(湛軒 洪大容)이 이에 속함.[81] 이러한 '조선 양명학파'의 분류가 과연 얼마나 정확한 사실에 근거한 것인지 또는 얼마나 균형 있는 분류체계인지에 대해서는 여러 다른 의견이 있을 수 있다. 그러나 정인보에 의해 '조선 양명학파'가 처음으로 제기되어 일정한 체계로 분류되고 서술되었다는 사실 한 가지만 하더라도 중대한 의미가 있는 것이다. 실제로 '조선 양명학파'란 정인보의 서술에서 비로소 양명학이 한국 사상사의 지평 위에 떠오르게 되었고, 한국 사상사의 한 줄기로 자리 잡기 시작하였던 것이라 할 수 있다.

2) 일제하 지식인의 양명학 이해: 설태희 · 송진우 등

일제의 식민지배가 안정기에 들어선 1920-1930년대 조선 사회에서는 당시 유교 지식인들 사이에 신문 · 잡지의 지면을 통해 양명학에 대한 논의가 자주 등장하였다. 이들의 양명학에 대한 이해태도는 두 가지 양상으로 구별해 볼 수 있다. 먼저 첫 번째로 양명학을 통해 당시 조선인의 침체된 유교적 의식에 새로운 활력을 불어넣고 민족의식을 각성하려는 태도이다. 이 시대의 현실을 헤쳐 가는 방법의 하나로 양명학에 대한 신념을 가졌거나 깊은 호의적 이해를 가졌던 입장이라 할 수 있으며, 대표적 인물로 설태희(薛泰熙) · 길성산인(吉星山人) 등을 들 수 있다. 다른 하나는 유교사상 내지 동양사상의 지식체계 속에서 하나의 구성요소로 양명학에 대해 편파적 거부감에서 벗어나 객관적 기술을 하는 입장이며, 양명학에 대한 신념이나 특별한 호감을 보이지는 않으나 양명학을 소개함으로써 대중적 관심의 폭을 넓혀 주는 역할을 하였다. 대표적인 인물

81) 같은 책, 211-235쪽.

로 강춘산(姜春山)을 들 수 있다.

(1) 설태희(反求室 薛泰熙, 1875-19??)

설태희는 함경남도 단천(端川) 출신의 유학자로 1900-1930년대에 상당수의 저술을 남겼고 여러 신문과 잡지의 지면에 논설을 발표하였던 활동 자취가 확인된다. 그는 양명학에 대해 이해가 깊었을 뿐 아니라, 양명학의 이론에 적극 공감하고 폭넓게 수용하였지만, 양명학자로 자처하기보다는 자신의 독자적 체계를 수립하려고 시도하였던 양명학 성향의 유학자라 할 수 있겠다.[82] 그의 초기 저술인 『대학신강의(大學新講義)』(1917)는 양명학의 입장을 폭넓게 받아들이고 있음을 선명하게 보여 준다. 그는 이 책의 첫머리에서 '대학신강의 연구법 범례(大學新講義研究法凡例)'를 제시하면서 "학자로 하여금 자유롭게 체득하여 '전(傳)'의 '장구(章句)'·'보주(補註)'의 속박을 받지 않게 하고자 한다"[83]고 하여, 주자의 『대학』 해석에서 벗어나 자유롭게 해석하는 입장을 취하고 있음을 밝히고 있다.

또한 그는 "'치지(致知)'의 '지(知)'자는 '온고지신(溫故知新)'의 '지'가 아니고, 곧 '직각(直覺)'의 '지'요, '직각'은 '양지(良知)'가 발현하는 것이며, 곧 경험하여 아는 것이 아니다. … '치지'의 본래 의미는 마땅히

---

82) 현재 확인된 薛泰熙의 저술과 논설을 연대순으로 열거해 보면 다음과 같다.
1917序 『大學新講義』, 1939 小梧山房 발행, 新朝鮮社 인쇄, 反求室叢書, 六梧書庄藏版
1919序 『茶飯更嚼』, 1939 小梧山房 발행, 新朝鮮社 인쇄, 反求室叢書, 六梧書庄藏版
1923. 「金祉濟氏의 〈儒教와 現代〉를 讀하고」, 『東明』 제2권 제6호(1923.2.4)
1932. 「陽明思想의 要約」, 『新東亞』 제2권 제11호(1932.11)
1934序 『學林小辯』, 1939 小梧山房 발행, 新朝鮮社 인쇄, 反求室叢書, 六梧書庄藏版
1935序 『續理氣辯』, 1939 小梧山房 발행, 新朝鮮社 인쇄, 反求室叢書, 六梧書庄藏版
* 『學林小辯』은 「理氣辯」(1906)·「太極辯」·「天圓地方·左旋右旋辯」(1906)·「中庸註釋辯」(1911)·「大學辯」·「論語註釋辯」·「孟子註釋辯」 등 총 7편으로 구성되어 있다.

83) 薛泰熙, 『大學新講義』, '大學新講義研究法凡例', 1, "此著者所以特揭研究法, 以學者使之自由體得, 不可以被傳, 章句·補註之束縛也."

'치양지'로 해석하여 그 경험의 응용을 스스로 인식하는 것이다"[84]라고 하여, '치지'의 '지'는 '양지'가 발현하는 '직각'이요, 주자가 말하는 경험으로 얻어지는 '지식'의 '지'가 아님을 강조하였다. 그는 왕양명과 같은 입장으로 '명덕'을 '양지'라 해석하며, '친민(親民)'의 '친(親)'자를 정자·주자가 '신(新)'으로 고친 것을 거부하고 도로 '친'자로 돌려놓아야 한다고 주장하고 있다.[85] 그는 "『대학』에서 '격·치(格致)'의 본래 뜻과 그 용법의 조리는 모름지기 '지행합일'을 얻고자 하는 것이다. … 일마다 사물마다에 나아가 '지'를 구하고 '행'을 구한다면, '지행합일'과 서로 멀리 떨어져 『대학』에서 '격·치'의 공부를 거의 징험할 수 없을 것이다"[86]라고 하여, 『대학』의 '격물'·'치지'가 왕양명이 말하는 '지행합일'의 의미로 해석되어야 하는 것임을 확인하였다. 그러나 설태희는 '격물(格物)'의 '격(格)'자를 해석하면서 "'격'은 '정(正)'이요 '지(至)'이다"[87]라고 하여, 왕양명이 '바르게 한다(正)'고 해석하고, 주자가 '이른다(至)'라고 해석한 두 가지 견해를 동시에 받아들이고 있다. 이처럼 그는 왕양명의 『대학』 해석을 폭넓게 수용하면서도, 주자의 해석과 다른 왕양명의 모든 견해를 그대로 받아들이는 것이 아니라, 주자의 견해도 의미 있다고 생각하고 수용하는 열린 입장을 보여 주고 있는 점이 주목된다.

설태희는 「이기변(理氣辯)」에서, "우리나라의 유학자는 오로지 정자·주자를 종주로 삼아 그 옳고 그름을 감히 말할 수 없다. 오직 그 옳고 그

---

84) 같은 책, 2-3, "致知之知字, 非溫故知新之知也, 卽直覺之知也, 直覺者, 良知所發也, 卽不驗而知也, … 致知之本義, 則宜其釋之以致良知, 而自認其經驗之應用也."

85) 薛泰熙, 『大學新講義』, 1, "親當作新之新, 還作親, … 明德者, 良知."

86) 薛泰熙, 『大學新講義』, '圖說·八次序區別圖說', 4, "大學格致之本義, 其用法條理, 須要得知行合一也. … 就諸事事物物上求求行, 則其與知行合一相距遠, 而大學格致之功, 幾乎無徵矣."

87) 薛泰熙, 『大學新講義』, 3, "格, 正也, 至也."

름을 감히 말할 수 없기만 한 것이 아니라, 혹은 공자 · 맹자의 말씀도 정자 · 주자의 설에 억지로 끌어다 붙여서 합치시키니, 그 억측의 견해를 드러냄은 두려움을 이겨낼 수가 없다"[88]고 하여, 주자학을 정통으로 삼는 우리나라 유학이 매우 권위적이어서 비판을 허용하지 않고, 견강부회하는 오류에 빠져 있음을 비판하고 있다. 그것은 그 자신이 주자학을 벗어난다는 입장을 확고하게 밝히는 것이며, 따라서 그는 '이(理)' · '기(氣)' 개념을 독자적으로 해석하여, "'기'는 스스로 존재하는 것이므로 '기'가 발동하고 '이'가 드러나는 것은 물체의 드러나는 그림자와 같고, '이'는 스스로 존재하는 것이 아니니, 어찌 먼저 발현하는 이치가 있겠는가"[89]라 하고, "'이'는 말이요, 사물이 아니며, 곧 빈 것(虛)이요, '기'는 사물이요 곧 실체(實)이다"[90]라고 하여, '이'는 스스로 존재하는 것도 아니고 사물의 조리를 가리키는 말일 뿐이라고 보았다. 그만큼 설태희는 '이'의 궁극적 실체성이나 주재자로서의 지위를 부정하는 '기' 철학의 입장에 서 있는 것이라 할 수 있다. 이 점에서는 주자와 견해를 달리할 뿐만 아니라, 왕양명과도 견해가 일치하지 않는다.

또한 그는 '사단(四端)' · '칠정(七情)'의 개념도 독자적으로 해석하여, "'사단'은 '양지' 현상의 개론이요, '칠정'은 심리작용의 구체론이다"[91]라 하여, 주자학의 성리설에서 벗어나 자신의 독자적 이론체계를 세우고 있다. 이러한 성리학의 해석은 주자학에 벗어날 뿐만 아니라 양명학의 입장을 따르는 것도 아니다. 다만 '사단'을 '양지'의 현상이라

88) 薛泰熙, 『學林小辯 · 理氣辯』, 1쪽, "吾邦之儒, 則專宗程朱, 而莫敢言其是非, 非惟莫敢言是非, 或以孔孟之言, 强引附合於程朱說, 而露其臆測之見, 可勝悚然哉."

89) 같은 책, 5쪽, "氣則自存者, 故氣發理現, 如物體之現影, 理則不自存者, 而安有先發之理乎."

90) 薛泰熙, 『續理氣辯』, 18쪽, "理者語也, 非物也, 卽虛也, 氣者物也, 卽實也."

91) 薛泰熙, 『學林小辯 · 理氣辯』, 7쪽, "四端, 是良知現象之槪論也, 七情, 是心理作用之具體論也."

언급하고 있는 것은 '양지'를 마음의 본체 내지 '성(性)'으로 인식하는 양명학적 입장과 통하는 것이라 할 수 있을 것이다. 그는 '심'과 '성'을 별개의 존재로 구별하는 것을 거부하고, '심'·'성'·'정(情)'·'의(意)'의 네 가지가 하나의 존재에 붙여진 네 가지 명칭이라 본다. 따라서 주자학의 '성즉리, 심즉기(性卽理, 心卽氣)'로 구별하는 견해를 전면 부정한다.[92] 여기서 그가 왕양명의 '심즉리설'을 자신의 철학적 주제로 표방하고 있는 것은 아니지만, '심'·'성'·'정'·'의'를 일치시키고 있다는 점에서 왕양명의 견해와 매우 가깝다고 할 수 있다.

당시 기독교인 김창제가 「유교와 현대」(發表誌 미확인)라는 논설을 발표하여 유교를 심하게 비난하였던 일이 있었다. 이에 설태희는 「김창제 씨의 〈유교와 현대〉를 독(讀)하고」(『동명』, 제2권 제6호, 1923.2.4)를 발표하여 반박하였고, 이에 대해 김창제는 다시 「설태희 씨의 유교론에 대하여」(『동명』, 제2권 제11호, 1923.3.11)를 발표하였다. 김창제는 이 글에서 그동안 설태희가 발표했던 '유교론'에 대해 반박하면서, "공씨(孔氏)의 적통을 전한 이는 맹자 일인(一人)뿐이라 하고, 송(宋)의 정명도(程明道), 왕양명까지 역거(歷擧)하면서, 주자를 몰각(沒却)함은 하의(何意)인가요? 이는 무슨 주의(主義)를 위하여 고의로 은폐하는 듯하외다"[93]라고 언급하였다. 바로 이 구절은 김창제가 설태희의 어떤 논설을 보고 지적한 것인지는 알 수 없지만, 설태희가 공자, 맹자, 정명도, 왕양명으로 이어지는 학맥을 통해 유교를 설명하면서 주자를 누락시킨 의도를 문제 삼은 것이다. 이러한 언급으로 보면 설태희가 당시 발표한 논설에서 양명학의 입장을 선명하게 드러내고 있었던 사실을 확인할 수 있다.

이 무렵 설태희는 양명학에 조예가 깊거나 양명학을 표방하고 있는 인

---

92) 薛泰熙, 『續理氣辯』, 36쪽, "盖性與心, 旣非別物也, … 元來性·情·心·意者, 一物四名也, 何獨於性見理, 而於情·心·意, 則不見理也."

93) 金昶濟, 「薛泰熙氏의 儒教論에 대하여」, 『동명』, 제2권 제11호(1923.3.11).

물로 알려져 있었던 것 같다. 『신동아』(1932년 11월호) 잡지에 그의 「양명사상의 요약」이라는 간략한 논문형태의 글이 실리기도 하였는데, 이 글에는 '행동의 철학: 동양사상의 재음미' 라는 편집자의 두제(頭題)가 붙어 있고, 첫머리에 현상윤(玄相允, 1892-1950?)의 「양명학과 일본사상계」라는 간략한 소개글이 첨부되기도 하였다. 현상윤의 소개글에서도 양명학이 일본에 정착되어 주자학보다 활발하였고, 명치유신을 주도한 인물들 중 양명학자가 많았다는 사실을 들어, 양명학의 성공사례를 일본에서 확인하고 있다. 이러한 입장은 설태희의 본 논문에서도 제시되고 있으며, 당시 양명학에 호의적인 인물들은 일본 양명학에서 양명학이 근대에 적응할 수 있는 가능성을 찾고 있었던 것으로 보인다.

설태희는 「양명사상의 요약」에서 주자학의 지리멸렬함을 극복한 사상가로서 왕양명의 위치를 확인하면서, "양명의 학설 중에도 일치하지 않는(異同) 점이 없지 않으나 본고(本稿)는 오직 왕학(王學)을 소개함에만 그치고 필자의 주견은 일체 피하려고 한다"[94]고 하여, 그 자신도 양명학에 전적으로 동의하지 않는 점이 있음을 밝히고 있지만, 이 글의 끝에서 "왕학은 일본에 건너가서 유신 당시까지에 튼튼한 뿌리를 세웠다. 후지와라(藤原肅)를 비롯하여 나카에 도쥬(中江藤樹) … 등은 모두 일본 유신사상의 책원(策源)이 되어, 금일의 일본을 만든 것이다"라 하여 일본의 양명학 수용과 계승과정에 특히 깊은 관심을 보였으며, 또한 중국 · 일본 · 조선의 경우를 비교하여, "서양 접촉이 일본보다 수십 년 앞선 중국이 금일까지 잠을 자게 된 것은 무슨 까닭인가? 중국은 허론(虛論)에 흐른 정주학(程朱學)에 지지되고, 일본은 실천을 위주로 한 육왕학(陸王學)을 숭상한 것이 아마 원인의 태반일 것이다. 조선학계의 유래 같은 것은 거론할 필요도 없을까 한다"[95]고 하였다. 주자학은 공허한 이론이요,

94) 薛泰熙, 「양명사상의 요약」, 『신동아』(1932년 11월호), '小引'.
95) 같은 글, '第五. 王學의 後繼'.

양명학은 실천을 위주로 하는 학문이라 대비시키고 있다. 이에 따라 조선은 주자학으로 멸망했으니 말할 필요조차 없지만, 중국도 주자학에 의지하다가 낙후하고 말았고, 오직 일본만이 양명학을 숭상하여 세계무대에 나서는 데 성공하였다고 본다. 이러한 관점은 설태희가 양명학을 표방하려는 의식이 얼마나 강렬하였는지 짐작할 수 있게 한다.

설태희는 양명학의 선구로서 공자 · 맹자의 '고학(古學)'과 주렴계 · 주회암 · 육상산의 학설을 도표로 요약하여 제시하고서, 주자와 육상산의 학설상 차이점을 제시한 다음, 왕양명이 육상산의 계승자임을 확인한다. 나아가 그는 양명학의 중심사상으로 '심즉리' · '지행합일' · '양지설'과 더불어 '인성론'과 '진덕수양(進德修養)'을 들면서 양명학의 핵심적 체계를 간결하게 집약시켜 주고 있다. 그는 특히 '진덕수양'에서 왕양명의 수양론을 제시하며, 그 조목으로 '격물치지'와 '성찰극치(省察克治)' 및 '거경(居敬)'의 세 항목을 제시하고 있다.[96] 이처럼 그가 왕양명의 수양론에 주목하고 그 체계를 제시하고 있는 사실은 그의 양명학 이해가 지닌 특징적 면모의 하나를 보여 주는 대목이라 하겠다.

(2) 신문 · 잡지에서 양명학에 대한 논의

당시 신문 · 잡지 가운데 『동아일보』가 양명학에 특별히 많은 관심을 보여 주었던 것으로 보인다. 1930년을 전후하여 주필과 사장을 지냈던 송진우(古下 宋鎭禹, 1890-1945)는 양명학에 상당한 이해와 호의적 태도를 가졌던 것으로 보인다. 정인보는 1933년 동아일보에 60회에 걸쳐 『양명학연론』을 연재하였는데 그 끝에서, "붓을 던짐에 미쳐 내 본사(本師) 이난곡(蘭谷 李建芳) 선생으로부터 사학(斯學)의 대의(大義)를 받음을 정고(正告)하고, 동호(同好) 송고하(古下 宋鎭禹)의 사학 천양(斯學闡揚)에 대한 고심(苦心)을 심사(深謝)하며, 또 구원(九原)에 영격(永隔)한

96) 같은 글, '第四. 王子의 中心思想(5. 進德修養)'.

박겸곡(謙谷 朴殷植) 선생께 이 글을 질정(質正)하지 못함을 한(恨)함을 부기(附記)한다"[97]고 언급하였다. 여기서 20세기 초 조선의 양명학을 이끌었던 스승과 선배를 언급하면서, 동시에 동아일보 사장이던 송진우가 '동호(同好)'로서 양명학을 드러내기 위해 고심하는 사실에 대해 감사의 뜻을 밝히고 있는 점이 주목된다. 송진우 자신의 양명학에 대한 이해내용은 알 수 없지만, 그가 동아일보의 지면을 통해 양명학을 널리 소개하기 위해 깊이 배려하였던 사실을 정인보가 특히 지적하였던 것이 아닐까 짐작된다.

1921년 『개벽』(9-15호; 1921.3.-1921.9.)에 7회(그중 1회는 중복수록)에 걸쳐 연재되었던 강춘산(姜春山, 생몰년 미상)의 「동양도학(東洋道學)의 체계여하(體系如何)」에서는 '도학'이라는 용어 속에 그 범위로 '우주법설(宇宙法說)'·'철학'·'도덕'·'윤리'·'정치'를 포함시키고, 그 체계로 '유가(儒家)'·'도가(道家)'·'묵가(墨家)'·'양가(楊家)'·'절충파(折衷派)'·'법가(法家)'의 6유파를 들었으며, 전체를 '고대철학'·'중대(中代)'·'근세철학'으로 나누어 서술하였다. 강춘산은 그 가운데 '근세철학'에서는 북송(北宋)철학으로 주자(周子)·소자(邵子)·장자(張子)·대정자(大程子)·소정자(小程子) 및 정학(程學)의 후계(謝上蔡·楊龜山·胡五峯·李延平)를 소개하고, 남송(南宋)철학으로 '주학(朱學)'과 '육학(陸學)'을 나누었다. '주학'에서는 주자(朱子)·진북계(陳北溪)를 소개하고, '육학'에서는 육상산(陸象山)과 육상산의 계승자로 양자호(楊慈湖)와 명(明)의 왕양명(王陽明)을 들고, 별도의 유파로서 나정암(羅整菴)을 들었다. 끝에서 우리나라 학자인 이퇴계(李退溪)를 붙여 주자학자로 밝혔다.

강춘산이 말하는 '동양도학'은 오늘의 '동양철학'에 해당하는 용어라 할 수 있고, 그 서술체계에서도 '유가'와 제자백가를 병렬하고 있으며,

97) 『澹園 鄭寅普全集』(2), 242쪽, '陽明學演論'.

'주학'과 '육학'을 병행시키고 왕양명을 표출시키는 점은 이미 주자학의 정통주의적 '도학체계'가 아니라 중국 철학사의 시각을 드러내고 있는 것이다. 그는 왕양명의 학통은 육상산에 속하며, 그 근거로 '지행합일설'과 '심즉리설'에서 일치됨을 확인하였다. 그는 왕양명의 '지행합일설'을 해석하면서, "'지'와 '행'은 서로 겉과 속이 되는 것이요, 물론 '지'와 '행'이 하나는 형식적이고 하나는 구체적인 일이라는 것은 양명도 인정하였다. 그런데 '지행합일론'의 기초는 어디에 있는가 하면, '심즉리'에 있을 뿐이다"라 하고, 그 논거로 왕양명이 "마음 밖에서 이치를 구하는 것은 이는 '지'와 '행'이 둘이 되는 것이다. 이치를 내 마음에서 구하면 이것은 '지행합일'이요 공자의 가르침이다"라고 언급한 것을 끌어들이고 있다.[98] 여기서 강춘산은 '지행합일론'을 왕양명의 학문에서 '제일의 의리(第一義)'로 인식하고, '심즉리설'과 '치양지설'도 '지행합일설' 속에 내포시키고 있는 입장을 보여 준다.

나아가 강춘산은 왕양명의 말에서 "그 허령(虛靈)한 명각(明覺)의 '양지'가 감응하여 활동한 것을 '의'라 하니, '지'가 있은 다음에 '의'가 있고, '지'가 없으면 '의'가 없으니, '지'가 '의'의 본체가 아닌가?"[99]라고 언급한 구절을 인용하여, 양명학의 중요한 개념으로 '의(意)'를 주목하였다. 따라서 그는 "그렇다면 행위와 '의'와 '지'는 동일체로, 오직 그 태(態)가 서로 다르다고 한 것은 양명 교학(教學)의 정화(精華)이다"[100]라고 하여, '지행합일'만이 아니라 '지·행·의합일'이 양명학의 결론적 입장임을 밝히고 있는 것이다.

1933년 『동아일보』(1933.4.15.-1933.6.12.)에 8회에 걸쳐 연재되었던

98) 姜春山, 「東洋道學의 體系如何」, 『開闢』 15호(1921.9), 57-58쪽. *인용문은 현대 표기법으로 약간 수정하였음.

99) 『傳習錄』, 卷中, '答顧東橋書', "其虛靈明覺之良知應感而動者, 謂之意, 有知而後有意, 無知則無意矣, 知非意之體乎?"

100) 姜春山, 「東洋道學의 體系如何」, 『開闢』 15호(1921.9), 58-59쪽.

길성산인(吉星山人: 본명 및 생몰년 미상)의 「조선유학과 양명학」에서는 '서언(緖言)' 에서 "나라가 이 지경에 이른 것이 누구의 허물인가? 아아 슬프다. 그러나 이것은 주자의 허물도 아니요, 또한 육상산과 왕양명의 허물도 아니다. 바로 우리나라 선비의 공허하고 거짓됨(虛僞)의 허물이다"[101]라고 하여, 주자학이 양명학을 비판한 것은 주자의 허물이 아니라, 주자를 이용하여 영화를 누리려고 하였던 우리나라 선비들의 거짓됨에 허물이 있음을 지적함으로써, 우리나라 유학의 전통을 성찰하려는 입장을 밝혔다. 길성산인은 '중국 학설의 개요' 항목에서 중국 유학의 형성과 전개과정을 통해 육상산 · 왕양명이 출현하고 양명학이 계승되는 과정을 개관하고, 양명학의 근본취지를 '치양지' 로 확인하면서, 양명학의 입장을 소개하였다. 그는 '조선근고의 학풍' 항목에서 조선시대 유학이 주자학을 중심으로 전개되는 과정과 당화(黨禍)와 분쟁(分爭)에 빠진 조선 후기 주자학의 폐단을 지적하였다. 나아가 그는 학술의 근본은 '참과 거짓(眞僞)' 을 살피는 데 있다고 강조하며, 양명학이 그 진실함을 찾는 방법임을 확인하여, "양명선생의 학설이 진실로 공자의 적통이요, 더욱 우리나라의 오늘날 유학계를 위하여 투여해야 할 신묘한 약이다"[102]라고 하였다.

길성산인은 주자학의 비판에 초점을 맞춘 것이 아니라 특히 조선시대 주자학자들의 폐단을 주목하였던 것이요, 결국 그의 입장은 우리나라 유학계의 병통을 치료하기 위한 처방으로 양명학을 제시하는 것이다. 그가 조선 후기 주자학자들이 일으킨 폐단을 제시하는 데 주력하면서 조선 후기에 우리나라에서도 양명학에 대한 주장과 비판이 제기되었다는 사실에 전혀 관심을 보이지 않고 있는 것을 보면, 정인보의 경우처럼 강화

101) 吉星山人, 「朝鮮儒學과 陽明學」(1), 『동아일보』(1933.4.15). *토만 붙인 한문투의 글이어서 우리말로 옮겼음.

102) 吉星山人, 「朝鮮儒學과 陽明學」(8), 『동아일보』(1933.6.12), "陽明先生學說이 固是聖門嫡傳이오, 而尤爲吾邦近日儒學界之對投神劑也라 하노라."

학파의 계승자가 아니면서 양명학을 주장하는 인물의 한 사람이었던 것 같다.

5. 근대 양명학의 성격과 한계

한국 사상사에서 양명학은 결코 주류의 역할을 해본 일이 없다. 더구나 주자학의 정통주의적 권위에 억눌려 표면으로 드러나지도 못하고 대부분의 세월을 보냈던 것이 사실이다. 그러나 한국사상사는 주자학과 더불어 양명학이 함께 서술될 때라야 전체적 균형을 잡을 수 있을 뿐만 아니라 주자학의 이해도 더욱 심화시킬 수 있다는 점을 주목할 필요가 있다. 17세기 말 18세기 초에 정제두가 사우(師友)들과 치열하게 양명학 논변을 벌이면서, 주자학과 양명학은 서로 떠나서는 그 어느 쪽도 자신의 모습을 온전하게 볼 수 없음을 분명하게 드러내 주었다.

조선시대 양명학은 정제두라는 높은 산이 솟았기 때문에 그 후의 침체된 골짜기가 더욱 깊게 비쳐지게 된 것 같다. 18-19세기 동안 강화학파가 미미하게 명맥을 이어갔지만, 18세기 후반에 성호학파의 일부 학인들이 양명학을 발판으로 주자학을 벗어난 새로운 사유의 방향을 찾아갔던 사실은 중요한 의미를 지닌다. 곧 양명학은 언제나 주자학이 한계에 부딪힐 때 그 대안으로서 새로운 통로를 열어 줄 수 있다는 가능성을 보여 준 것이다. 20세기 초 조선 왕조가 무기력하게 붕괴되고 서구적 세계질서가 지배하는 역사적 격변 속에서 양명학의 목소리가 다시 살아나 표출되고 있는 사실은 바로 변혁의 시대에 양명학이 길을 열어 가는 능력을 보여 주는 것이라 할 수 있다.

20세기 초 양명학의 근대적 전개과정은 크게 두 시기로 구별될 수 있다. 1910년을 전후한 자강사상과의 연관 속에 양명학이 표방되었던 경우와, 1930년을 전후한 일제강점기의 지식인 활동에서 나타나는 경우이다. 또 하나 이 시기 양명학의 흐름에는 강화학파의 학맥을 계승하는 연속성 속의 인물들과, 개별적 판단에 따라 양명학을 수용하고 표방하였던 인물들의 두 흐름이 있다.

20세기 초의 한국 근대에서는 주자학의 억압적 분위기도 없어지고 종교와 사상의 자유가 확보된 시대였던 만큼 양명학을 주장하는 인물들은 상당수 있었다. 당시에도 절대다수의 유교지식인은 주자학 전통을 계승한 인물들이었지만 이들은 목소리가 표면에서 거의 사라졌고, 양명학으로 개혁을 주장하는 인물들은 소수였지만 목소리가 주자학보다 더 크게 들렸던 것이 사실이다. 당시의 양명학자들 가운데 가장 비중이 큰 인물로 대표화시켜 각 시기의 성격을 개괄해 볼 수 있을 것이다. 먼저 이를 도표화해 보면 다음과 같다.

구　분	1910년 전후	1930년 전후
독립적 양명학자	박은식(1859-1925)	설태희(1875-19??)
강화학파 계승자	이건방(1861-1939)	정인보(1893-1950?)

1910년 전후의 양명학자로 박은식은 양명학의 간결하고 쉬운 원리의 대중적 접근성이나 지행합일의 강한 실천성을 바탕으로 유교개혁을 추진하면서 종교단체인 '대동교'를 조직하는 등 사회개혁운동의 방법으로 양명학을 적극적으로 활용하고 있다. 이에 비해 강화학파 계승자인 이건방은 주자학의 역사적 · 사회적 폐단을 심각하게 비판하고 성찰하는 데 그치고 양명학을 공개적으로 표방하거나 사회개혁운동에 나서지 못하였던 것이 사실이다. 너무 오랜 세월 억압적 분위기 속에 숨을 죽이고 있던 양명학파의 계승자로서 주자학에 대한 비판의 목소리를 낼 수 있다는 것만으로도 엄청난 변화를 겪는 것이 될 수 있다. 그만큼 시대변화의 초기에는 독립적 선택으로 양명학을 수용한 인물이 학파의 계승자보다 더 적극적인 행동으로 나가고 있음을 보여 준다. 따라서 박은식은 양명학을

더욱 선명하게 표방하기 위해 『왕양명실기』를 저술하였던 것이다.

1930년 전후 일제의 식민지배가 정착된 단계에 와서 일찍부터 양명학을 받아들였던 설태희는 주자학의 토대를 변혁시키기 위해 양명학을 새로운 방향으로 제시하고는 있지만, 양명학을 표방하는 것이 중요한 것이 아니라 전통기반의 개혁을 통해 유교정신의 새로운 활력을 찾아내는 것이 중요한 과제였다. 그만큼 양명학을 광범하게 수용하면서도 자신의 독자적 체계를 정립하는 데 관심을 보이고 학파적 소속에 집착하지 않는 모습을 보여 준다. 이에 비해 강화학파의 계승자인 정인보는 양명학을 자유롭게 펼칠 수 있는 사회적 여건에 상응하여 양명학을 안정적으로 정립시키기 위한 방법을 탐색했던 인물이라 할 수 있다. 그는 『양명학연론』을 저술하여 양명학에 대한 기본적 이해와 더불어 강화학파의 계승과정을 확인하여 강화학파를 사상사 속에 확고한 실체로 제시하고자 하였다. 그러나 정인보는 양명학을 통한 유교사상적 기반의 개혁을 추구하는 것이 아니라, 양명학을 민족정신이나 역사의식을 각성하는 데 적용하는 일에 더욱 세심한 관심을 기울였다. 사실상 설태희와 정인보를 대비시켜 보면, 정인보는 강화학파의 계승자로서 양명학에 대한 확신을 분명하게 표방하였지만, 그의 양명학 이해는 역사 이해에 활용하는 데 적용되고 있을 뿐 이론적 인식은 아니라 할 수 있다. 이에 비해 설태희는 경전적 기반이 확고한 유학자로서 양명학의 이해에서도 이론적 해석에 치밀함을 지녔다. 그가 경전 해석에서나 양명학 이론에서 체계적이고 치밀한 관심을 보인 것은 양명학을 대중적으로 소개하기 위해서보다도 일차적으로 자신의 이론적 기반을 확립하기 위한 필요가 절실하였기 때문이라 할 수 있다.

한국 근대의 양명학은 유인식 등의 개혁사상가들이 제기하고 있는 것처럼 당시 주자학 전통에 매인 유교지식인의 정신적 부패를 극복하기 위해 관념적 논변이 아니라 실천의 중요성을 강조하는 데 일차적 관심이 있었던 것으로 보인다. 따라서 '심즉리설'의 심성론적 해석이 아니라 '지행합일론'의 실천원리가 중심주제로 중시되고 있으며, 개인의 능동적 주체성을 강조하기 위해 양명학은 '양지학'으로 일컬어지고 있는 사실을 볼 수 있다. 그러나 현실에서 양명학이 사회개혁의 방향으로 별다른 성공을 거둔 것이 없으며, 실제로 유교이념의 전반적 퇴조와 더불어 양명학에 대한 신념은 더욱 급격히 사라지고 말았던 것이 사실이다. 그만큼 한국 근대에서 양명학이 보여 준 가능성과 더불어 그 한계와 문제점에 대한 인식도 요구되고 있는 것이다.

참고문헌

原典

朱熹,『朱熹集』

王守仁,『王陽明全集』

金澤榮,『金澤榮全集』(『合刊韶濩堂集』)

朴世采,『南溪集』

朴殷植,『朴殷植全書』, 단국대학교 출판부, 1975.

薛泰熙,『大學新講義』, 小梧山房, 1939.

______,『茶飯更嚼』, 小梧山房, 1939.

______,『學林小辯』, 小梧山房, 1939.

______,『續理氣辯』, 小梧山房, 1939.

宋徵殷,『約軒集』

安鼎福,『順菴集』

柳寅植,『東山全書』

尹拯,『明齋遺稿』

李建芳,『蘭谷存稿』

李建昌,『明美堂集』

李匡呂, 『李參奉集』
李秉休, 『貞山雜著』
李令翊, 『信齋集』
李瀷, 『星湖僿說』
李忠翊, 『椒園遺稿』
李滉, 『退溪集』
張志淵, 『朝鮮儒敎淵源』
鄭東愈, 『晝永編』
鄭寅普, 『澹園 鄭寅普全集』, 연세대학교 출판부, 1983.
鄭齊斗, 『霞谷集』
崔錫鼎, 『明谷集』
韓元震, 『南塘集』
*
姜春山, 「東洋道學의 體系如何」, 『開闢』 15호(1921.9)
吉星山人, 「朝鮮儒學과 陽明學」(1-8), 『동아일보』(1933.4.15-1933.6.12)
金源極, 「王陽明學論」, 『西北學會月報』(1-19), 1910.
______, 「明代諸儒의 學說」, 『西北學會月報』(1-20), 1910.
金祀濟, 「薛泰熙氏의 儒敎論에 대하여」, 『동명』, 제2권 제11호(1923.3.11).
薛泰熙, 「양명사상의 요약」, 『신동아』(1932년 11월호), '小引'.
______, 「金祀濟氏의 〈儒敎와 現代〉를 讀하고」, 『東明』, 제2권 제6호 (1923.2.4)
崔南善, 「王學 提唱에 對하여」, 『소년』 제4년, 제2권(1911.5.15).

연구서

琴章泰, 『유교개혁사상과 이병헌』, 예문서원, 2003.
______, 『한국근대의 유학사상』, 서울대학교출판부, 1999.
劉明鍾, 『성리학과 양명학』, 연세대학교 출판부, 1994.
尹南漢, 『조선시대의 양명학연구』, 집문당, 1982.
徐鍾泰, 「성호학파의 양명학 수용: 伏菴 李基讓을 중심으로」, 『한국사연구』

(66), 한국사연구회, 1989.
______, 「鹿菴 權哲身의 양명학 수용과 그 영향」, 『국사관논총』(34), 국사편찬위원회, 1992.
______, 「李秉休의 '外朱內王' 의 유교사상」, 『역사와 사회』, 현암사, 1997.

찾아보기

ㅈ

Abstract

The Disputes of the Doctrine of Wang Yangming in Korea

In the Joseon Dynasty, proponents of Neo-Confucianism (朱子學) had refused the doctrine of Wang Yangming in that it was heresy which deviated from the orthodoxy of Confucianism. As Neo-Confucianism restrained the autonomy authoritatively, a few of scholars, in the latter period of the Joseon dynasty, began to study the doctrine of Wang Yangming profoundly. Thus the arguments between the Neo-Confucianism and the doctrine of Wang Yangming were developed.

There were two important marks in the development of the doctrine of Wang Yangming in Korea. On the first mark, the most important scholar was Jeong Jaedoo (鄭齊斗) who confuted the criticism about the doctrine of Wang Yangming. In the late 17th Century, Jeong Jaedoo disputed with his teacher, Park Sechae (朴世采) and his friends, Choi Sukjeong (崔錫鼎) and Min Leeseung (閔以升) about the doctrine of Wang Yangming. He tried to overcome the dualistic division of Neo-Confucianism and to establish a monistic basis.

On the other hand, in the early 18th Century, Han Wonjin (韓元震) criticized the doctrine of Wang Yangming. He rectified the criticism of Lee Whang (李滉) and commented on it. Moreover, he argued that Wang Yangming's theory that heart is principle (心卽理說) is the same with Zen and that his political works were not the rule of right (王道) but the rule of might (覇道). After the death of Jeong Jaedoo, there was no further introspection on the doctrine of Wang Yangming in the school of Kangwha. However, in the late 18th Century, some radical scholars, such as Kwon Chulshin (權哲身) and Lee Kiyang (李基讓), who followed the scholarship of Lee Ik (李瀷), examined this doctrine thoroughly and accepted it.

In the early 20th Century, the other mark was that Park Eunshik(朴殷植) and Jeong Inbo (鄭寅普) advocated the doctrine of Wang Yangming for the renovation of Confucianism in the convulsion of the current historical situation, the fall of the Joseon Dynasty. Park Eunshik tried to redefine the Confucianism on the basis of the simple principles and positive practices of the doctrine of Wang Yangming. He organized Daedonggyo (大同教) which was a religious organization, and attempted social reformation by applying the doctrine of Wang Yangming. During the Japanese colonial period, Jeong Inbo verified the succession of the school of Kangwha and attempted to awaken national spirit and historical consciousness with the doctrine of Wang Yangming.

금장태(琴章泰)
서울대학교 종교학과 졸업
성균관대학교 대학원 동양철학과 수료(철학박사)
현재 서울대학교 종교학과 명예교수
주요저서: 『정약용―한국실학의 집대성』(1999), 『다산실학탐구』(2001), 『道와 德―다산과 오규 소라이의 〈중용〉·〈대학〉 해석』(2004), 『心과 性―다산의 〈맹자〉 해석』(2005), 『인과 예―다산의 〈논어〉 해석』(2006), 『불교의 유교경전 해석』(2006), 『불교의 주역·노장 해석』(2007), 『한국유학의 〈노자〉 이해』(2007)

한국 양명학의 쟁점

펴낸곳 서울대학교출판문화원
펴낸이 오연천
지은이 금장태

초판 1쇄 발행 2008년 9월 30일
초판 3쇄 발행 2012년 5월 15일
출판등록 제15-3호

주소 서울 관악구 관악로 1 우편번호 151-742
대표전화 02-880-5252 **팩스** 02-888-4148
마케팅팀(주문상담) 02-889-4424, 02-880-7995
이메일 snubook@snu.ac.kr
홈페이지 www.snupress.com
영문홈페이지 eng.snupress.com

ISBN 978-89-521-0911-8 93150

2009년 대한민국학술원 우수학술도서